한국 문화의 음란한 판타지

문화는 어떻게 현실에서 도망가는가?

일러두기

1. 신문과 잡지, 단행본은『 』, 영화와 그림, 음악은 〈 〉, 음반은 《 》로 표기했다.

2. 외래어 표기는 국립국어원 외래어 표기법을 따랐으나 관습적으로 굳어져 통용되는 일부 표기는 예외로 두었다.

한국 문화의 음란한 판타지

문화는
어떻게
현실에서
도망가는가?

이택광

yeon
doo

차례

개정 2판을 내며

비평이 종언을 고한 것처럼 보이는 시대에 20년 전의 비평서를 다시 낸다는 것은 만용일지도 모른다. 그럼에도 과거의 책이 여전히 의미를 가질 수 있다면, 그 이유는 아마도 그때 그 책의 문제 제기가 여전히 유효하기 때문일 것이다. 『한국 문화의 음란한 판타지』가 과연 이런 기준에 부합할 수 있는지 감히 저자의 입장에서 확신하기는 어렵다. 이 책을 다시 읽거나 아니면 새롭게 만날 독자들이 판단할 몫이라고 본다.

굳이 궁색하게 변명을 덧붙이자면 이 책에서 나는 2000년대 초반 한국에서 목격했던 시장 자유주의의 황금기를 분석하고자 했다. 시장 자유주의의 의미를 정의하기보다 '재현'과 '서사'라는 문제를 중심에 놓고 어떻게 문화가 그 시대의 증상을 드러내는지 지도를 그리듯이 보여주려고 했다. 분명한 사실은 그때 그 시절의 유산이 여전히 한국을 지배하고 있음이다. 이런 이유 때문에 이 책은 다시 지금 여기의 문제를 돌아보기 위해 필요할 수도 있겠다는 생각이다. 어쩌면 지나간 과거의 이야기를 오늘의 현실에 비추어 고민해볼 기회가 있을지도 모르기 때문이다.

솔직히 말하자면 지금 마주하는 이 세계의 야만성을 무기력하게 관망할 수밖에 없다는 점에서 이 책에서 도모하고자 했던 글쓰기를 통한 참여라는 내 기획은 실패로 귀결한 것이 아닌가 한다. 이 책을 쓸 때보다 나는 나이를 더 먹었고 세상에 대해 더 비관적으로 바뀌었다. 정치를 통해 새로운 세상을 구현할 수 있을 것이라는 희망 사항은 이 책에서 내가 우려했던 것처럼 한여름 밤의 꿈처럼 사라진 듯하다. 이 책에서 시도한 한국 사회에 대한 진단들이 과연 옳았는지 틀렸는지 역시 저자의 입장에 있는 내가 판단할 문제는 아니다. 다만 나는 이 책을 쓸 당시에 최선을 다했고, 그래서 이 책에 문제점이 있다면 고스란히 내 한계 탓일 것이다.

2002년에서 20년의 간극을 넘어 이 책이 다시 나에게 돌아왔다. 이 귀환을 즐겁게 환영만 할 수는 없는 마음이지만, 이런 사감을 뛰어넘어 욕심을 내자면 이 책이 새로운 독자들을 만날 수 있기를 희망한다. 요즘 세대가 혹여나 그때 그 시절이 궁금하다면 이 책에 담긴 내용을 옛이야기처럼 읽어주었으면 좋겠다. 이런 취지에서 몇몇 표현을 다듬고 오류를 바로잡았다. 개정판에서 뺐던 부분을 다시 수정해서 처음 판본의 구성으로 복원한 것이 이번 개정 2판의 변화라면 변화다. 돌고 돌아서 원래의 꼴을 갖추게 되었다는 점에서 『한국 문화의 음란한 판타지』는 완전해진 듯하다.

유학 시절 북구의 겨울, 비좁은 다락방 책상에 웅크리고 앉아 밤하늘의 별을 바라보면서 이 책을 한 자 한 자 써 내려갔던 기억이 새롭다. 물론 그 당시에 불타던 열정과 지금의 나는 너무도 멀어졌고, 이 책에서 취했던 이론적 입장도 바뀌었지만, 지금의 나를 만들어준 그 시절의 지적 자극은 여전히 심장을 뛰게 한다. "대다수의 의견으로부터 독립적인 것이 이성적인 것을 이루기 위한 형식적 조건"이라는 독일 철학자 헤겔의 말을 되새기면서 나는 이 책을 쓸 당시의 마음으로 돌아가고자 한다. 이 책을 다시 출간하자고 흔쾌히 제안해준 yeondoo 대표 김유정 씨에게 감사드린다. 편집을 맡아준 조나리 씨에게도 고마움을 표한다.

만물은 반복한다. 그러나 결코 동일한 반복은 없다.

2023년 10월 15일

이택광

개정판을 내며

저자에게 다시 돌아오는 책이 있기 마련인데, 나에게 『한국 문화
의 음란한 판타지』가 그렇다. 생각을 정리하기 위해 틈나면 한 번
씩 펼쳐보는 책이기도 하지만 유학길에 올라서 맹렬하게 공부하
던 당시에 나를 사로잡았던 결기 같은 것을 되새기고자 항상 기
억에서 불러내는 책이기도 하다.

이 책에 고스란히 담겨 있는 것은 도서관보다도 길에서 더 많
은 시간을 보낼 수밖에 없었던 내 20대다. 내 30대는 속절없이
흘려보낸 길 위의 삶을 되짚어 보고 이론의 주형에 그 체험을 집
어넣어 나만의 무기를 벼르는 시기였다. 이 책을 보면 한 지인이
논평해주었던 것처럼 적진을 돌파하는 '단구검사'의 풍모가 고스
란히 드러나는데, 그만큼 이 책은 무협지 같은 분위기를 풍기는
면도 없지 않다.

돌이켜 보면 이 책이 세상에 나온 2002년은 한국 사회로 본다
면 '논객의 시대'였고, 내 입장에서 말하자면 자유주의라는 보호
막 덕분에 지식인들이 수구 세력의 빨갱이 사냥에서 무사히 살
아남을 수 있는 시기이기도 했다. 이때만큼 많은 이가 사상적 커
밍아웃을 선언한 적이 없었다. 마치 1990년대 자유주의의 세례
를 받았던 포스트모더니즘이 성소수자들을 옷장에서 나오게 만

들었던 것처럼, 그동안 빨갱이 소리나 듣던 사회주의자나 진보적 자유주의자가 공공연하게 자신의 목소리를 내면서 무대에 오를 수 있었던 것이 당시였다.

확실히 2002년은 한국 사회에서 자유주의의 수치가 최고조에 달했던 때인 것 같다. 그 이후 한국은 급격하게 보수화했고, 이명박 정부의 등장과 한나라당에 대한 높은 지지율에서 확인할 수 있듯이 민주화라는 용어가 무색한 상황이 만들어져버렸다. 정당 정치가 위기에 처하고 먹고사니즘이 판을 치게 되었는데, 이런 상황을 초래한 원인은 새로운 정치 세력을 구성할 20대와 30대가 비정규직이라고 불리는 노동 유연화 정책의 직접 피해자가 되어 정처 없는 탈정치의 삶을 살게 된 것과 무관하지 않을 것이다.

개정판을 내기 위해 『한국 문화의 음란한 판타지』를 다시 읽으면서 당시에 '보수 지배 사회'로 한국을 진단했던 판단이 크게 틀리지 않았다는 생각이 들었다. 이 책의 목표가 겉으로 드러나는 '냉전 수구 세력' 같은 보수뿐 아니라 내면 깊숙이 숨어 있는 보수를 비판하는 것이었다는 점에서 당연한 결과일지도 모르겠다. 그러나 이른바 진보 개혁 세력이 승승장구하는 것처럼 보였던 2002년에 한국 사회에서 진보로 알려진 것들이 대체로 보수주의에 속한다는 사실을 밝혀보고자 했던 시도가 이 책에 담겨 있다.

이 책에서 나는 문화비평을 '모든 보수주의에 대항하는 방법'으로 정립하고자 한다. 무엇보다도 문화비평은 이데올로기의 문제를 다루는 것이고, 주체와 정치의 관계에서 필수적인 고찰을 제공한다고 보았기 때문이다. 문화비평은 이데올로기 체계를 해체해서 그 기원을 개방하는 것을 시도한다. 따라서 문화비평은

역사적 고찰을 전제할 수밖에 없다. 철학사 없는 철학이 존재할
수 없는 것과 같은 이치다. 모든 비평은 기본적으로 역사적이다.

　처음 유학을 결심하고 길을 떠났을 때 내 마음은 좌절감으로
가득했다. 1980년대가 남겨놓은 정치적 유산은 그때부터 붕괴
할 조짐을 보였고, 전망을 잃어버린 이들은 일상으로 잠행해버리
거나, 아니면 정치를 명분으로 이합집산하기 위한 채비를 단단히
차리고 있었다. 둘 중 하나를 선택한다는 것이 나에게 맞지 않는
일이었다. 그래서 내가 무엇을 잘못 생각했고 현실이 왜 이렇게
흘러가는지에 대한 궁금증을 해소하고 싶은 마음을 따라가기로
결심했다. 그러므로 공부는 나에게 단순한 책상물림에 그치지 않
았다. 이론과 비평이라는 두 개의 축을 따라 움직이는 현실 개입
의 퍼포먼스가 바로 핵심이었다. 그 무엇보다도 이런 공부가 내
문제를 해명하기 위한 것이었으니 당연한 일이었다고 할 수 있을
것이다.

　현재의 나를 만들어놓은 시간들은 이렇게 내 살갗 위를 지나
갔다. 그 흔적이 고스란히 내 몸에 남게 된 것은 어쩌면 당연한 일
이다. 내 과제는 만연한 냉소주의와 허무주의를 극복하는 것이었
고 탈마르크스주의로 급선회하는 사상적 흐름에 브레이크를 거
는 것이었다. 마르크스주의가 무오의 철학이라는 사실을 증명하
는 것이 아니라 그 유산에 대해 냉정하게 평가해보고 다른 가치
를 만들어낼 수 있는 이론을 고민해보고 싶었다. 내가 유학을 갈
당시에 영국은 훌륭한 인큐베이터 역할을 해주었다.

　마르크스주의 전통이 여전히 강한 곳이 영국이었지만 그렇다
고 다른 이론에 대한 호기심이 방해 받지는 않았다. 지금은 작고
한 데리다를 비롯해서 바디우, 랑시에르 같은 이들이 세미나나

특강을 개최했고, 유럽 각지에서 몰려온 에라스무스 교환학생들
이 다양한 지적 풍토를 종합선물세트로 제공했다. 특히 유럽연합
소속 국가의 학생들에게 기회를 제공하는 에라스무스 교환학생
제도는 정말 부러운 것이었다. 이들과 대화를 나누면서 함께 고
민해야 할 문제들에 대한 단초들을 발견할 수 있었다.

『한국 문화의 음란한 판타지』는 이런 고민들이 녹아들어 있
다는 점에서 내 기원 같은 책이다. 이 책을 손봐서 다시 출간한다
는 것이 개인적으로 각별한 이유일 것이다. 시의성이 부족한 부
분은 뺐고 몇 가지 오류는 바로잡았다.

2012년 3월 5일

이택광

책을 내며

이 책은 지난 5년간 내게 찾아왔던 여러 지적 자극의 결산에 해당한다. 짧다면 짧고 길다면 길다고 할 수 있는 이 기간에 나는 문학에서 철학으로, 또 철학에서 문화로 숨 가쁘게 유랑의 길을 걸어왔다. 말 그대로 이 과정은 유랑이었다. 들뢰즈와 푸코, 그리고 데리다가 초기 여행을 안내했던 지적 수호천사였다면, 제임슨과 라캉, 그리고 지젝은 그 이후의 행적을 이끌어준 예언자였다. 그러나 무엇보다도 이 천사들과 예언자들을 제대로 만날 수 있도록 해준 인도자는 마르크스와 루카치, 그리고 벤야민과 알튀세르였다. 예전에 이들이 미리 그려놓은 지도를 내가 보지 못했다면 내 행로는 더욱 오리무중이었을 것이다.

한편 이들이 모두 과거의 유령이나 부재의 상징으로 내게 강림했다면, 철학자 김영민의 존재는 '현실의 교사'로 내게 나타났다. 김영민의 작업은 '공부'를 구체화하고 진행시켜 나아갈 방향을 설정해줬다. 물론 나는 일일이 밝힐 수 없을 만큼 숱한 '바람의 논객들'로부터 영향과 혜택을 주제넘게 받아왔다.

나는 이 책에서 보편적으로 '재현의 위기'라는 말로 거론됐던 인식론적 문제를 한국적 상황에서 설명해보려고 했다. 간단히 말해 이 책을 쓰게 된 직접적 동기는 서구 사회에서 쉽게 통용되는

'모던'과 '포스트모던' 간의 인식론적 단절이라는 것이 한국에서 어떻게 문화 형식을 통해 발현되는지를 살펴보려는 것이었다. 여기에는 지난날의 문화 과잉으로 초래됐던 1990년대 초·중반의 기계론적 이론 적용을 넘어서서, 이제는 새로운 차원의 해석과 분석을 차분히 시도해봐야 할 때라는 개인적인 판단도 한몫을 했다. 물론 이런 해석과 분석은 자기비판적 평가라는 반성적 사유와 함께 진행되어야 한다. 그러므로 이 책의 본문에서 행해지는 특정한 비판은 나 자신을 향한 비판이기도 하다. 내게 비판이라는 것은 나도 베고 적도 베는 양날의 검劍인 셈이다.

날렵한 검술을 펼치는 검객들의 한판 활극을 관객들에게 선사하고자 내가 비판이라는 검을 사용한 것은 아니다. 이 책의 목표는 오히려 누군가를 직접적으로 비판하기보다는 그들의 담론이 내재하는 현실 모순의 지세地勢를 드러내는 것이다. 그러므로 좀더 정확하게 말하자면, 나는 담론 자체의 주관적 입장보다도 그 특정한 담론을 생산해낸 현실이라는 거푸집을 있는 그대로 드러내 보여주기를 원했다. 나는 모든 담론이 현실 모순에 대한 상상적 해결책이라고 본다. 모순에 직면한 주체는 자신의 분열을 견디기 위해 통합적 이미지를 구성하려고 하는데, 그 결과물이 담론이라고 볼 수 있는 것이다. 이런 까닭에 모든 담론은 발생론적 근원에 리얼리티의 흔적을 간직하게 마련이다. 물론 나는 이런 리얼리티의 흔적을 문학사회학의 경우처럼 우리가 매끄럽게 재생해낼 수 있다고 믿지 않는다. 담론 발생의 과정은 역설적 모순의 작용에 의해 단절을 내포하기 마련이다. 이 단절이 담론과 리얼리티를 직접적으로 연결 짓지 못하도록 하는데, 그렇기 때문에 담론과 리얼리티를 기계적으로 접합하는 것은 위험한 일이다.

이 책에서 내가 취하는 입장은 '사상적 일관성'을 비판의 기준으로 삼는 자유주의 비평과는 다소 어긋난다. 이런 태도가 자칫 강준만이나 김규항의 비판 작업이 지니는 가치를 폄하하는 듯한 인상을 줄 수도 있겠지만, 내가 진정으로 원하는 것은 이런 종류의 물고 뜯기가 아니다. 오히려 나는 이 책을 통해 자유주의 비평의 한계를 보완할 수 있기를 원했다. 보수주의의 기만에 맞선다는 노선에 동의만 한다면, 나는 서로 다른 입장이 모여 화이부동和而不同하는 것은 리얼리티에 대한 총체적 인식을 강화하는 '연대'라고 보는 편이다. 이런 점에서 나는 특정 지식인의 사상적 입장은 결국 특정 리얼리티의 효과일 뿐이라는 관점을 취하고자 했다.

내가 의미하는 '특정 리얼리티'란 자본주의적 모순을 말하는 것인데, 두말할 나위 없이 이런 리얼리티는 한국처럼 보수주의가 절대적으로 주류를 차지하는 사회에서라면 필연적으로 억압될 수밖에 없다. 나는 이런 보수주의를 '음란한 판타지'라고 부르고 싶다. 이때 '음란'이라는 표현은 마르쿠제나 보드리야르가 말한 '외설'과 같은 뜻으로서, "물리적 리얼리티가 완전히 소거된 도착倒錯 상황"을 설명하는 가장 적절한 말이다. 이런 맥락에서 보수주의를 주요 동력으로 삼는 한국 문화는 '음란'하다. 이 같은 '음란'은 한국의 보수주의 이데올로기를 더욱 공고하게 만들고 확대 재생산하는 집단적 심리 기제이기도 하다. 내가 자유주의 논객들이 제기하는 비평을 '자유주의'라는 이념적 색채에 묶어놓지 않고, 오히려 그 이념마저도 넘어서서 그들을 강제하는 현실 모순의 실체를 밝혀보고자 했던 노력이라고 보는 이유가 여기에 있다. 나는 이 책을 통해서 이런 리얼리티의 강제가 종종 이들을 '자유주의'라는 사상적 한계를 넘어서도록 만든다는 점을 보여주고자 노력했다.

나는 한국 문화의 음란한 판타지를 구성하는 '아버지의 이미지'로 '민족'을 설정하고 싶다. 이런 내 견해에 쉽게 동의하지 않을 사람들도 있겠지만, 내가 볼 때 '민족'은 한국 문화를 현실적으로 작동시키는 가장 강력한 범주로 자리 잡았다. 물론 내가 언급하는 민족이란 '존재하는 민족'을 뜻하는 것이 아니다. 나는 한국에서 민족이란 사실상 존재하지 않으며, 오직 있다면 '민족주의'라는 그 '민족의 효과'만이 존재할 뿐이라는 입장을 취한다. 다른 식으로 말하자면 한국 문화에서 '민족'은 존재하는 것이 아니라 부재하기 때문에 상징적으로 더욱 강력한 것이다.

다소 말장난 같지만, 나는 한국에서 '민족'이라는 상징적 기표가 '부재의 존재'라는 '민족주의'의 역설을 드러내 보인다고 생각한다. 한국 문화는 그 기원에 부재함으로써 존재하는 '민족'을 놓음으로써 '가족-민족 로망스'의 원칙에 따라 작동한다는 특징이 있다. 이런 상황은 한국에서 민족과 가족이 동질화되는 과정을 통해 문화에 체현된 것인데, 나는 이 책에서 일련의 영화와 문학 작품, 그리고 문화 현상을 분석함으로써 이 문제를 밝혀보려고 했다.

내가 볼 때 한국에서 '민족'은 오지 않은 유토피아의 이미지로 호출되어서 끊임없이 현실 모순에 직면하는 주체의 상상적 해결책으로 작동한다. 근대를 거치며 구체적인 국민국가의 경험을 가진 서구의 경우와 달리 한국의 경우에는 흥미롭게도 '민족=가족'이라는 등식이 자연스럽게 주체를 통합하는 상상적 이미지로 작동한다. 나는 이런 등식화가 '판타지'라는 개인적 심리 작용과 '이데올로기'라는 구조의 매개를 통해 집단화된다고 생각한다. 개인

적 판타지는 이 과정에서 집단적 판타지로 전환되며, 새로운 이
데올로기를 생산하거나 기존의 이데올로기를 강화한다.

　그러나 인간의 문화생활에서 이데올로기의 생산은 필연적이
기 때문에 지금 우리에게 제기되는 문제는 과거의 좌파 비평처럼
가상에 불과한 이데올로기를 벗겨내 그 밑에 숨겨진 '리얼리티'
를 발견해야 한다는 결론을 예비하는 것이 아니다. 역사적으로도
자본주의는 이런 플라톤주의적 낙관을 산산이 붕괴시켜 왔다. 여
기에서 루카치와 벤야민이 제기하는 '내용 논리로서의 형식'이라
는 문제가 중요하게 부각된다. 이런 논리를 지구화의 상황에 적
용해 더욱 발전시킨 사람이 바로 제임슨이라고 할 수 있는데, 이
런 까닭에 나는 상당 부분 이들의 관점에 입각해서 논의를 전개
했다.

　오늘날의 문화 형식은 대체로 보수적이다. 어떻게 보면 일련
의 문화 형식들을 진보와 보수로 구분하는 것은 서구의 1960년
대에나 가능했던 패러다임이라고 할 수 있다. 자본주의 문화산업
이 거의 모든 문화 형식 생산의 루트를 장악한 현실에서 진보와
보수 또는 고급과 하위로 문화를 줄 세우는 행위는 무의미하다.
구조 변혁을 도모하는 현실 사회운동이 실질적으로 정체된 상황
에서는 문화 형식 또한 참여의 공간을 잃고 고정될 수밖에 없다.
이런 고착 상태는 문화와 대중을 격리하면서 대중의 유토피아적
충동을 매개로 삼아 문화를 상품화하는 조건이 되어버린다. 근본
적으로 이런 조건은 작가와 독자, 감독과 영화 형식, 그리고 비평
과 작품 사이에 존재했던 '비판적 거리'를 완전히 소멸시켜 버리
는 숨 막히는 공간이다. 『해리 포터』가 문학과 독서에 대한 관념
을 근본적으로 변화시킨 '지적 패스트푸드'라는 앤드류 블레이크

의 주장은 이런 맥락에서 설득력을 갖는다. 『해리 포터』는 출판 산업과 영화 제작, 소비자 운동이라는 삼위일체가 하나로 결합해서 만들어낸 합작품이라고 할 수 있는데, 나는 이 책에서 이런 문화 형식과 문화산업의 결속―즉 '비판적 거리'의 소멸 자체야말로 1990년대 이후 한국 문화의 특징이라고 보면서 논의를 진행했다.

진정한 문화비평의 몫은 문화 형식의 이런 보수성을 구성하는 구조를 적절하게 드러내는 것이라 할 수 있다. 이런 작업을 위해서는 보수와 진보, 고급과 하위라는 이분법을 극복한, 문화를 둘러싼 전향적인 관점이 필요하다.

이런 논의를 끌고 가는 작은 주제들 가운데 특히 내가 관심을 갖고 집중적으로 부각하고자 했던 것은 '시각성과 가시성의 변증법'이다. 현대 문화의 특징을 시각성을 중심으로 한 스펙터클화로 보면서, 나는 가시성의 영역에 해당하는 서사가 퇴조하는 현상을 분석했다. 할리우드와 한국의 블록버스터 영화를 분석했던 것도 이런 변화의 조짐을 읽어내려는 노력의 일환이었다. 물론 스펙터클이 강화되는 현상 자체는 도덕적으로 판별을 내릴 수 있는 성질의 것이 아니다. 비평에서 제기되는 윤리적 판단은 총체화의 위기를 통해 발생하는 것으로서, 결국 윤리적 판단이란 리얼리티에 대한 주관적 '주장'이라고 말할 수 있을 뿐이다. 그렇지만 이런 주관성은 항상 리얼리티와 불일치함으로써 결여를 야기하게 된다. 그런 이유 때문에 윤리적 비평의 입장에서 본다면 한국 사회는 항상 '근대성'이 결핍되거나 미완성된 상태로 비치게 되는 셈이다. 나는 시각성과 가시성의 변증법을 통해 시각성이 가시성을 위해 제거되어야 할 가상이 아니라 오히려 가시성을 인식하기 위한 하나의 매개 구실을 하는 것임을 보여주고자 했다.

이 책을 통해 내가 기획했던 것은 기존의 담론을 허물고 그 폐허 위에 내 성곽을 재구축하는 것이 아니었다. 나는 한국 문화를 구성하는 담론들을 징후적으로 읽어냄으로써 이 담론의 섬들을 떠받치는 대륙붕의 지형도를 미력하나마 그려내 새로운 문화정치학의 가능성을 탐색해보려고 했을 뿐이다.

이런 문화정치학의 모색에서 중요한 것은 아무래도 문화와 리얼리티가 관계 맺는 방식에 대한 탐구일 것이다. 이 관계를 알아내는 것 역시 또 하나의 실천이라는 사실을 나는 이 책을 써나가는 동안 깨달을 수 있었다. 이런 시도가 얼마나 성공했는가 하는 것은 오직 독자의 판단에 달린 문제다. 독자들은 내가 처음에 바라 마지 않던 것이 '이론의 현실적 적용'이 아니라 '현실의 이론적 생산'이었다는 사실을 염두에 둔다면 훨씬 흥미롭게 내 의도를 읽어낼 수 있을 것이다.

이 책이 세상에 나올 수 있도록 한 숨은 노력들에 마땅히 찬사를 보내야 할 것 같다. 이 역시 내가 이 책에서 주장하는 '가시성'의 영역을 우리 일상으로 복권시키는 일이기도 하기 때문이다.

그 누구보다도 이 책에 지은이 못지 않은 열정을 쏟아주었던 도서출판 이후의 이재원 씨를 비롯한 편집인들에게 감사한다. 특히 날카로운 지적과 설득력 있는 조언으로 나를 매료한 이재원 씨가 없었다면 이 책은 지금보다 훨씬 못한 운명을 갖게 됐을 것이다.

자기의 고향만을 낙원으로 여기는 나약한 사람도, 모든 타향을 자기의 고향으로 삼는 강인한 사람도 아닌 채 우리는 모든 곳을 낯설게 여기는 이방인으로 살아 왔다. 이 이방인들에게 '완벽

한' 삶을 선사해준 숀Sean과 로빈Robin, 그리고 제이미Jamie에게도
깊은 감사를 보낸다.

2002년 2월

이택광

프롤로그

서사의 무덤에 새겨진 묘사라는 비문

데카르트의 코기토cogito가 '존재하는 나'를 압도하는 '생각하는 나'를 발견한 사건이라고 했을 때, 우리는 묘사와 서사의 관계를 해명할 하나의 열쇠를 발견한 셈이다. 코기토에 이르러 방법이 곧 진리로 대체되면서 현실과 주체성의 매개 자체가 부정되기 때문이다. 묘사에 대한 중요한 비판은 게오르그 루카치가 제기했다. 루카치의 요지는 현실에 대한 작가의 관조적 태도 때문에 묘사가 발생한다는 것이었다. 한마디로 서사가 현실에 '동참'하는 수단이라면, 묘사는 단순하게 현실의 사건을 '관찰'하는 행위에 불과하다는 뜻이다. 루카치의 리얼리즘론이 자주 오해된다는 점을 감안한다면 이런 주장 또한 일견 유행에 뒤떨어진 고리타분한 선동으로 들릴지 모를 일이다. 그러나 30년대 루카치의 주장이 오늘날 우리에게도 여전히 유효한 까닭은 그의 문제 제기가 궁극적으로 자본주의적 근대화와 문화 형식의 본질을 꿰뚫는다는 중요성 때문일 것이다.

숱한 오해와 달리 루카치는 계급문학적 관점에서 작가의 정치적 이데올로기가 작품 창작보다 더 중요하다고 생각한 이론가가 결코 아니었다. 그가 중요하게 제기했던 문제는 현실에 대한 작

가의 태도였을 뿐인데, 그는 이 문제를 "세계관에 대한 리얼리즘
의 승리"라는 엥겔스의 명제와 연관 지어 말년에 더욱 천착했다.[1]
루카치가 이처럼 서사 또는 서술을 묘사보다 중요하게 취급하는
이유는 기본적으로 서사 자체가 현실에 대한 주체의 존재론적 참
여의 결과물이기 때문이다. 서사는 드러내지 않으면서 모든 사물
을 가시화可視化하는 반면, 묘사는 사물의 가상 자체를 시각화視覺
化하는 것이다. 현실에 대해 가시화는 직접적이지 않은 반면, 시
각화는 직접적이다. 말하자면 시각화는 언어의 매개 과정 자체를
무시하면서 직접적으로 리얼리티에 접합하려고 하는 시도에 지
나지 않는다.

　루카치는 시각화의 원리에 따라 작동하는 묘사가 궁극적으로
불가능하다고 봤는데, 왜냐하면 모든 문학은 언어라는 간접성을
통해 구현되기 때문이라는 것이다. 루카치는 이처럼 간접성을 무
시하고 관념이나 이데올로기를 직접 리얼리티에 대응시키는 것
을 '자연주의'라고 부르면서 혹독하게 비판했다. 루카치가 볼 때,
묘사로 객관을 그려낸다는 것은 결국 작가의 내면을 객관이라고
착각하는 일에 불과한 것이었다. 객관과 주관의 이런 전도 현상
자체가 바로 앞서 말했던 데카르트의 코기토이다. 슬라보예 지젝
의 말처럼 데카르트의 코기토는 "나는 생각한다, 그러므로 나는

1　한국에 만연한 루카치 리얼리즘에 대한 오해와 그의 리얼리즘에 내포된 반스탈린주의적
면모를 알고자 한다면 다음의 책을 볼 것. 김경식, 『게오르크 루카치: 과거와 미래를
잇는 다리』, 한울, 2000. 이 저작은 비단 한국뿐 아니라 주로 영미권에서 오해되어온
루카치의 면모를 일신할 수 있는 중요한 키워드들을 제공한다. 특히 아도르노의
전범을 따라 루카치를 '곡해'하면서 그의 초기 저작만을 사상적 참조 사항으로 삼았던
서구 마르크스주의의 맥락, 그리고 이후 알튀세르를 중심으로 전개된 구조주의적
마르크스주의의 루카치 비판이 전적으로 루카치의 후기 작업에 대한 홀대에서 발생하는
것임을 김경식은 정확하게 폭로해 보인다.

존재한다."라는 '과학적' 진리 뒤에 "나는 생각하지 않는다, 그러
므로 나는 존재하지 않는다."라는 '비과학적인' 농담을 숨겨놓은
것이다.

소비사회: 서사의 죽음, 묘사의 번성

묘사는 서사와 불가분의 관계를 갖는다. 왜냐하면 서사의 불가능
성에 따라 묘사가 발생하는 측면이 명백하기 때문이다. 말하자면
서사의 죽음과 묘사의 번성은 루카치가 '분업 체계에 편입되는 작
가'라는 말로 표현했던 문화적 변이 현상과 무관하지 않다고 할
수 있다. 물화된 분업 체계에서 작가는 참여의 공간을 상실하기
쉽기에, 곧잘 서사보다 묘사에 더욱 치중하는 결과를 낳게 되는
셈이다. 한마디로 묘사는 서사의 죽음을 위한 비문인 것이다.

　이런 양상은 미셸 푸코의 지적처럼 '시각'을 모든 인식의 중심
에 놓았던 근대적 지식 체계의 형성으로 강화되기도 한다. 따라
서 서사는 묘사를 품은 하나의 틀이건만 스펙터클의 사회에서 서
사는 오히려 묘사에 의해 지배 당하는 양상을 보이게 되는 것이
다. 기 드보르의 지적처럼[2] 스펙터클은 유사 사용pseudo-use의 종
속을 넘어서서 이미 삶의 유사 사용 자체가 되어버렸기 때문이
다. 드보르의 말은 이른바 후기 자본주의에서 종종 언급되는 총
체성에 대한 화두가 어떤 운명 앞에 놓여 있는지 짐작하게 한다.

---

2 Guy Debord, *The Society of the Spectacle*, (trans. Donald Nicholson-Smith) New
　York: Zone Books, 1995, p.33.

드보르의 독창성은 마르크스가 『자본』에서 상술한 구체적 노동
과 추상적 노동 사이에 가로놓인 간격을 소비의 문제로 전환한
점에 있을 것인데, 칼 코르슈는 마르크스의 상품 분석을 다루는
그의 저작에서 드보르가 지적하는 '소비'의 문제가 사실은 상품을
생산하는 노동의 이중성에 내재해 있음을 암시한다. 그의 분석에
따르면 상품 생산 노동이 함의한 두 가지 사회적 성격은 사용가
치를 충족하는 '일반 사회적 성격,' 그리고 교환가치를 발생시키
는 '특수 역사적 성격'이다.3 전자의 성격은 사회에 필수적인 사용
가치를 충족하는 '특수한 용도의 노동'을, 후자의 성격은 자본가
의 잉여가치와 사용가치를 발생시키는 '일반적 사회 노동'을 구성
하는데, 결과적으로 이 두 가지 노동의 속성 때문에 드보르가 포
착한 전도가 일어나는 것이다. 물론 드보르의 수사는 이 극적 상
황을 폭로하기 위한 과장을 내포한다.

소비사회가 우리에게 강요하는 것은 노동과 기계를 은폐한 일
종의 도착 상황이다. 프로이트의 말대로 모든 문명이 '추상화'의
욕망을 내재한 것이라면 이런 상황은 문명의 보편성 그 자체일
지도 모를 일이다. 그러나 프로이트가 이런 상황을 일종의 정신
병리학적 차원에서 고찰했듯이 영원한 일탈은 일종의 강박일 뿐
이다. 누구도 자신의 존재를 넘어서서 시대를 초월할 수 없는 법
이기 때문이다. 이런 문제의식은 비단 프로이트만의 것은 아니
었다. 니체와 마르크스가 제기하는 문제 또한 프로이트의 그것과
별반 다를 것이 없다. 한마디로 요약하자면 이 근대의 기린아들
이 공격했던 것은 주체의 전도를 인식 기반으로 삼았던 데카르트

---

3 Karl Korsch, *Karl Marx*, New York: Russell and Russell, 1963, pp.123~124.

주의 자체였다. 하나의 지식 구조로서 안착한 이 상황은 흄이나 키에르케고르의 아이러니로도 타개할 수 없는 상황이다. 물론 이들의 주장은 루소의 계몽을 전면적으로 부정하자는 취지가 아니기에, 휴머니즘이나 반휴머니즘 진영으로 이들을 각각 줄 세우는 짓도 무의미하다. 오히려 루소가 '혼란'으로 인식하고 교육으로 극복하고자 했던 그 근대의 균열을 이들은 긍정하자는 쪽이었다.

서구 사상사에서 데카르트주의에 대한 공격의 역사는 포스트 구조주의를 넘어서 한참을 거슬러 올라간다. 미학적으로 볼 때 데카르트주의는 원근법을 통해 등장했는데, 파노프스키의 지적처럼 원근법은 일종의 상징 형식으로서, 물질적 표면을 부정하며 공간을 '화폭' 중심으로 재해석한 것에 지나지 않았다.[4] 화폭을 세상의 '창문'으로 새롭게 인식함으로써 그림은 이제 단순히 물감 칠한 천 조각이라는 물질성을 넘어선다. 이제 그림은 인간의 감식력 외부에 있는 대상을 숨긴 그 무엇으로 받아들여지기 시작한다.

문학의 리얼리즘은 기본적으로 이런 미술사적 전환을 언어로 옮겨놓은 경우다. 이렇듯 원근법과 리얼리즘을 서로 연결해서 생각해보면, 종종 모더니즘 옹호론자들이 비판했던 것과 달리 리얼리즘이 매체 자체에 대한 관심을 등한시했다는 주장은 순전히 오해의 발로였음을 알 수 있다.[5] 실제로 회화繪畵의 경우를 놓고 보

---

4 Erwin Panofsky, *Perspective as Symbolic Form*, (trans. Christopher S. Wood) New York: Zone Books, 1991, p.27.

5 이런 관점은 롤랑 바르트의 기호학적 분석을 통해 발현된다. 특히 『S/Z』는 리얼리즘에 대한 고정관념을 깨며 리얼리즘 기법이 가진 다양한 기호학적 의미를 분석해낸다. 자세한 논의는 다음을 참조할 것. Lilian R. Furst, *All is True: The Claims and Strategies of Realist Fiction*, London: Duke University Press, 1995, pp.18~21. 리얼리즘을

더라도 리얼리즘 시기에 오면 이전의 구상화 시기와 달리 인물 묘사에 '개성individuality'이 등장함을 알 수가 있다.

도대체 이 개성이 무엇일까? 이미 이런 개성은 고야나 렘브란 트의 초상화에서 그 모습을 드러내는데, 고야나 렘브란트의 초상 화는 사실상 그 묘사의 정밀성을 놓고 보자면 고전주의와 비교해 그리 말끔하지가 않다. 이런 그림들은 고전주의적 이상성理想性보 다는 오히려 리얼리티의 물질성에 더 관심을 보인다. 왕족을 그 린 벨라스케스와 고야의 그림들을 비교해보면 이런 관심의 실체 가 무엇인지 확인할 수가 있다. 여전히 왕과 그의 가족을 신적 이 상미로 그려내었던 벨라스케스와 달리 고야는 이들의 초상화를 마치 '빵 가게 주인들'처럼 그려 놓았기 때문이다.

이처럼 리얼리티의 물질성에 접근하는 방식, 다시 말해 개성을 구성해내는 수단이 바로 루카치가 말했던 '서술narration'이다.6 따 라서 개성은 묘사보다 서술의 방식을 통해 표현되는 것이라고 할 수 있는데, 이런 양상은 회화의 경우 개성적 색조tone와 붓질touch 로 드러나는 것이라고 볼 수 있다. 왜냐하면 원근법이 기본적으 로 '풍경landscape'에서 자신을 배제하는 데카르트적 '관찰'을 전제 한다면, 이 개성은 원근법을 허물고 그 풍경 속에 자신을 '참여'시 키려는 의도를 내포하기 때문이다. 그러므로 헤겔이 렘브란트의 그림을 통해 참여 미학의 원리를 설명하는 것은 결코 우연이 아닐 것이다.

비판하는 논자들이 자주 범하는 또 다른 오류는 정밀한 묘사를 리얼리즘 자체로 오인한다는 것인데, 이에 대한 비판으로는 본문을 참조할 것.

6 이에 대한 자세한 설명은 다음을 참조할 것. Georg Lukács, *Writer and Critic*, (trans. Arthur Kahn) London: Merlin Press, 1978, pp.110~116.

소비사회가 노동과 기계를 은폐하는 방식을 이런 미학적 원리에서 발견할 수 있다. 노동과 기계가 소비사회를 구성하는 '토대'와 같은 이유는 역사적으로 기계의 발명이 노동 분화와 밀접히 연관되어 있기 때문이다. 즉 노동의 분화는 기계에 인간을 종속시키기 위한 수단이었다. 따라서 컨베이어 시스템이 없었다면 테일러리즘은 발명될 필요가 없었다. 찰리 채플린이 〈모던 타임스〉에서 풍자한 기계와 인간의 충돌은 마르크스의 지적처럼 시간의 관리를 통해 발생한다. 흥미롭게도 마르크스는 시계를 "실용적 목적으로 도입된 최초의 자동 장치"로서, "규칙적 동작을 기반으로 한 생산 이론이 이 시계를 통해 발전된 것"이라고 지적한 바 있다.[7] 채플린 영화에서 주인공이 시계를 부수는 장면은 이런 생산 이론에 대한 도전이자 공격이라고 할 수 있다. 실제로 시계는 '자연의 모방'과 관계없는 하나의 '상징의 발명'일 뿐이다. 따라서 마르크스가 이 시계의 발명을 "반半수공예성과 수학적 직접 이론의 조합"이라고 말한 것은 의미심장한 이중성을 내포한다. 결국 마르크스의 말을 파고 들어가 보면 시계라는 상징을 가능하게 하는 것은 보통 '거울'로 인식되어온 그 매체, 다시 말해 수공예적 기술성과 알레고리적 수학 이론이다. 그러나 이 거울은 매끈한 표면을 하고 있는 것이 아니라 롤랑 바르트의 지적처럼 '어휘의 하늘'을 이루는 텍스트일 뿐이다.[8]

결과적으로 소비사회는 예술의 산업화를 넘어서서 산업 자체

---

7 Karl Marx and Friedrich Engels, *Seclected Correspondence*, (trans. I. Lasker) Moscow: Progress Publishers, 1975, p.129.

8 Roland Barthes, *S/Z*, (trans. Richard Miller) New York: Hill and Wang, 2000, p.14.

가 예술로 변화했음을 증명해준다. 이제 상품의 영역은 무한히
확대되어서 '판매 행위'조차도 상품으로 화한다. '산업의 역군'이
나 '군중'이라는 개념은 낡은 것으로 치부되고, "표현하지 않는 감
각은 감각이 아니"라고 믿는 '소비자'가 거리를 누빈다. 이 전혀
새로운 대중의 유형인 '소비자'는 18세기 서구 대중이 박물관과
도서관에서 그랬던 것처럼 교양과 여가를 위해 백화점과 쇼핑몰
을 거닌다. 그러나 이 현상에서 주목해야 할 점은 궁극적으로 '소
비자'의 출현은 재래시장에서 아케이드로, 또 아케이드에서 백화
점으로, 그리고 백화점에서 쇼핑몰로 변화한 자본주의 경제 형식
에서 드러나는 심층 구조의 우연적 산물이라는 사실이다.[9]

기본적으로 소비사회 현상은 이런 내용적 변화에 대한 형식적
대응에 지나지 않는다. 애써 이 형식에 절대성을 부여하고 분석
해본들 결국 남는 것은 그 분석 자체의 상품화일 뿐이다. 소비사
회는 산업을 예술로 변화시킴으로써 공장을 쇼핑몰의 판타지로
도배한다. 우리는 그 도배된 쇼핑몰의 벽지 때문에 공장을 보지
못한다. 존재하지 않는 공장에서 수많은 물건이 쏟아져 나온다.
그 공장들은 어디로 갔는가? 지금은 우리의 눈길을 벗어나 있지
만, 그 공장의 노동과 기계는 엄연히 아직도 자본주의를 움직이
는 원동력이다. 다만 이제 그 공장 시스템은 다국적 기업의 존재
가 잘 보여주듯이 지구적 차원으로 확대되어 작동할 뿐이다.

---

9 자본주의 소비문화의 등장과 그 형식적 변천을 통해 생산양식의 전환을 읽어내려고
   했던 시도를 우리는 벤야민에게서 확인할 수가 있다. 벤야민은 아케이드를 '상품의
   성전聖殿'이라고 지칭하면서 자본주의 생산양식의 변환을 알레고리적으로 해석한다.
   여기에 대한 벤야민 자신의 논의를 보려고 한다면 다음을 참조할 것. Walter Benjamin,
   The Arcades Project (trans. Howard Eiland and Kevin McLaughlin) London, Belknap,
   1999, pp.34~37.

지금까지 상술했듯이 소비사회는 이처럼 확대된 공간과 압축된 시간이 빚어내는 현기증을 견디기 위한 '미학적' 발명품이다. 나는 이 소비사회의 미학을 뒷받침하는 주도적 재현 방식이 '묘사'라고 생각한다. 그러나 엄연히 말해 이 '묘사'는 서사의 폐쇄에 지나지 않는다. 앞서 지적했듯이 서사가 불가능해지는 그 자리에서 묘사는 탄생하는 것이다.

서사로서의 알레고리 또는 유토피아를 향한 충동

흥미롭게도 지금까지 전개한 서사와 묘사의 관계에 대한 논의와 유사한 맥락에서 발터 벤야민은 상징과 알레고리의 비교를 통해 재현을 둘러싼 새로운 문제를 제기한다. 정확히 말해 벤야민의 알레고리는 '알레고리적인 것the allegorical'으로서 루카치가 비판적으로 고찰하는 알레고리 자체와 다소 차이를 보인다. 벤야민이 말하는 알레고리는 오히려 루카치가 말했던 '상징화'에 더 가까운 반면, 그가 비판적으로 고찰하는 낭만주의적 상징은 루카치의 알레고리 개념과 비슷하다.

이런 차별적 양상은 모더니즘을 긍정적으로 파악했던 벤야민과 리얼리즘을 모더니즘의 극복으로 보았던 루카치의 미학적 입장 차이에 따라 빚어지는 것이다. 다분히 '혁명적' 작가에 대한 실천적 지침으로 서술적 방법을 거론했던 루카치와는 달리 벤야민은 학문적 입장에서 알레고리를 통해 서사에 내재한 본질적 두 양상, 말하자면 진보와 퇴행을 동시에 말하고자 했다.

그 유명한 『독일 애도극의 기원』[10]이라는 책에서 벤야민은 역사가 자연 또는 신화의 상태로 퇴행하는 과정을 그려낸다. 바로 이 과정이 폐허와 해골의 형상으로 바로크 알레고리에서 드러난다는 것이 벤야민의 요지다. 벤야민은 바로크 비극의 형식을 고찰함으로써 근대적 주체의 탄생이라는 서구 문화의 기원적 변환을 읽어내는 셈이다.

기본적으로 벤야민은 데카르트적 코기토에 근거한 보편적 이성 중심의 미메시스를 거부한다. 데카르트적 코기토를 옹호하고 영국의 경험주의적 회의주의에 반발했던 철학자가 바로 칸트인데, 벤야민은 처음부터 칸트의 철학을 기반으로 한 낭만주의를 비판하면서 철학적 이력을 시작한다. 따라서 그는 낭만주의의 정체를 밝히고 그 한계를 지적하는 데 평생을 바쳤다고 볼 수도 있다. 이런 벤야민의 알레고리론에서 우리가 확인할 수 있는 것은 낭만주의의 상징과 바로크 알레고리의 차이점에 대한 논의이다. 그는 물질적이고 초월적인 객관의 단위를 상징으로 규정하고 이것을 외양과 본질이 전도된 것으로 파악한다. 벤야민이 볼 때 낭만주의는 상징 개념을 미학적 중심에 위치시킨 경우다. 일종의 서사 체계인 알레고리와 대조적으로 상징은 시적인 전통 convention을 필요로 하지 않는데, 왜냐하면 이런 상징은 의미에 대한 해석을 용납하지 않기 때문이다.

---

10 이 책이 벤야민의 교수 자격 심사 논문이었다는 사실을 감안한다면 루카치와 벤야민의 주장에 가로놓인 현실적 맥락의 차이를 충분히 이해할 수 있을 것이다. 루카치는 벤야민을 '남다른 방식으로 독특한 문제로 들어가는 길은 많이 알았지만 나오는 길은 몰랐던 천재'로 평가한다. 루카치의 언급을 보고자 한다면 다음을 참조하라. "Lukács on his Life and Work", *New Left Review*, 68, 1977.

그러나 벤야민의 입장에서 이런 무의미의 완결성은 완벽하게 달성될 수가 없는데, 한마디로 이런 상징이 추구하는 초월적이고 내재적인 통일적 단위가 존재할 수 없기 때문이다.

벤야민은 상징의 실패를 설명하기 위해 관념과 세계의 균열을 언급한다. 벤야민이 말하는 관념과 세계의 불일치는 프레드릭 제임슨에 의해 서사와 리얼리티의 틈으로 표현되기도 하는데,[11] 이런 틈의 존재는 일반적인 재현의 위기 문제로 확대될 수 있다. 여기에서 우리는 벤야민의 상징 비판이 의도하는 바를 감지할 수 있다. 말하자면 벤야민은 상징화 자체를 루카치처럼 '타락'으로 보는 것이 아니라 일반적인 재현의 과정으로 본다. 이런 이유로 벤야민은 낭만주의를 도덕적으로 비난하지 않고 다만 재현의 위기를 설명하기 위한 실패로 거론할 뿐이다.

벤야민이 볼 때 상징은 알레고리의 폐쇄에 지나지 않는데, 벤야민의 주장은 오히려 모든 재현이 알레고리적이라는 것이다. 진리가 명확하게 인식된다면 알레고리는 필요 없을 것이다. 그러나 이 진리가 명확하게 현시되지 않기 때문에 알레고리가 발생한다. 이런 맥락에서 벤야민은 알레고리를 진리에 대한 충동 또는 유토피아적 충동으로 정의한다.

알레고리를 폐허로 보는 벤야민의 관점은 낭만주의의 필연적 실패와 연관되어 있다. 낭만주의는 기본적으로 자연에서 인간이 완전히 떨어져 나올 수 있다는 신념에 기초한다. 낭만주의는 인간의 절대적 자율성을 신봉하고 초월적 이성을 신뢰한다. 그러나 벤야민은 이런 낭만주의의 기조를 간단하게 가상으로 치부한다.

---

11 Fredric Jameson, *Signatures of the Visible*, London: Routledge, 1992, p.158, 165.

오히려 벤야민이 볼 때 낭만주의의 이런 도착은 절망적 몸부림에 불과하다. 낭만주의적 기획이 실패하는 그 지점에서 인간의 자율성이라는 가상은 폐허로 화한다. 여기에서 벤야민은 알레고리를 자연이 표현expression을 얻는 순간이라고 말한다. 말하자면 인간의 자율성이라는 환영이 깨어져나가면 그 균열의 틈새로 역사의 진실이 드러나게 되는 것이다.

벤야민에게 자연과 역사는 상호 호환한다. 흥미롭게도 역사가 진보할수록 자연을 향한 퇴행이 깊어지는 것이라고 벤야민은 말한다. 이런 벤야민의 목소리를 아도르노의 『계몽의 변증법』에서 확인하는 것도 재미있는 일이다. 벤야민에게 역사는 야만의 다른 얼굴인 셈이다. 알레고리적 서사의 폐허성은 이런 문화의 이중성과 무관하지 않다. 그렇기 때문에 알레고리는 기존의 것에 대한 단순한 재현이라기보다 서사 자체에 대한 새로운 해석을 요구한다. 라캉의 말로 표현하자면 알레고리에게 진리는 큰 타자Other로서, 원칙적으로 이 타자에 도달할 수 없다는 조건이 알레고리를 탄생시키는 것이다. 진리를 인식하는 것은 불가능하지만 그 진리에 대해 말하지 않을 수 없을 때 알레고리가 발생한다. 비유하자면 깜깜한 밤중에 칠흑 같은 길을 걸어야만 하는 사람이 손발을 더듬어 길을 재촉하는 것과 같은 형국이 알레고리다. 이런 까닭에 알레고리는 긍정과 부정 사이를 쉴 새 없이 왕복하게 된다.

나는 궁극적으로 이 알레고리적 서사가 앞으로 우리가 모색해야할 문화정치학의 얼개를 구성한다고 본다. 데카르트적 이성에 기초한 재현은 자본주의 사회에서 결국 '묘사'의 강화를 낳고, 결과적으로 서사의 퇴조를 야기한다. 이렇게 외부적으로 강제되는 재현의 위기를 극복하기 위해 우리는 일종의 본능으로서 알레고리적 서사에 내재한 유토피아적 충동에 주의를 기울여야 하는 것이다.

벤야민의 주장은 리얼리티의 '반영'으로 서사를 파악하는 소박한 수준에서 우리를 더 나아가게 한다. 벤야민에게 서사란 기존의 재현 체계를 되풀이하는 그 무엇이 아니었다. 오히려 현실적 모순에 대한 상징적 해결책으로서 서사는 등장하게 되는 셈이었다. 바로크 알레고리로 명명한 '추모극'이 바로 이에 해당한다. 이 추모극은 종래의 비극적 세계관 또는 재현 체계가 불가능한 조건에서 탄생하는 일종의 상징 행위였다.

이 조건을 벤야민은 섬세하게 주목했던 것이고, 이와 동일한 방법으로 서사에 영향을 미치는 자본주의라는 리얼리티에 대해 방대한 연구 작업을 진행했다. 미완의 대작 『아케이드 프로젝트』에서 벤야민은 아케이드에서 백화점으로 진행되는 소비사회의 전경全景을 특유의 인상적 문체로 그려낸다. 새로운 자본주의의 단계는 아케이드의 소멸을 촉구했으며 점차 소비사회의 진면목을 드러내기 시작했고, 벤야민은 이 와중에서 아케이드를 알레고리적인 것으로 파악했던 것이다.

서사의 위기와 새로운 이론적 대응

앞서 제기했던 서사와 묘사에 대한 관점을 토대로, 나는 앞으로 문화적 형식과 리얼리티의 관계를 매개하는 수단으로서 서사를 거론해볼 생각이다.

지금까지 한국에서 이 리얼리티와 문화의 관계를 설명하기 위해 동원됐던 논리는 크게 보아 두 가지였다. 하나는 리얼리티와 문화가 무관하다는 것이고, 다른 하나는 리얼리티와 문화가 서로 밀접하게 연관되어 있다는 것이다. 이런 논리는 순수-참여 논쟁이라는 지루한 말싸움에 근거를 제공하면서 한국의 현대사를 관통해왔다. 그러나 오늘날 이 관계가 서로 무관하다고 말할 사람은 별로 없을 것 같다. 기본적으로 문화라는 말 자체에 사회적 산물이라는 의미가 내포되어 있는 탓도 있겠으나, 무엇보다도 더욱 강화된 자본주의적 리얼리티가 각종 문화 형식을 평안한 자율성의 온실 속에 놓아두지 않기 때문일 것이다.

이런 측면에서 나는 너무도 단순하게 리얼리티와 문화가 일반적으로 서로 '관련이 있다.'는 식으로 뻔한 결론을 내리는 것에 크게 공감하지 않는다. 그래서 정작 여기에서 내가 해명하려고 시도하는 것은 바로 이 관련성 자체, 말하자면 도대체 어떻게 리얼리티가 문화와 관련을 맺는가 하는 문제다. 오히려 리얼리티가 비평의 형식까지도 압도하는 지금의 상황에서 안일하게 문화는 리얼리티를 '반영'한다는 식으로 결론을 내리는 것은 별다른 설득력을 가질 수가 없는 것이다.

이런 간편하고 손쉬운 결론들을 나는 '모범 답안'이라고 부르고 싶다. 지금까지 한국 문화에 대해 내려진 이런 종류의 모범 답안들은 가벼운 일별만으로도 얼마든지 찾아낼 수가 있다.

문화를 하위문화와 고급문화로 양분해서 전자를 편들기 하는 것이 특히 대표적인 사례라고 할 수 있다. 그런데 한때 이런 하위문화론에 근거를 제공했던 서구의 문화 연구가 자기 반성의 늪에 빠져 있다는 사실은 무엇을 말해주는 것일까? 반자본주의적이고 반사회적이고 반국가적이어서 긍정적으로 평가 받았던 하위문

화가 버젓하게 쇼핑몰의 진열장에 전시되어 팔리는 현실은 한동
안 잘나가던 강단 문화연구가들의 음풍농월吟風弄月을 더 이상 '진
보적'으로 만들어주지 못하는 것이다. 세계대전 이후 1960년대
서구 마르크스주의자의 훌륭한 도피처였던 문화는 이제 오히려
피할 수 없는 감옥이 되어 이들을 가두어버렸다.

영국의 경우 한때 편안한 대학의 강단에서 온갖 세련된 분석
의 유희를 즐겼던 문화이론가들은 대처리즘의 대학 개혁 정책 앞
에서 추풍낙엽처럼 잘려나가야 했다. 이런 문화 연구의 변화 양
상에 대해 김용규는 다음과 같이 진술한다.

> 60년대의 문화연구가 자본주의적 소외와 획일화된 대중문화에
> 맞서 노동자 계급의 건강한 문화와 전체적 삶으로 대응했다면,
> 오늘날의 문화연구는 문화 자체를 전략적으로 이용하려는 자본
> 의 지배에 상당히 노출된 상태이다. 즉 영국에서 전개되고 있는
> 문화연구의 활발한 전개는 문화의 급속한 자본화에 기인한다고
> 할 수 있다. 따라서 노동자 계급과 민중들의 건강하고 실천적인
> 문화를 강조했던 60년대의 문화연구와 달리 오늘날 문화연구는
> 문화의 급속한 자본화 속에서 자본에 의한 문화의 통합과 그런
> 통합에 대한 저항을 사고하는 것이 가능한가 하는 데 관심을 두
> 고 있는 것이다.[12]

김용규의 진술에 힘을 실어주는 논의를 영미권 지식인 사이에서

---

12 김용규, 『영문학 비판과 이론의 대두: 1960년대 이후 영국의 사회변화와 문학이론의
    정치학』, 고려대학교 박사학위 논문, 1997, 11쪽. 대처리즘 이후 영국 대학이 겪은
    상황에 대해서는 이 논문의 제4장을 참고하라.

도 쉽게 발견할 수 있다. 특히『문화적 유물론』으로 알려진 스콧 윌슨의 논의는 문화 연구의 창궐이 '경제적 효율성'과 '시장의 요구'로 초래된 것이라는 측면을 강조한다.13

이런 서구적 사례에 근거해 문화에 대한 모범 답안을 사상적 전향의 변명으로 사용한 실례도 심심찮았는데, 세계의 어떤 나라보다도 가장 열심히 영미권의 영향을 첨예하게 받아들여 왔던 전례를 고스란히 따르며, 포스트모더니즘이나 포스트구조주의를 불러들여 1980년대를 풍미했던 거대 서사들을 일순간에 소멸시켜버린 한국의 논객들이 이에 해당한다. 이런 '포스트 담론'은 다소 자아 도취적이었던 1980년대의 담론들이 미처 발견하지 못했던 복잡다단한 리얼리티의 결을 파악하도록 만들어준 순기능 못지 않게 해방적 서사의 가능성마저 폐기 처분해버리는 역기능 또한 담당했다. 역설적으로 한국에서 '포스트 담론'은 민중운동의 쇠퇴와 시민운동의 등장 또는 집단적 실천을 외면한 개인적 쾌락의 옹호를 정당화해주는 구실로 활용됐기 때문이다. 박노해 같은 1980년대의 혁명적 인사가 전향의 변으로 내뱉은 첫마디도 역시 '포스트 담론'의 논리와 별반 다를 것이 없었다.

물론 나는 이런 역기능을 과장해서 '포스트 담론'이 한국적 상황에서 발휘했던 순기능을 완전히 폄하하고 싶지는 않다. 거의

---

13 윌슨은 문화 연구의 등장과 대학의 변화를 직접적으로 연관 짓는다. 한마디로 사회와 격리됐던 대학은 사회와 상호 반응할 수 없게 됐는데, 이를 윌슨은 "대학의 표면이 약화됐다."는 말로 표현한다. 이런 징후로 윌슨은 대학의 테크놀로지화를 거론한다. 윌슨에 따르면 "대학의 제도는 경영 논리에 의해 동종화되는 동시에 테크놀로지를 받아들여서 이제 그 자체를 대학의 기능으로 삼는" 일이 발생한 것이다. 말할 것도 없이 이런 변화와 문화 연구의 학제적 도입은 서로 맞물려 있다고 볼 수 있다. Scott Wilson, *Cultural Materialism: Theory and Practice*, Oxford: Blackwell, 1995, p.259.

몇 세기를 중앙집중적 권력 구조와 위계를 유지하면서 성장했던 한국 사회에서 포스트 담론이 제출한 주변과 차이의 강조는 아주 요긴한 정치적 전략으로 작용할 수 있기 때문이다. 이런 양상은 '포스트 담론'이 프랑스에서 담당했던 긍정적 역할과 일맥상통하는 측면이 있다. 그러나 이 긍정적 측면을 십분 감안하더라도 정작 문제가 되는 것은 한국이 프랑스가 아니라는 사실이다.

최소한 공적 영역과 사적 영역의 구분이 명확하고, 계급적 문제가 정책의 기저를 이루는 프랑스 같은 사회와 어떻게 한국을 비교할 수 있을까? 극우파들이 버젓이 '포스트 담론'을 이용해 좌파들을 준열히 '낡은 세력'으로 내모는 역설적 상황을 어떻게 프랑스에서 발견할 수 있을까? 주 5일 근무제를 기독교 단체가 들고일어나서 반대하는 현실을 유럽의 기독교인들에게 어떻게 설명할 수 있을까? 이런 리얼리티의 복잡성을 그대로 둔 채 열심히 모범 답안을 작성하는 것은 진정한 의미에서 문화비평이라고 부를 수 없다. 이런 측면에서 나는 기존의 문화 연구에 내재했던 한계를 적절히 극복할 대안으로 인문학적 문화 연구를 여기에서 시도해볼 생각이다. 복잡한 근대성 또는 자본주의 체제 자체에 대한 인문학적 탐구가 이루어지지 않은 채 진행되는 피상적 문화비평은 궁극적으로 제도를 통한 제도의 극복이라는 본래의 메타 비평적 성격을 소멸시킬 위험에 그대로 노출되기 마련이다.

이미 마르크스가 밝혀놓고 벤야민이 세련했듯이 자본주의의 합리화 자체는 진보적인 만큼 퇴행적인 측면을 내포한다. 한마디로 자본주의적 근대화는 야만과 함께 간다. 일본의 근대화를 위해 홋카이도와 식민지 조선이 필요했던 것과 마찬가지로 한국의 자본주의 역시 발전을 위해 식민지를 필요로 하는 것이다.

이 식민지는 비단 외형적 영토만을 의미하는 것이 아니라 인간관계나 심지어 정신의 무의식까지도 포함한다고 하겠다. 우리의 근대화 선지자들이 열렬하게 숭앙했던 서구 역시 이런 야만성을 시기적으로 적절하게 은폐해왔지만, 이 같은 야만성은 언제나 전쟁과 같은 극단적 형태로 분출되기 마련이다. 이런 식민지를 외부에서 얻을 수 없는 체제는 그 내부를 희생시키게 되어 있다. 의식 있는 모든 정치가와 지식인이 입을 모아 비난하는 한국의 '망국적' 지역감정 역시 이런 내부 식민지의 과정에서 발생한 예증이라고 나는 생각한다.

물질적 리얼리티의 변환 없이 문화적 변동이 존재할 수는 없는 법이다. '포스트 담론'이 하늘에서 뚝 떨어진 것이 아닌 다음에야 이 담론에 내재한 역사적 흔적을 추적하는 것은 그 이해를 위한 전제 조건일 것이다. 나는 '포스트 담론' 역시 비인간적인 자본주의의 변동에서 기인하는 물화된 지식 체계의 징후라고 본다.

1960년대를 풍미했던 서구의 소비사회는 '생산'의 은폐를 통해 가능했다. 한국의 경우 이렇게 본격적으로 생산이 은폐되기 시작한 시점은 1990년대다. 김규항 같은 논객이 1980년대 유력 인사들의 변신을 매섭게 비판했지만, 실제로 1990년대는 개인적 결단으로 사회주의적 신념을 유지하기 매우 힘든 변동을 수반했다.[14] 우리가 곧잘 들었던 '전선'이 사라졌다는 말은 이런 맥락에서 이해할 수 있다. 엄밀히 말하면 이런 전선의 사라짐은 주체의

---

14 물론 김규항은 김지하나 박노해 같은 과거의 지식인들이 과거의 경험을 빌어 오늘날의 문제에 대해 '도사'처럼 발언하는 것에 대해 비판한 것이었다. 이런 측면에서 김규항의 발언은 정당하다. 그러나 이들이 '도사'로 군림하게 되는 것은 김규항이 말하듯이 '개인적 신념'의 변화 때문만은 아닐 것이다.

변화를 의미하는 동시에 주체의 위기를 증명하는 것이기 때문이다. 당시에 우리는 왜 전선이 사라지는지 근본적인 질문을 던지지 않았다. 솔직히 한국의 진보주의자들은 친구 따라 거름 지고 장에 가보니 이미 장이 파한 뒤더라는, 일종의 집단적 패닉 상황에 직면할 수밖에 없었던 것이다.

나는 이런 전선의 소멸 현상이 서사의 위기, 말하자면 재현의 위기와 맞물려 있다고 본다.

인간은 자신의 인식론적 기반을 집단적으로 확보함으로써 자신의 주체를 통합하게 된다. 이런 집단적 인식 체계를 나는 서사라고 부르고자 한다. 한마디로 서사는 집단적 기획이 투사된 재현 체계다. '나'는 부족하지만 '우리'는 완전하다는 의식이 바로 이 재현 체계를 가능하게 하는 힘이다. 민족주의에서 사회주의에 이르기까지 이런 통합의 방식은 알튀세르가 말한 이데올로기 바로 그 자체의 역할을 해왔다. 그러나 이런 통합의 메커니즘에 '포스트 담론'이 '너'의 존재를 부각시키면서 파열구를 냈다는 것이 한국에서 대체로 인정 받는 모범 답안이다.

그러나 역사적으로 살펴본다면 '너'라는 존재를 '우리'라는 담론에 집어넣으려고 했던 최초의 시도는 칼 마르크스의 『공산주의당 선언』이었다. 이 짧은 팸플릿에서 마르크스는 통합의 인류사를 갈등의 분열사로 그려내기 때문이다. 자크 데리다가 『마르크스의 유령』에서 우리는 모두 "마르크스의 수혜자"라고 말할 수 있는 근거가 여기에 있다.[15] 물론 궁극적으로 보자면 마르크스 역시

---

15 Jacques Derrida, *Specters of Marx: The State of the Debt, the Work of Mourning, and the New International*, (trans. Peggy Kamuf) London: Routledge, 1994, p.176.

키에르케고르나 니체, 그리고 헤겔처럼 분열된 사회를 통합해야
한다는 주장을 펼치는 것으로 해석할 수도 있겠다. 그러나 마르크
스는 이런 통합이 단순하게 말장난을 통해 이루어지는 것이 아니
라 생산양식이라는 구조의 변동이 있어야만 가능하다고 말하는
것이기에, 앞선 철학자들과 완전히 다른 주장을 하는 셈이다.

마르크스가 일찌감치 『자본』에서 상품 분석을 통해 제시한 것
처럼 인간에게 재현의 위기를 초래한 가장 중요한 요인은 바로
자본주의 자체였다.

인간의 재현 체계를 교란하는 결정적 요인을 마르크스는 상품
또는 상품화로 본다. 상품의 가치가 그 상품 자체에 내재한 것이
아니라 '관계'를 통해 발생하는 것이라는 통찰은 지금까지 제출
된 그 어느 이론보다 명쾌하게 재현의 위기를 설명해주는 말이기
도 하다. 상품은 물질에서 나왔으나 물질을 초월해서 스스로 폐
쇄되어 버린다. 따라서 상품의 가치는 기존의 재현 체계를 넘어
서서 구성되는 셈이다. 이런 맥락에서 보자면 우리는 상품을 '재
현'할 수가 없고 오직 '소비'할 수밖에 없다. 이런 현상 때문에 기
존의 재현 체계는 모두 쓸모가 없어지고 오직 자본만이 인간을
재현하는 역설적 상황이 발생하는 것이다.

1960년대에 조성된 세계대전 이후의 경제 부흥은 서구 사회
의 복지정책 실시와 임금 인상, 그리고 과세 강화에 맞물려서 다
국적 자본의 국경 이동을 부추기게 되는데, 이 과정에서 상품 생
산의 물질적 토대라고 할 공장과 기계가 눈앞에서 사라짐으로써
서구 사회는 새로운 문화적 메커니즘에 지배 당하게 된다.

간단하게 말해 이를 상품의 극단적 기호화라고 할 수 있는데,
이제 상품은 공장과 기계가 사라진 조건에서 욕망에 투여되는 하

나의 기호sign로 인식되는 것이다. 드보르가 제기한 '스펙터클의 사회'는 바로 이런 상황에 대한 통찰이다. 이런 논의는 장 보드리야르에 이르러 교환가치가 사용가치를 유도하게 된다는 주장으로 발전한다. 내 관점에서 설명하자면 드보르의 '스펙터클'은 시각화visualization를 본성으로 삼는 이데올로기의 효과인데, 상품화란 바로 이와 같은 이데올로기적 속성을 체현하는 것이다. 따라서 자본주의 사회에서 상품화란 필연적으로 시각화이며, 당연히 이런 시각화는 마르크스가 『독일 이데올로기』에서 제기했던 것과 같이 카메라의 어둠 상자camera obscura에서 빚어지는 착시 현상을 통해 공장과 기계 또는 노동과 계급을 은폐하게 된다고 하겠다.16

카메라에 비치는 입상立像처럼 이 착시 현상은 거꾸로 선 리얼리티다. 이런 현상은 기원이 폐쇄된 풍경이자 물질성이 망각된 관념이다. 따라서 앞서 지적한 상품 또는 상품화가 재현의 위기를 야기하는 결정적 요인이라는 말은, 상품화 자체가 시각화를 통해 물질적 토대를 은폐하고 독자적으로 존재하는 것처럼 자율성을 획득한다는 뜻이다. 시각화는 가시성visibility을 가로막음으로써 물질에 대한 접근을 원천적으로 차단한다. 이런 맥락에서 우리가 상품을 구매한다는 것은 그 구체적인 상품의 물질성이 아니라 그 상품의 시각성, 다른 말로 표현하자면 내면이 아니라 표면을 사게 되는 셈이다. 이를 보드리야르 같은 포스트모더니스트

---

16 데리다도 이런 착시 현상을 흥미롭게 분석한다. Derrida, *Specters of Marx*, p.174. 원래 마르크스는 이 현상을 관념론을 비판하기 위한 은유로 사용했다. 그러나 나는 여기에서 이 현상 자체를 현대 문화의 기본 원리를 설명하는 개념으로 파악한다. 착시 현상을 조장하는 시각화 자체가 이데올로기화의 기능을 담당하기도 하기 때문이다.

는 '기호의 소비'라고 불렀던 것이다.

데이비드 하비의 시대 구분을 조금 수정해 말하자면 이 재현의 위기는 19세기 말에 등장했고 제2차 세계대전이 끝난 뒤에 본격화됐으며, 오늘날 현실 사회주의의 몰락과 자본주의적 지구화에서 전면적으로 제출되는 것이라고 하겠다.[17]

이런 시대 구분과 재현의 위기 자체에 대한 논란은 공간의 이론을 중심으로 서구 학계에서 논란이 끊이지 않았다. 특히 이 문제는 한때 유행병처럼 한국을 휩쓸다 종적이 묘연해진 포스트모더니즘 논의의 본질이기도 했다. 안타깝게도 한국에서 차분하게 이 문제에 접근한 사람은 극히 소수라고 할 수 있는데, 이런 현상 자체가 위기의 순간조차도 남의 담론을 빌려와서 인식하는 우리나라 지식 사회의 고질적인 병폐를 고스란히 드러내 보이는 것이다.

재현의 위기는 신념 체계의 위기와 연관된 것이긴 하지만, 앞서 말했듯이 결정적으로 자본의 운동 또는 논리와 연관된다. 그러나 더 나아가서 이런 자본의 운동은 근본적인 인간관계를 변형시키고 기존 가치 체계의 분열을 야기한다.

특히 자본주의의 영향은 대가족적 가부장제를 근본부터 위협했는데, 대표적인 것이 핵가족의 등장이다. 프로이트가 정신분석학을 기초할 때 재료로 삼았던 것이 주로 이런 변환의 와중에 있던 서구 부르주아 계급의 내면이었다. 이런 프로이트의 정신분석학은 빌헬름 라이히를 통해 사회적 맥락을 획득했고, 마르크스주

---

17 하비의 시대 구분은 다음의 책을 참조하라. David Harvey, *The Condition of Postmodernity*, Oxford: Blackwell, 1989, pp.27~38.

의적 사회 비평과 연결될 끈을 붙잡게 된다.

라이히의 정신분석학은 파시즘 분석에서 특유의 위력을 발휘했다. 라이히는 프로이트의 정신분석학에 내재했던 계급적 보수성과 염세주의를 파시즘 분석을 통해 극복했다. 라이히의 업적은 파시즘을 프로이트의 리비도 개념으로 연결해, 억압된 성적 욕망 때문에 집단적 광기가 발생한다는 사실을 설명해낸 것이다. 또한 라이히는 권위적 가족 구조가 바로 국가와 이데올로기 구조의 공장factory이라는 주장을 통해 파시즘이 자본주의 사회의 가장 기초적 단위라고 할 가족에서 연원함을 밝혔다.

프로이트의 정신분석학은 기본적으로 성욕sexuality과 그것에 대한 충족gratification의 관계에 근거하는데, 이 관계의 효과를 프로이트는 본성적 공격성으로 본다. 라이히는 여기에서 한발 더 나아가서 이런 성욕과 충족의 관계에서 성욕이 외부적 권위에 의해 억압됐을 때 본성적 공격성이 왜곡된 사디즘으로 전환된다는 사실을 주장하는 것이다.[18] 이런 라이히의 분석은 1960년대 반전 운동과 문화운동에 강력한 영향을 끼쳤으며 구체적으로 성 해방을 사회주의 혁명과 연관 짓는 중요한 계기를 마련했다.

그러나 라이히의 주장은 '성욕'이라는 본성적인 또는 천연적인 욕망을 선험적으로 전제한다는 점에서 다소 문제가 있다. 이런 주장의 극단을 우리는 질 들뢰즈와 펠릭스 가타리의 『안티 오이디푸스』에서 확인할 수 있는데, 기본적으로 이들은 욕망을 재현 체계의 반대편에 위치시킴으로써 재현의 위기 자체를 긍정하는

---

18 프로이트적 정신분석학과 라이히적 정신분석학의 차이에 대한 라이히 본인의 언급은 다음의 책에서 볼 수 있다. Wilhelm Reich, *Reich Speaks of Freud*, (ed. Mary Higgins and Chester M. Raphael) London: Penguin, 1975. 특히 제1부를 볼 것.

동시에 무정부주의적 욕망의 탈주를 찬미하는 양상을 보여준다.

들뢰즈와 가타리의 주장은 상당한 설득력을 가지지만 동시에 그만큼 자가당착도 내포한다. 왜냐하면 이들의 주장에 해석을 제공하는 것은 자기 해체적 운동을 수행하는 자신들의 담론이 아니라 그것이 내재하는 다른 모종의 담론, 다시 말해 마르크스주의이기 때문이다. 『안티 오이디푸스』가 프로이트보다 마르크스에 더 호의적인 까닭이 여기에 있다.[19] 그렇기 때문에 오히려 나는 여기에서 들뢰즈와 가타리의 급진성을 수용하면서도 재현의 위기 자체를 문제 삼을 수 있는 라캉의 이론에 더욱 집중하고자 한다.

1) 자크 라캉: 판타지와 리얼리티의 귀환

특출한 문화비평가이자 예민한 분석가인 구舊 유고 연방 출신 슬라보예 지젝은 자크 라캉의 사회·정치적 기능을 주장하는 대표적인 이론가다.[20] 지젝은 임상학적 분석에 치중하는 것으로 알려

---

19 물론 들뢰즈와 가타리는 『천 개의 고원』에서 시뮬라크르보다도 '배치'의 문제에 더욱 천착하는 양상을 보여준다. 그러나 '배치'는 매개를 의미하는 것이 아니라 직접적 접합을 지칭하는 것이다. 게다가 이런 변화는 다분히 사르트르적 테제를 수정한 듯한 인상을 풍기는데, 내가 볼 때 이런 수정의 과정은 사르트르의 테제에서 중심적 역할을 담당했던 '계급'을 제거함으로써 가능했다고 할 수 있다. 말하자면 이런 측면은 명백하게 68년 5월 사건의 영향 아래 새롭게 설정된 사회 변혁에 대한 관점을 반영하는 것이기도 하지만, 또한 징후적으로 보았을 때 노동운동의 좌절을 내포하는 것이기도 하다. 여기에 대한 들뢰즈와 가타리의 논의를 보고자 한다면 다음을 참조하라. Deleuze and Guattari, *Anti-Oedipus: Capitalism and Schizophrenia I* (trans. Robert Hurley, Mark Seem, and Helen R. Lane) Minneapolis, University of Minnesota Press, 1996, p. 256.

20 지젝은 라캉에 대한 들뢰즈와 가타리의 공격을 상징적 권위에 대해 애매한 태도를 취하는 '히스테리적 주체'—억압의 병리학에 근거하는 정신분석학자에 반발해서 용감하게 상징적 권위의 기초 자체를 허무는 극단적 행위라고 비판한다. 말하자면 들뢰즈와 가타리의 모델은 기존의 권력 구도를 더욱 고착시키는 잘못된 급진화라는 것이다. 지젝에 따르면 라캉은 "나는 모든 철학에 반역한다."는 간접적 언급을 통해 들뢰즈와 가타리를 공격했다. 자세한 내용은 다음을 볼 것. Slavoj Zizek, *The Ticklish*

진 라캉의 정신분석 이론을 사회 변혁의 수단으로 사용할 수 있
다고 말한다. 나는 이런 지젝의 주장을 서사의 가능성에 대한 옹
호로 이해한다. 라캉이 멜라니 클라인 같은 다른 정신분석학자들
과 다른 점은 판타지를 긍정적인 것으로 파악하지 않는다는 점에
있을 것이다. 라캉은 불완전한 우리의 존재 자체를 인정할 것을
설득한다. 자기 숭배나 이상화가 초래하는 결과는 리얼리티의 억
압인데, 이 억압된 리얼리티는 프로이트의 지적처럼 반드시 귀환
하기 때문이다. 그렇기 때문에 라캉이 볼 때 우리는 이 억압된 리
얼리티의 핑곗거리로 상징을 발명하는 셈이다.

라캉의 이론은 간단하게 하나의 도식으로 설명될 수 있는데,
이를 라캉은 '엘 스키마Schema L'라고 불렀다.21

라캉의 도식에 대한 다양한 해석이 존재할 수 있겠지만, 라캉
이 제기한 임상학적 의미를 확장해 사회·정치적 차원에서 해석
해본다면 라캉의 이론은 아주 흥미로운 문화 분석의 틀을 제공
할 수가 있다. 그의 이론에서 가장 중요한 사항은 큰 타자Other와
주체 S의 '상징적 관계'로서, 이 관계는 항상 에고와 거울 이미지
specular image로 연결되는 '상상적 관계'에 의해 차단된다. 이 상상
적 관계란 상상적 '언어의 장벽'을 지칭하는데,22 타자의 담론은

Subject: The Absent Centre of Political Ontology, London, Verso, 1999, p. 250~251.

21 '엘 스키마'에 대한 라캉 자신의 설명을 보려고 한다면 다음을 참조할 것. Jacques
Lacan, *Ecrits: A Selection*, (trans. Alan Sheridan) London: Routledge, 2001, p.214.

22 내가 볼 때 라캉의 '언어로 구조화된 상징계'라는 말은 상징계가 곧 언어(말)라는
뜻이 아니다. 언어로 구조화됐다는 것은 언어를 '통해' 상징계가 발생한다는 뜻이지,
상징계가 언어 자체란 뜻은 아닌 것이다. 상징계는 언어의 흔적이 축적된 일종의
기록장 같은 것이다. 이런 맥락에서 라캉은 상징계를 '등록register'이라고 말하기도 했다.
나는 라캉의 정신분석학이 가진 힘이 바로 이 지점이라고 보는데, 라캉은 상상적 언어
작용에 주목하기보다는 상징적 등록을 분석해야 한다고 했던 것이다. 내가 "상상적

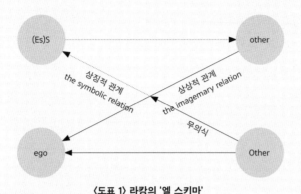

〈도표 1〉 라캉의 '엘 스키마'

반드시 이 장벽을 통과해야 하는 까닭에 굴절되거나 전도된 채 주체에 도달할 수밖에 없다. 언어의 이런 전도 작용은 라캉의 정신분석학에서 거론되는 거울 단계와 연관되어서 에고를 구성하는 역할을 한다. 유아는 상상의 거울을 통해 자신의 몸을 재구성하는데, 라캉의 입장에서 이 거울 단계의 이미지는 인간을 매료한다.

내가 볼 때 이런 라캉의 주장은 앞서 제기한 자본주의적 상품화에 내재한 시각화의 원리를 설명할 수 있는 근거를 제공하는 것이기도 하다. 라캉의 도식에 맞추어 이해한다면 상품의 시각성은 단순한 표면이 아니라 소비자의 욕망과 동일화되는 거울 이미지라고 할 수 있다. 그러나 큰 타자 또는 리얼리티는 필연적으로 언어의 벽을 투과해야 하기 때문에 주체는 이를 전도된 형식으로 받아들일 수밖에 없다. 이런 까닭에 상품의 시각성은 사용가치를 압도하는 교환가치의 동력으로 작동할 수 있는 것이다.

관계란 상상적 '언어의 장벽wall of language'을 지칭"한다고 말한 것은 이 때문이다.

물론 이런 상품과 소비의 관계를 다른 관점에서 해석한다면 에고는 상상의 거울에 비친 자기 자신을 작은 타자other로 동시적으로 인식한다는 측면에서 이런 상상적 관계는 큰 타자의 귀환으로 깨어질 수 있다고 할 수 있다. 라캉의 입장에서 에고는 이런 거울 이미지와 자신을 동일시함으로써 구성되는 것인데, 그러므로 에고 자체는 오해의 산물이자 판타지라고 할 만하다.

이런 판타지는 리얼리티의 귀환으로 산산조각이 난다. 그래서 판타지라는 통합적 거울 이미지 또는 자기 동일화가 위협을 받을 때 에고는 공격성을 띠게 된다. 이런 공격성이 집단적 행동으로 확장될 때 라이히가 지적한 파시즘적 광기가 발현될 수 있을 것이다. 한국을 휩쓰는 패거리주의나 지역감정이 현실적 분열의 위협에 대한 해당 집단의 심리적 징후라는 사실은 이런 맥락에서 충분히 설득력을 갖는다.

그러나 논리적 정합성을 떠나 실제적 차원에서 문제를 제기한다면 정작 중요한 것은 이와 같은 심리적 기제가 어떻게 집단적인 것으로 전환될 수 있는가 하는 것이다.

흥미롭게도 이런 리얼리티의 위협이 항상 '경제적'이라는 사실을 상기한다면 이에 대한 의문이 어느 정도 풀릴 것이다. 즉 '경제'라는 실재에 대한 기억이 개인적 차원을 집단적 차원으로 전환하는 기능을 한다는 것이다. 여기에서 실재가 적나라하게 드러나는 것을 은폐하기 위한 '폐쇄의 전략'이 당연히 개입하는데, 우리는 이것을 이데올로기라고 볼 수 있다. 이런 측면에서 나는 이데올로기를 '시각적인 것'으로 보아야 할 필요성을 주장한다. 실재를 은폐하는 가장 효과적인 수단이 바로 시각적인 것이기 때문이다. 라캉 또한 판타지를 영화의 정지 화면처럼 일종의 '얼어붙은 이미지'로 봄으로써 이데올로기의 작동 원리를 심리적 차원에서 해명한 바 있다. 라캉에 따르면 이런 이미지들이 실재의 외상을 은폐하는 역할을 한다. 라캉의 세 체계 역시 이데올로기와 개인적 심리의 매개를 설명할 수 있는 훌륭한 근거를 제공한다.

잘 알려진 대로 라캉이 제기하는 세 체계는 '실재계the real'와 '상상계the imaginary,' 그리고 '상징계the symbolic'이다. 이런 세 체계 또는 질서는 앞에서 상술한 라캉의 도식을 통해 명확하게 설명된다. 간단하게 말한다면 에고는 상상계를 통해 자신을 완전한 존재로 인식하고 상상한다. 그러나 이런 자기 숭배는 상징계를 모르는 상태에서 가능하다. 라캉이 설명하는 상징계는 규칙이나 문화를 구성하는 기표의 구조이다. 따라서 상징계는 '나'에 대해서 타자인 셈이지만 실재계에 비한다면 그 강도가 약하다. 실재계는 결여缺如가 없으며 자기 충족적으로 존재하는 것들로 채워져 있다. 실재계에서 모든 것은 항상 제자리로 귀환한다. 따라서 우리가 실재계에 있을 때 우리는 가장 완벽할 수 있지만, 우리의 존재가 '의미'를 얻고자 한다면 상징계로 들어가야만 한다. 그러나 이 과정은 비유하자면 하나의 문이 열리자 하나의 문이 닫히는 꼴이다. 한마디로 실재계의 완벽성을 허물어야 상징계를 얻을 수 있는 것이다. 내가 생각할 때 이렇게 손해 보는 짓을 하기 싫어하는 것이 '보수성'이 아닐까 싶다. 실재계에서 상징계로 진입하면서 '무의식'이 발생하는 것이라면 이렇게 '손해 보는 짓'을 하기 싫어하는 욕구need가 요구demand로 좌절됨에 따라 '보수성'의 욕망desire이 구성되는 것이라고 볼 수도 있는 것이다.

미학적으로 본다면 이런 '보수성'은 매개를 거치지 않고 직접적으로 언어와 사물을 연결하려는 태도로도 드러난다(물론 이런

경향은 단순히 개인적 도덕성이나 인격의 문제에서 초래된다기
보다는, 실천의 공간 자체가 원천 봉쇄 되어버린 현대 지식인의
운명에서 연유하는 것이기도 하다.).

라캉에 따르면 욕구는 실재계에서 발현되고, 요구는 상징계로
진입하는 단계에 나타난다. 흥미롭게도 이런 요구를 라캉은 '사
랑'에 대한 바람으로 본다. 따라서 요구는 물질적 충족에 대한 기
대가 아닌 것이다. 그러나 이런 요구는 기표에 불과한 욕망과 달
리 구체적 대상을 가진다. 이와 같은 요구의 특징은 욕망이 욕구
의 좌절에 따른 '과잉'이라는 사실을 말해준다. 라캉이 볼 때 욕망
은 존재의 결여 자체로서 구체적 대상을 상실하고 오직 언어의
보편성 속에서만 작동한다. 그러나 이런 욕망에 언어 이전의 실
재계에서 존재했던 무엇인가가 흔적으로 남게 된다. 간단히 말하
자면 이 흔적에 의해 욕망은 대상을 결정하게 되는 셈이다.

라캉이 제기한 문제 중에서 가장 핵심적인 내용은 주체에 대
한 인식을 전복하는 그의 견해다. 라캉에 따르면 주체는 일관된
존재나 개인이 아니라 타자에 대한 욕망을 통해 언제나 분열된
다. 이런 맥락에서 라캉의 관점으로 본다면 에고는 주체 또는 '나'
가 아니라 오히려 상상적 기능에 가깝다.

이런 특징이 그를 다른 정신분석학파와 구분 짓는 결정적 요
소다. 내가 볼 때 이런 라캉의 주장은 서사를 일종의 판타지와 연
관해 해독할 가능성을 열어 보이는 것이라고 하겠다. 결국 서사
는 이런 분열의 와중에 발생하는 것이라는 측면에서, 그리고 한
번 등장한 서사는 그 실천적 직접성의 퇴조와 더불어 리얼리티의
흔적을 지우고 스스로 폐쇄된다는 사실에서 기본적으로 서사의
문제는 어떻게 리얼리티를 자신의 욕망에 맞게 해독할 것인가 하

는 정치적 문제와 연결되어 있다고 볼 수 있다. 이런 측면에서 서사는 판타지 자체라기보다는 판타지의 다른 측면이라고 볼 수 있을 것 같다. 마치 상징과 알레고리의 관계처럼 서사와 판타지는 서로 다르면서도 긴밀하게 연결되어 있는 것이다. 왜냐하면 기본적으로 서사가 리얼리티의 흔적을 지우는 그 순간 서사는 판타지로 전환되기 때문이다. 서사는 실천의 와중에 발생하는 직접적 매개인 반면, 판타지에서 실천적 행위자는 존재할 수가 없다. 클라인의 지적처럼 판타지가 완성되는 순간 모든 물리적 리얼리티는 완전히 소멸하는 것이다.[23]

임상학적 실천 지침이기도 한 라캉의 도식이 문화비평에 주는 교훈은 간단하다. 상징적 관계는 언제나 상상적 관계에 의해 차단되므로 문화 형식의 반영성 또는 거울 이미지에 머물지 말고, 그 이미지 너머에서 작동하는 상징적 관계를 추적해야 한다는 것. 이런 까닭에 문화비평이 단순하게 문화 형식의 표면적 의미나 이념적 성격을 논하는 것에 그친다면 그만큼 그 비평은 단편적 분석에 머물고 말 것이다. 여기에서 문화비평을 '문화'에 국한해서 인식하는 행위를 경계해야 할 필요성이 제기된다고 하겠다.[24]

지금까지 알아봤듯이 라캉의 도식은 이른바 발화speech의 원리를 설명하는 것으로, 말하자면 하나의 문화 형식이 어떻게 경제

---

23 Melanie Klein, *The Selected Melanie Klein*, (ed. Juliet Mitchell) London: Penguin, 1991, p.182.

24 이런 주장을 펼치는 대표적인 문화이론가가 프레드릭 제임슨이다. 라캉에 대한 제임슨의 이해를 보려면 다음을 참조하라. Fredric Jameson, "Imaginary and Symbolic in Lacan: Marxism, Psychoanalytic Criticism, and the Problem of the Subject", *Yale French Studies*, 55/56, 1977. 이 논문은 다음 책에 재수록되어 있다. *The Ideologies of Theory: Essays 1971~1986*, (Vol. 1 Situation of Theory), Minneapolis: University of Minnesota Press, 1988.

적 문제를 감추기 위한 '핑곗거리'로 작동하는지를 인식하도록 해준다. 이 원리를 문화 형식의 분석으로 확장한다면 우리는 문화라는 것이 원천적으로 현실적 모순을 해결하기 위한 '핑곗거리'에 불과하다는 사실을 깨달을 수 있다.

이 책에서 내가 주로 펼치게 될 주장이 바로 이것이다. 나는 문화 형식이 내재 또는 은폐하면서 핑계를 대는 현실적 모순을 추적함으로써 문화에서 발현되는 정치성 자체를 드러내 보일 것이다. 따라서 내 입장에서 문화는 주체가 현실적 모순을 해결하기 위해 만들어낸 일종의 상상적 판타지다. 그러나 이런 해결책은 개별적 노력을 통해 이루어지는 것이 아니라 집단적인 기획을 통해 달성된다. 나는 이런 집단적 기획의 매개로 서사라는 재현 체계를 거론하려는 것이다.

재현의 위기와 서사의 구성 문제를 제대로 고찰하려고 한다면 앞서 언급한 라캉의 이론만으로 해결되지 않는 문제가 많을 것이다. 라캉의 이론이 아무리 유용한 방법론을 제공한다고 해도, 기본적으로 그의 정신분석학은 리얼리티를 인식할 수 없다는 전제에서 출발한다는 한계가 있다. 결국 라캉의 정신분석학에서 근원을 이루는 것은 '언어'라고 할 수 있는데, 이런 전제는 자칫 문화 형식에 대한 해석을 동어반복에 그치게 만들 공산이 크다. 따라서 우리는 이와 같은 전제의 한계를 보완할 필요에서 마르크스주의적 문화 이론을 참조할 수밖에 없다고 하겠다.

2) 프레드릭 제임슨: 문화, 사회적 상징 행위

프레드릭 제임슨은 라캉의 정신분석학을 원용해 재현과 해석에 대한 문화 이론을 구성한 대표적인 마르크스주의 이론가다. 문화에 대한 제임슨의 접근은 재현의 문제와 깊은 관련을 맺는데, 이런 그의 이론은 형식과 구조에 대한 경험주의적 분석을 비판적으로 보았던 마르크스의 입장을 기반으로 형성된 것이다.

그러나 제임슨이 순순히 정통 마르크스주의적 견해를 되풀이하는 것은 아니다. 정통 마르크스주의의 입장과 달리 제임슨은 생산양식에 대한 이해를 전혀 새로운 차원에서 진행한다.

제임슨에 따르면 우리는 단지 생산양식의 '외양'만을 이해할 수 있을 뿐인데, 사실 이런 외양은 그 자체로 오류이거나 환상이 아니라 사회의 구성력과 요소에 대한 현실적인 징후인 것이다. 결국 생산양식은 투명하게 인식되는 것이 아니라 '해석'된다. 따라서 모든 사회 이론과 분석, 심지어 철학조차도 해석의 문제로 전환된다.[25] 제임슨의 입장에서 보자면 우리는 자본주의적 생산양식 자체를 대상으로 하는 연구를 통해 직접적으로 이것의 리얼리티에 접근할 수 없고 오직 이 리얼리티의 재현을 통해서 그렇게 할 수가 있는 것이다. 이런 진술은 데리다의 "모든 것은 텍스트이다."라는 선언을 우리에게 상기시킨다. 그러나 데리다와 달리 제임슨은 사회나 역사 자체를 텍스트로 보는 것이 아니라 이런 리얼리티가 텍스트나 서사적 형식이라는 재현을 통해서만 우리에게 인식될 수 있다는 주장을 할 뿐이다.

흥미롭게도 제임슨은 『정치적 무의식』에서 마르크스주의적

---

25 여기에 대한 제임슨의 논의로는 다음을 참조할 것. Fredric Jameson, *The Prison-House of Language: A Critical Account of Structuralism and Russian Formalism*, Princeton: Princeton University Press, 1972, pp.214~216; *The Political Unconscious: Narrative as a Socially Symbolic Act*, Ithaca: Cornell University Press, 1981(특히 제1장을 참고할 것).

해석학의 모델을 제기한다. 제임슨의 해석학적 모델은 세 가지 지평으로 구성되는데, 그 첫 번째 해석 지평은 일단 문화 형식을 '사회적 상징 행위'로 보는 것에서 시작한다. 이 지평을 제임슨은 '역사적 지평'이라고 부르기도 하며, 이것은 일상적 삶을 의미하는 것이기도 하다. 두 번째 해석 지평은 '사회·정치학적 지평'이라고 불리는 것으로 계급 형성과 계급 투쟁의 맥락을 의미한다. 제임슨은 이렇게 계급 투쟁의 차원에서 드러나는 적대적인 담론을 구별하고 밝혀내는 것만으로는 적절한 마르크스주의적 비평이라고 볼 수 없다는 입장을 취한다. 정작 제임슨에게 중요한 것은 이런 이데올로기적 차원에서 제기되는 '이념소ideologeme'의 인식만이 아니라 이 너머에서 작동하는 생산양식이다.26 여기에서 제임슨은 '경제적 지평'이라는 세 번째 해석 지평을 제기한다. 이 세 번째 해석 지평은 바로 생산양식에 대한 해석을 의미하며, 여기에서 비로소 형식에 대한 질문이 제출되는 것이라고 제임슨은 말한다.

이 지점이 말할 것도 없이 제임슨의 이론이 가진 독특성인데, 말하자면 진보와 보수의 구분이나 계급적 담론의 갈등만을 문제삼았던 과거의 비평적 단순성을 극복할 수 있는 방안을 이런 세 가지 해석 지평이 제공해주는 것이라고 하겠다. 이런 해석 지평의 최종 단계인 경제적 지평에 대해 제임슨은 다음과 같이 말한다.

---

26 이런 제임슨의 주장은 다분히 루카치의 말년 작업을 연상시킨다. 루카치는 30년대에 반영론을 받아들여 자신의 초기 사상을 정초했던 계급론을 폐기하면서 존재론에 대한 모색으로 나아가는데, 제임슨 또한 이런 원칙을 충실히 따르는 것처럼 보이기 때문이다. 여기에 대한 자세한 설명으로는 다음을 참조하라. 김경식, 『게오르크 루카치』, 특히 제3부를 볼 것.

이 최종적 지평 내에서 개별 텍스트나 문화적 가공물은 (앞서 설정된 두 가지 해석 지평 내에서 구체적이고 기원적 방법으로 해결되는 자율성의 외양과 더불어) 여기에서 일종의 역장力場으로 재구성되는 것이라고 나는 말하고 싶은데, 이 역장 내에서 변별적 생산양식에 대한 기호 체계의 역동성이 등록되고 이해될 수 있는 것이다. 이 역동성—세 번째 지평에서 '텍스트'를 새롭게 구성하는—은 형식의 이데올로기the ideology of form를 제시하는데, 말하자면 이것은 다양한 기호 체계가 그 어떤 일반적인 사회적 형성 과정 내에 있다 할지라도 주어진 예술적 과정 내에 공존하면서 발산하는 구체적 메시지의 결정적 모순이다.[27]

제임슨의 사회적 상징 행위에 대한 개념은 레비-스트로스의 구조주의 인류학에서 영향을 받은 것으로, 이런 이론적 토대 위에서 제임슨은 문학 작품이나 영화 같은 문화 형식을 현실적 모순을 해결하기 위한 상징적 행위로 이해한다.[28]

이런 이해는 그가 일관되게 주장하는 마르크스주의의 역사화를 효과적으로 설명하고, 더 나아가서 단순한 반영 이론의 수준에 그쳐 있던 당시의 마르크스주의적 문학비평을 새로운 차원으로 세련한 것이기도 했다. 따라서 제임슨이 말하는 생산양식을 단순히 유형학적 의미나 발생론적 차원에서 받아들이는 것은 적절하지 못하다. 제임슨은 오히려 이런 지식사회학적 관점에 대해

---

27 Jameson, *The Political Unconscious*, pp.98~99.

28 Jameson, *The Political Unconscious*, pp.79.

비판적이다.29 제임슨에게 생산양식의 변화는 역사를 의미한다. 그러므로 유형학적 의미로 재단되는 매끈한 생산양식은 존재할 수가 없다. 모든 공시적 동종성은 통시적 이종성을 내포하는 것이다. 여기에서 제임슨은 '지배소'란 말을 사용하는데, 한마디로 현재 우리가 거주하는 이 자본주의 사회는 '자본주의적 생산양식'이 지배소로 작동하는 사회라고 할 수 있다는 것이다. 이런 제임슨의 견해는 문화정치학의 중요성에 대한 새로운 인식을 요구한다. 생산양식의 변환을 대비하는 전략으로서의 문화정치학이 중요한 정치적 문제로 제기되는 셈이다.

흥미롭게도 이런 제임슨의 관점을 통해 우리가 인식할 수 있는 것은 서사의 구성을 위한 문화정치학의 수립과 재현의 위기 문제는 밀접히 연관되어 있다는 사실이다. 문화정치학이란 자본주의가 지배적인 사회에서 자본주의와 다른 체제를 사유하도록 하는 전략이기 때문이다. 당연히 이런 문화정치학은 기존의 서사를 해체하고, 새로운 서사를 구성하는 역동성을 주요 동력으로 삼게 마련이다. 따라서 이 지점에서 서사의 문제는 사람들에게 자본주의와 다른 체제를 꿈꾸게 하는 유토피아적 기획으로 확장될 수 있는 것이다. 이런 집단적 서사의 기획이 누락될 경우 상징 행위는 말 그대로 판타지로 끝나고 만다. 제임슨은 이런 매개의 문제에 대해 다음과 같이 말한다.

만일 그 근본적 리얼리티에서 분열되지 않은 단 한 가지의 것이자 매끈한 망網이며, 또한 불가지不可知적이고 초超개별적인 단일

---

29 Jameson, *The Political Unconscious*, pp.94~95.

과정 내에서 형성되는 사회적 삶으로 그것[매개]이 이해될 수 없
다면, 그와 같은 일시적 재결합은 순전히 상징적인 것, 말하자면
방법론적 허구로 남게 될 것이다. 물론 그 과정 내에서라면 각자
가 서로 분리되어 있지 않기 때문에 언어적 사건과 사회적 격변
또는 경제적 모순을 연결할 방법을 고안할 필요가 전혀 없다.[30]

다시 말해 대중문화가 우리에게 드러내 보이는 상징 행위를 이
런 맥락에서 고찰한다면 우리는 대중문화 분석을 통한 문화정치
학에 대한 구상을 매개로서 인정할 수 있게 되는 셈이다. 흔히 대
중문화에 내재한 유토피아적 열망은 물화에 의해 좌절되어 단순
한 상징 행위에 그치게 된다. 그러나 궁극적으로 말한다면 대중
문화의 상징 행위는 좌절된 매개의 징후라고 할 수 있다. 이 징후
들을 분석하는 것이 앞으로 내가 이 책에서 시도할 비평의 지향
점이다. 따라서 나는 단순히 대중문화에 정치성을 부여하기 위해
문화 형식을 분석하려는 것이 아니다. 오히려 나는 대중문화 자
체가 좌절된 정치성의 징후라는 관점에서 그 상징 행위가 감추고
있는 리얼리티의 흔적을 추적할 것이다.

새로운 지도 그리기를 시작하며

예민한 독자라면 지금까지 내가 지칭한 재현의 위기라는 것이 외
적 조건의 변환에서 야기된 보편적인 서사 자체의 위기뿐 아니라

---

30 Jameson, *The Political Unconscious*, p.40.

개별 또는 집단적 주체가 존재론적으로 항상 당면할 수밖에 없
는 리얼리티와 판타지의 변증법적 상관관계도 포괄한다는 사실
을 알아차렸을 것이다. 오히려 나는 이런 일반론 자체를 무력하
게 만드는 한국적 상황, 말하자면 절대다수의 사람들이 위기 내
에 거주하면서도 이 위기에 육박할 수 없는 우리의 현실에서 서
구 사회에서 논의됐던 일반론적이고 존재론적인 재현의 위기를
논해보고자 하는 것이다. 상식적으로 거론되는 재현의 위기가 서
구적 관점에서 진행되는 것이라면, 우리의 처지에서 체감하는 재
현의 위기는 사뭇 다른 긴장을 내포하기 마련이다.

나는 프레드릭 제임슨의 말대로 자본의 논리가 예술의 자율성
뿐 아니라 인간의 무의식까지도 모두 점령한 지구적 자본주의의
경과에서 어떻게 유토피아적 희망을 유지하도록 할 것인가 하는
이율배반적 상황을 통해 이런 재현의 위기를 이해하고자 한다.
1990년대의 경박성을 제물로 삼아 1980년대를 쉽게 옹호하거
나 반대로 1980년대의 거시성을 빌미로 가볍게 1990년대의 미
시성을 두둔할 수도 있을 것이다. 그러나 내 입장에서 시대는 통
시성과 공시성의 관점에서 조망되어야 한다. 특히 서사는 언제나
사건의 뒤에 오기 마련이니, 결코 현재 진행형의 서사 구성은 불
가능한 일이다. 따라서 이제야 우리는 지나온 역사의 흔적을 토
대로 새로운 서사의 가능성을 조심스럽게 타진해볼 여유를 갖게
됐을 뿐이다.

1990년대 또는 2000년대가 1980년대의 단절인가 아닌가 하
는 질문은 명백하게 우문이다. 단절과 계승의 이분법은 공시성과
통시성의 변증법을 분해해서 정물靜物로 만들어버린 관념 놀음에
불과하기 때문이다. 서사는 이런 정태적 이분법을 통해 새롭게 형

성되지 않는다. 오히려 서사는 이런 정태성을 깨면서 탄생한다.

앞서 언급했듯이 리얼리티와 문화의 관계를 단절이냐 연관이냐 하고 서로 논쟁하는 것만으로는 결코 새로운 서사를 만들어낼 수 없다. '그래 네 말이 맞다.'라는 맞장구 정도일 뿐이지 이를 통해 새로운 서사가 구성되는 것은 아니다. 이 문제가 실제로 우리가 건너야 할 위기의 절벽이다. 이 이분법을 깨고 이런 편가르기를 가능하게 하는 근원적 모체matrix를 찾아내는 것이 이 새로운 서사를 위한 전제 조건이다.

이 책은 지금까지 부정적이거나 긍정적인 것으로 평가되어 왔던 숱한 문화적 현상에 대한 분석을 토대로 한국 문화에 대한 새로운 지도 그리기를 목표로 한다. 내가 이와 같은 지도 작성의 수단으로 서사를 내세우는 것은 물론 나름대로 문화를 서사의 총체로 이해하는 개인적 경향 때문이기도 하다. 내 입장에서 서사를 구성하고자 하는 욕망은 역사에 개입하려고 하는 본능으로서 인간의 본성에 가깝다. 사실 유일하게 인간만이 '역사'를 가지고 있는 것이니까. 나는 역사에 대한 이런 참여 의지가 서사의 원동력이라고 본다. 자본주의적 체제의 본성 자체가 아무리 비인간적이라고 해도, 이야기를 만들어내고자 하는 인간의 문화적 본성 자체를 말소시킬 수 없다는 믿음을 나는 가지고 있다. 과연 이런 믿음에 근거한 지도 그리기의 시도가 얼마만큼 성공적일지는 앞으로 독자의 판단에 맡길 수밖에 없는 일이다.

제1장

서사는
초월의
욕망이다

1. '재현의 위기'는 우리에게 무엇이었나?

인간은 공통적으로 자신의 삶을 '이야기'로 만듦으로써 '나'를 넘어서 '우리'로 나아가고 싶어한다. 이런 행위가 고도로 형식화됐을 때 신화나 예술이 탄생하게 된다. 또한 신화나 예술은 더욱 추상화되어 현실에서 절연된 종교나 철학, 그리고 미학과 같은 논리 체계로 다시 전환된다. 한마디로 종교나 철학을 인간이 요구하는 것은 물질적 토대를 초월하고자 하는 모종의 욕망을 인간이 내재하기 때문이다. 헤겔의 지적처럼 인간이 이야기를 하고자 하는 욕망은 '초월'에 대한 갈구이며, 이런 욕망 때문에 인간은 시대와 사회를 재현할 서사를 구성하게 된다. 그러므로 보통 우리가 서사라고 부르는 것은 단순하게 '이야기'만을 지칭하는 것이 아니라 그 이야기를 지어내는 일정한 재현 체계를 통칭하는 것이다.

이런 의미에서 발터 벤야민은 이미 『독일 애도극의 기원』이라는 책에서 문학적 서사와 철학적 서사의 구분이 존재하지 않음을 선포한다.

논문treatise은 교훈적인 논조를 취하고 있지만, 본질적으로 자기 권위를 가진 원리로 지칭될 만한 교훈을 결여하고 있다. 또한 논문은 수학의 고압적 증명을 공유한다. 논문의 정전 형식이 유일하게 의도하는 것―교훈적 의도라기보다는 다분히 교육적인―은 믿을 만한 인용을 하는 것이다. 이런 방법은 본질적으로 재현에 지나지 않는다. 방법은 탈선이다. 탈선으로서의 재현―바로 이것이 논문의 방법론적 본성이다.[1]

벤야민의 진술에서 데리다의 그림자를 발견하는 것은 우연이 아니다. 오히려 데리다가 벤야민을 본보기 삼아 자신의 이론을 기초했다고 봐야 타당할 것이다. 문학적이든 철학적이든, 서사는 욕망이기에 구체적 대상을 가지지 않는다. 오히려 서사는 기원이 폐쇄된 역사의 풍경을 끊임없이 재현할 뿐이다. 이런 맥락에서 서사는 리얼리티 자체가 아니라 언제나 순차적 간격을 전제로 구성되는 그 무엇이다. 벤야민의 말처럼 재현이란 것이 본질적으로 탈선이라면 서사는 리얼리티에 대한 배반이기도 하다. 이런 맥락에서 서사는 리얼리티에 비해 항상 결핍된 그 무엇으로 불릴 수 있을 터이다.

　그러나 인간이 서사 행위를 결핍으로 인식하기 시작한 것은 그리 오래된 일이 아니다. 서사 행위가 원천적 결핍이라는 비관적 인식은 사실 과장된 것으로, 역사적 맥락이 이 결핍 자체를 불통의 요소로 변질시킨 측면이 있음을 명심해야 한다. 이 불통의 요소가 역사적 맥락을 통해 형성되는 것이라는 사실을 『삼국유사』와 『삼국사기』를 통해 살펴보면 흥미로울 듯싶다. 『삼국유사』와 『삼국사기』는 동일한 사건에 대해 전자가 설화적 양식을

1　Walter Benjamin, *The Origin of German Tragic Drama,* (trans. John Osborne) London: Verso, 1994, p.28.

그대로 차용하는 경우라면, 후자는 설화적 요소를 배제한 역사적 사건 기술을 행하는 경우에 해당한다. 즉 이처럼 동일한 사안에 대해 이 두 저서의 서사 행위가 어떻게 다르게 전개되는지를 살펴보는 것이 상당히 흥미로운 일이라는 말이다.

여러 가지 추측이 가능하겠지만, 기본적으로 이 두 책이 설정하는 이상적 독자 집단이 서로 달랐기에 동일한 현실에서 이렇게 다른 이야기 형태가 발생했을 것이다. 이런 이상적 독자 집단의 차별은 유학자였던 김부식과 불승이었던 일연의 신분적 차이보다는 이들이 내재하고 추구했던 이상의 차이에서 연유한다고 볼 수 있다. 즉 김부식은 당시의 선진 문명이라고 할 수 있는 중국의 유학에 근거해서 가치판단을 행하고, 일연은 변화하는 현실이 초래하는 과거에 대한 노스탤지어에 일정하게 근거해서 자신의 태도를 결정하는 것이다.

현실적으로 본다면 유학을 국가 이념으로 채택하는 조선의 건국이 장차 이루어졌으니 일연보다는 김부식이 훨씬 역사 의식에서 앞섰다고 말할 수도 있겠다.

그러나 이런 단순한 발전론적 차원을 벗어나서, 나는 일연의 『삼국유사』가 김부식의 『삼국사기』를 더욱 의미심장하게 만들어준다는 사실을 지적하고 싶다. 왜냐하면 『삼국사기』는 『삼국유사』의 서사가 더 이상 주류 담론으로 통용되지 않는 그 객관적 현실의 변화를 증명해주는 동시에 주류 서사와 주변 서사의 대립 관계를 드러내 보이기 때문이다.

『삼국유사』에 그려진 세계는 『삼국사기』의 현실과 달리 서사와 사물이 분열되지 않은 세계다. 『삼국유사』에 빈번하게 등장하듯이 변란이나 흉조가 있을 때 노래를 지어 부름으로써 파국

을 막는 행위는 상징 행위가 곧 공동체의 합의와 일치했던 고대
적 세계관을 보여준다. 『삼국유사』가 이런 재현 체계를 그대로
채택했다는 말은 이 고대적 세계관을 명백하게 '선善'으로 인식하
고 있었다는 말이기도 하다. 그러나 이런 세계관은 이미 중세적
세계관이 확고해지던 당시에는 재건될 수 없는 성질의 것이었다.
당연히 이런 세계관은 이후 한국에서 풍수 사상이나 무당과 같은
하위문화의 범주로서 잔존할 수밖에 없게 된다. 그러므로 『삼국
유사』에서 서술된 세계관으로 복귀하고자 모반을 꾀했던 '묘청
의 난'이 실패로 끝난 것은 어쩌면 당연한 일이었을지도 모른다.

  물론 이런 진술은 『삼국유사』가 『삼국사기』보다 열등한 서사
임을 의미하는 것이 아니다. 오히려 나는 이 둘이 동일한 리얼리
티에 맞물린 서로 다른 형식임을 강조하고 싶을 뿐이다. 다른 각
도에서 보자면 『삼국사기』보다 『삼국유사』가 더욱 강렬한 유토
피아적 욕구를 내재한 측면도 있기 때문이다.

  『삼국사기』와 『삼국유사』의 차이는 객관적 현실의 변화가 일
종의 상징 행위인 서사를 어떻게 사회적으로 변형시키는가를 보
여주는 중요한 예증이다. 이 책들을 가르는 차이는 결론적으로
재현의 문제로 확대해서 해석할 수 있다. 말하자면 그리스 신화
의 피그말리온 이야기나 우리에게 익숙한 솔거率居의 설화는 사
물에 대한 정확한 '모사模寫'만으로도 객관에 대한 인식이 달성될
수 있었던 시대를 보여준다. 이런 시대에는 신화와 현실의 구분
이 존재하지 않았고, 현실적 모순을 상징적으로 해결하는 방식이
통용되었다고 볼 수 있다.

  그러나 이런 인식이나 해결 방식은 '나'와 '우리' 사이에 '너'가
끼어들기 시작하면서 깨어지기 시작한다. '우리'에 포함시킬 수

없는 부류가 '너'인 셈인데, 영국의 경우 이런 공동체의 분열을 세계의 분열로 인식했던 시대정신이 셰익스피어의 비극 작품을 낳게 됐다. 비슷한 예로 메리 셸리의 유명한 소설 『프랑켄슈타인』은 세계의 분열이라는 이 공포 자체를 '괴물'의 상징으로 등장시키는 대표적 작품이다. 프랑켄슈타인 박사가 이 괴물을 만들어낸 뒤에 겪는 불안한 상태를 셸리는 이렇게 진술한다.

이 파국의 순간에 겪었던 내 감정을 어떻게 묘사할 수 있을까, 아니 어떻게 기껏 내가 만들어낸 그 무한한 고통과 염려의 끔찍한 당사자를 그려낼 수 있을까? 나는 그의 사지를 조목조목 아름다운 것으로 골랐다. 아름답다니, 제기랄! 노란 피부가 흉측하게 근육과 핏줄을 드러내고 있는데, 머리카락은 찰랑찰랑하게 멋들어진 흑발이고 그의 이빨은 진주처럼 하얗게 빛나고 있단 말이다. 하지만 이런 사치스러움도 동태 눈깔처럼 먹먹한 그의 눈과 어우러지면 더욱 흉측함을 자아낼 뿐이다. 이 눈은 거의 회갈색에 백태가 끼어 있는 것처럼 흐리멍덩한 채 주름진 얼굴과 꾹 다문 검은 입술에 박자를 맞추고 있기 때문이다.[2]

여기에서 중요한 것은 바로 소설의 서술자가 서사화할 수 없는 '괴물'을 묘사를 통해 처리하는 상황이다. 서술은 분절적 영탄詠嘆으로 전락하고, 오직 묘사가 그 부재를 채운다. 이렇게 일정한 리얼리티의 효과를 재현할 수 없는 상황은 묘사에 대한 강한 집착으로 발전하게 된다. 따라서 여기에서 프랑켄슈타인 박사는 기존

---

2 Mary Shelley, *Frankenstein (1818),* London: Penguin, 1994, p.55.

의 서사로 재현되지 않는 자신의 흉측한 '괴물'을 명백히 묘사로 서 대치하려고 시도하는 것이라고 하겠다. 이런 묘사의 강화가 상징화로 이어지게 되는 것이다.

역사적 차원에서 말하자면, 고대를 거쳐 중세로 넘어오면서 더욱 강화된 상징에 대한 집착과 형식에 대한 강조는 서구의 이 분법적 관념 체계가 빚어낸 대표적인 문화 현상이다. 그러나 이 도흠의 읽기에서 확인할 수 있듯이 『삼국유사』에 나오는 용龍을 현재 우리가 이해하기 위해서 그것을 '해양 세력'이나 중앙 권력 에 대항했던 '지방 토호 세력'이라는 현실적 서사로 치환하는 해 석 장치가 필요한 것처럼, 우리가 지금 사는 자본주의는 과거와 달리 '묘사'가 왜곡될 수밖에 없는 복잡성을 초래했다.[3] 따라서 재현의 위기란 이런 복잡성의 현실이 낳은 결과물이고, 이 복잡 성은 실제로 공간의 확장에 따른 총체적 리얼리티의 팽창에 따라 언어적 대응이 난관에 봉착함으로써 발생한 것이다.

한마디 덧붙이자면 이런 복잡성은 언어의 물화reification 현상 과도 무관하지 않다. 언어가 자본의 합리화 과정 속에서 분절되 면서 자율성을 가진 생명체처럼 취급됐기에 이런 복잡성이 야기 된 것이라고 봐도 무방할 것 같다. 다른 말로 표현하자면 현대 사 회에서 언어는 물질 자체를 대체하면서 스스로 물질 행세를 하 게 된 것이다. 그러므로 현대 사회의 복잡성이란 언어 사용의 복 잡화에 따라 더욱 강화되는 것이라고 볼 수 있다. 이런 복잡성은

---

3 이도흠, 『신라인의 마음으로 삼국유사를 읽는다』, 푸른역사, 2000. 이도흠은 스스로
  창안한 '화쟁기호학'을 통해 고전 텍스트를 현대적으로 독해한다. 흥미롭게도 이런
  그의 시도는 문학이나 문화를 일종의 사회적 상징 행위로 간주하는 제임슨의 입장과도
  일맥상통한다.

그동안 유지되어온 인간의 주체성을 혼란케 하며, 마침내 세계의 혼돈을 정돈하기 위해 기존의 서사 양식을 파기하고 새로운 서사 양식으로 나아가도록 하는데, 넓게 보아서 우리는 이와 같은 이 동 현상을 현실 모순을 해결하기 위한 사회적 상징 행위라고 부를 수 있다.

결국 새로운 시대란 새로운 서사의 출현 그 자체를 의미하는 것이기도 하다. 그렇기 때문에 역사를 서사 그 자체로 부르는 것 은 결코 과장이거나 비관이 아니다. 오히려 해석을 통한 역사의 현재화가 또 다시 오늘의 역사 그 자체를 이루는 것이기도 하다. 이런 발상의 전환은 과거에 대한 노스탤지어조차도 오늘의 인간 이 내재한 유토피아적 욕구의 발현으로 해설할 여지를 남겨준다. 이런 까닭에 우리가 쉽게 '시대'라고 이름 부르는 것들은 실상 그 시대의 거주자들에게는 무의미할 뿐이다. 모든 시대란 예측되는 것이 아니라 평가될 뿐이기 때문이다. 문화비평에서 말하는 시대 란 결국 '징후적 분석'의 결과에 불과하지만, 징후로서 드러나지 않는 것을 종합이라는 이름 아래 모두 사장해버리는 것을 의미하 지는 않는다. 도리어 그 징후의 기원을 인정하면서도 그 기원의 재현 불가능성마저 인정하는 모순적 중립성이 문화비평의 존재 근거이기도 하다.

앞서 말했듯이 나와 우리의 동일률에 너라는 이물질이 끼어들 기 시작하면서 서사는 새로운 차원을 획득했다. 그 새로운 차원 은 서사에 대한 태도가 모방에서 해석으로 전환됨으로써 열릴 수 있었다. 고대부터 인간은 지구적 삶을 느슨하게나마 누려왔다. 그 당시에는 우리 속으로 너라는 존재가 끼어드는 것이 별다른 문제가 되지 않았다(가야의 건국 설화나 신라의 처용 설화를 상기해 보라.). 그 당시 국가나 민족이라는 개념은 사실 그렇게 강력한 집단적 규율로 작동하지 않았기 때문이다.

그러나 중세로 접어들면서 동·서양을 막론하고 세상은 나와 우리의 동일률에 다른 논리가 끼어 드는 것을 경계하기 시작한다. 그 이유를 설명하는 논의는 많지만, 결국 인간의 풍요와 직접적으로 연결된 생산양식의 변화로 그 이유가 설명될 수 있음을 부인할 수 없다.[4] 신이라는 절대 존재가 보이지 않는 손으로 인간 역사에 작용했다고 믿지 않는 한 그것을 인간 사이에서 발생하는 갈등과 생산력의 발전이 가져온 질적 팽창으로 설명하는 것이 우리가 오늘날 취할 수 있는 가장 현실적 태도다. 결국 나치의 유태인 학살이 경제 논리가 변화한 문화 논리였던 것을 감안한다면 문화를 리얼리티와 연관해서 사유하려는 노력은 단순히 문화를 문화로서만 보는 형식주의를 넘어설 수 있는 길이기도 하다.

물론 이런 내 주장이 고전 마르크스주의의 경우처럼 문화를 형식, 경제를 내용으로 규정하려는 시도는 아니다. 나는 솔직히 이런 이분법을 극복하고자 이 책을 쓰고 있다. 그런 점에서 이런 단선적 인식을 공격했던 이론들이 포스트모던 사상을 기반으로 했다는 사실을 소홀히 취급하고 넘어갈 수는 없다. 돌이켜 보건대 1980년대가 저문 후 한국에 상륙했던 숱한 포스트모던 사상들은 우리가 제대로만 취급했다면 과거의 독을 해소해줄 '오늘의 약'이 될 수도 있었다. 그렇지만 정작 그처럼 굉장했고 요란했던 담론의 수입 과정을 살펴보면 이른바 '포스트모더니즘 논쟁'을

---

4 나는 결코 진보주의나 진화주의의 입장을 과학이라는 명목으로 지지하는 것이 아니다. 오히려 나는 이 변화의 실체를 불러온 것이 무엇인지 궁금할 뿐이다.

서사의 위기 문제로 본격적으로 취급한 경우는 문학의 위기 논쟁
정도밖에 없었다. 그러나 문학의 위기 논쟁마저도 '본격문학' 대
'대중문학'이라는 이분법적 구도에서 이해했던 당시의 분위기를
감안한다면 이런 요구는 너무 과한 것인지도 모르겠다. 어쨌든
문학의 위기 논쟁이 표면으로 떠오른 것은 몇몇 평론가의 치기가
아니었다. 다만 이들의 이론이나 주장들이 구조의 변동을 표현할
언어로 표출됐을 뿐이다.

그러나 정작 흥미로운 것은 포스트모던 사상의 첨병이었던 이
광호 같은 평론가가 본격문학에 대한 비판에 열중했던 것만큼 문
학의 자본화에 대한 분노를 보여주지 않았다는 사실이었다. 우리
가 이광호 같은 포스트모던 평론가들에게 발견할 수 있는 것은
대중사회에 대한 대상 없는 불안일 뿐이다.[5] 홍기돈의 비유를 원
용하자면 이런 역설을 통해 포스트모던 비평은 '반성'이라는 페
르세우스의 방패 없이 메두사를 보려고 했던 탓에 돌로 변할 수
밖에 없는 운명이었던 셈이다.[6] 한국 포스트모던 논쟁의 한계는
한국 지식인의 지형도에 내재한 본질적 한계와 관련이 있다. 간
단히 말해 1980년대 이후 직접적 참여의 장을 상실한 채 과거의
기억을 통해 폐쇄된 기원을 재현할 수밖에 없었던 한국 지식인의

---

5 1990년대 말부터 노골적으로 '욕망의 탈주'를 설파했던 이광호는 『한국경제신문』
   (2000년 12월 24일자)에 실린 칼럼에서 이렇게 말한다. "인터넷이 그것 자체의 힘으로
   세계를 바꾸는 것이 아니라 인터넷을 둘러싼 갖가지 풍문들이 세상을 움직이며 우리에게
   새로운 억압을 부여하고 있다. 그것은 인터넷을 모르면 살아남을 수 없다는 강박을
   만들어내고, 결국 '인터넷이 사람을 바꾼다.'라는 무서운 명제로 귀착된다." 이 진술을
   일종의 반성이라고 볼 수도 있겠으나, 여기에서 행해지는 반성은 역설적으로 현실의
   변환을 설명할 도리가 없는 자신의 무기력증을 무의식적으로 '반영'한 것이기도 하다.
   결국 이 같은 불안은 포스트모던 사상의 원래 취지와 상관없이 기득권의 보수주의를
   더욱 강화해주는 역할을 할 뿐이다.
6 이광호에 대한 자세한 비판은 다음을 볼 것. 홍기돈, 『페르세우스의 방패』, 백의, 2001.

처지가 바로 그 한계다. 이런 상황은 1990년대에 한국 지식인 담론을 끊임없이 좌절의 흔적으로 떠오르도록 만든다.

사건이 지나간 자리에 남는 것은 서사다. 이것을 텍스트라고 부를 수도 있고, 좀 고상하게 시뮬라크르라고 부를 수도 있으며, 더 나아가서 하이퍼리얼리티라고 부를 수도 있다.

그러나 주체의 매개가 완전히 소멸한 상황을 꿈꾸는 것이 부질 없는 짓이라면 행위자 없는 역사 담론 또한 불가능한 것이다. 벤 야민의 말처럼 아담의 언어가 소멸했다고 해서 텍스트의 기원이 사라지는 것은 아니다.7 오히려 텍스트는 그 아담의 언어를 위한 증거물이 될 수도 있기 때문이다. 실제로 이런 전도의 상황을 좌절 없이 탐구하고자 했던 것이 바로 데리다의 해체주의였다.

내용이 소멸한 뒤에 남는 것은 형식이며, 이런 형식은 루카치나 제임슨의 말대로 내용의 논리다. 서사를 통해 역사를 알 수 있다는 것은 이와 같은 맥락에서 가능한 것이다. 물론 이런 앎의 행위는 서사를 주체와 객체가 한꺼번에 변화되는 사건 자체로 볼 수 있기에 가능한 것이다. 그렇기 때문에 문학의 위기 논쟁을 재현의 위기에 따른 서사의 퇴조 현상으로 확대해서 논의하지 못했던 것은 참으로 아쉬운 일이다.

그러나 돌이켜 보면 이런 논의가 이른바 '밥그릇'의 진실을 더욱 명확하게 드러냈던 측면도 무시할 수가 없다. 예전의 '신세대 문학 논쟁'이나 지금의 '문학권력 논쟁'에서도 확인할 수 있듯이 문학의 위기론은 다분히 주류와 비주류 또는 엘리트 문학과 대중

---

7 Walter Benjamin, "On Language as such and On the Language of Man", *Reflections* (trans. Edmund Jopcott) New York: Schocken, 1989, p.327.

문학의 권력 관계 위에서 진행되는 측면이 강하기 때문이다.

우리가 정작 경계해야 할 것은 권력 관계 자체에 대한 이런 힐난이 아니다. 지금의 '문학권력 논쟁'을 미학적으로 승화되지 못한 '트집 잡기' 또는 '인정 투쟁'으로 본다는 것은 다분히 문제가 있는 태도다. 권력과 저항의 문제를 은근히 '원한ressentiment'이라는 윤리적 문제로 치환한다는 것은 19세기적 발상일 뿐이다. 원한이 있기 전에 실제로 경제가 먼저 있다. 그런 점에서 지금의 문학권력 논쟁은 엄연히 1990년대 신세대문학 논쟁에 그 뿌리를 두고 있는 것인데, 이런 전환은 세대론에서 권력론으로 논쟁의 중심이 이동했음을 간접적으로 시사하기도 한다.

이런 중심 이동은 주체의 인식 변환 못지않게, 문학의 미학주의를 끊임없이 탈신비화하는 자본 운동 자체와도 관련이 있다. 간단히 말해『삼국유사』의 서사를 더 이상 불가능하게 만들었던『삼국사기』의 시대 변환이 오늘날에도 멈추지 않고 있는 셈인데, 물론 작금의 상황은 지난날보다 그 정도와 속도가 더욱 가중됐다고 할 수 있다. 특히 중세와 근대 자본주의, 그리고 '전지구적 자본주의' 또는 '후기 자본주의' 사이에 가로놓인 질적 차이를 인정한다면 신세대문학 논쟁에서 문학권력 논쟁으로 진행되어온 한국의 문학 논쟁이 단순히 문학 내적 문제를 해결하기 위한 공박으로 비칠 이유는 없다.

따라서 강준만의 훈수에 적개심을 드러내는 일부 문학평론가들의 태도는 지난날의 문학 논쟁이 무엇 때문에 흐지부지하게 끝을 맺을 수밖에 없었는지 간접적으로 말해주는 것이기도 하다. 이제 문학이 문학 내적 차원으로 머물 수 없다는 사실은 그만큼 문학의 생산과 소비의 메커니즘이 문학의 내면화를 인정하지 않게 됐다는 냉혹한 법칙을 웅변하는 것이기도 하다. 직접적 참여의 공간을 상실함으로써 이제 문학은 그 자체가 논쟁의 장으로 변환되는 운명을 맞이한 것이다. 따라서 문학을 속세와 동떨어진 안온한 산사山寺의 앞마당으로 다시 소급하는 것은 이제 불가능하다. 지식의 생산이 멈춘 그 자리에서 지식 자체에 대한 논의가 무성해지는 것이 세상의 이치이기 때문이다.

2. 리얼리즘의 적들, 루카치를 욕보이다

"저주받아라, 명징明徵이여!"라고 김정란 시인이 노래했을 때, 진
중권의 말을 흉내 내어 말한다면 내게 그 외침은 한마디로 '고약
한 농담'처럼 들렸다. 그가 분명히 염두에 두었을 그 리얼리즘만
큼 한국에서 오해를 받아온 문예 이론은 없다. 이런 오해는 다소
갸륵한 희극성을 낳게 되는데, 예를 들어 1990년대 어느 신문의
문화부 기자가 한국 소설의 서사성 부족을 개탄하며 당시 발간된
하창수의 소설을 서사가 그런대로 갖춰진 작품으로 평가한 대목
이 그렇다. 하창수의 소설은 한때 한국 소설에서 르네상스를 이
루었던 움베르토 에코 식의 유사 역사소설이었는데, 솔직히 말한
다면 이런 종류의 소설은 서구 소설사에서 재현의 위기를 알레고
리적 서사를 통해 돌파하기 위한 하나의 전략으로 등장하게 된
것이다.

　보편적인 오해와 달리 리얼리즘에서 말하는 리얼리티란 묘사
가 아닌 서사다. 따라서 자연주의를 비판할 목적이었다면 모를
까, '명징'을 저주하는 것은 정확히 말해 리얼리즘에 대한 적절한
공격이라 할 수가 없다. 이런 맥락에서 현재 영미 문학계에서 거
론되는 포스트모던 리얼리즘은 내면 묘사에 지나치게 치중함으
로써 서사의 지리멸렬함을 초래했던 개인주의 소설의 한계를 극

복하기 위해서 리얼리즘의 서사를 다시 도입하려는 모종의 시도
인 것이다.[8] 따라서 당시 박경리, 조정래, 황석영 같은 리얼리스
트들의 소설이 엄연히 존재하던 상황에서 한국 소설의 '서사성
부족'을 운운하는 것은 정말 웃지 못할 한 편의 코미디라 하지 않
을 수 없었다. 그 기자가 제대로 말하려고 했다면 고전적 리얼리
즘의 서사를 극복할 새로운 서사성이 아직 한국 소설에서 등장하
지 못하고 있다는 점을 지적해야 했을 것이다.

　물론 1980년대를 풍미했던 각종 리얼리즘은 조야한 사회주
의 리얼리즘이나 자연주의에 가까운 것들이었다. 황석영이나 박
경리 같은 위대한 리얼리스트들이 도리어 1980년대가 아니라
1970년대에 등장했다는 것도 자주 잊히는 사실이다. 리얼리즘에
대한 대부분의 오해는 이런 리얼리즘 아닌 유사 리얼리즘에 대한
편견에서 유래하는 경우가 많다.

　사실 리얼리즘이 자신의 이론을 갖게 된 것은 루카치라는 걸
출한 문예 미학자의 등장으로 가능했다. 이미 한국은 1930년대
에 동시대적으로 루카치의 영향을 받고 있었으며, 그때부터 오늘
날까지 그의 영향은 아름아름 지속되어 왔다. 그러나 오랜 수용
기간이 무색하게 그의 이론이 정당하게 이해되고 실천된 경우는
별로 없었다. 루카치에 대한 이처럼 부실한 이해는 종종 사회주
의 리얼리즘과 루카치의 리얼리즘을 동일시하는 데 결정적 역할
을 했다. 그러나 루카치의 리얼리즘은 스탈린이 제시한 사회주의
리얼리즘과 구분되는 것이다. 왜냐하면 사회주의 리얼리즘의 이

8　포스트모던 리얼리즘에 대한 자세한 논의를 알고자 한다면 다음을 참고할 것. 전봉철,
　『포스트모던 리얼리즘의 지형학』, 부산대학교 박사학위 논문, 1998.

론적 기반은 루카치의 리얼리즘으로부터 전적으로 제공됐다기
보다는 오히려 아방가르드 미학에서 산출된 측면이 크기 때문이
다.[9] 스탈린이 즐겨 사용한 "예술가는 인간 영혼의 엔지니어"라
는 말 자체만 놓고 보더라도 이런 사실은 증명된다. 이 말은 예술
을 생산으로 보고 예술적 능력을 테크놀로지와 동일하게 취급했
던 아방가르드 이론을 그대로 빼다 박은 것이다. 이런 의미에서
서사의 매개적 간접성을 강조하는 루카치의 리얼리즘론은 원리
적으로 스탈린의 사회주의 리얼리즘과 대립적이라고 할 수밖에
없는 셈이다.

　루카치가 말하는 재현의 문제는 거울처럼 명징한 현실의 반
영이 아니라 리얼리티의 총체적 매개를 의미하는 복잡한 서사의
구성에 있었다.[10] 루카치의 총체성 개념도 그의 이론을 공격하는
주요 논점이 되곤 하지만, 이 역시 루카치의 미학이 가진 철학적
맥락을 고려한다면 충분히 반론을 제기할 수 있다. 정확하게 말
하자면 루카치의 총체성은 차이를 지양한 헤겔적 종합의 개념이
아니다. 루카치는 헤겔 철학의 한계를 이런 지양에서 찾았으며,
도리어 그는 헤겔의 한계를 극복하고 삶 속에서 명멸하는 현실적
리얼리티를 옹호하기 위해 새로운 총체성의 개념을 창안하게 된
것이다.

9　그로이스에 따르면 사회주의 리얼리즘은 군중에 의해 창조된 것이 아니라 아방가르드의
　경험을 가진 소수 엘리트 지식인에 의해 구상됐던 것이다. Boris Groys, *The Total Art of
　Stalinism: Avant-Garde, Aesthetic Dictatorship, and Beyond,* (trans. Charles Rougle),
　Princeton: Princeton University Press, 1992, p.9.

10　루카치의 리얼리즘에 대한 새로운 해석은 주로 프레드릭 제임슨에 의해 제기됐다.
　다음의 글을 참조하라. Fredric Jameson, "History and Class Consciousness as an
　'Unifinished Project'", *Rethinking MARXISM,* Vol.1, no. 1, 1988, pp.51~53.

내 관점으로 보자면 루카치의 총체성 개념은 사르트르의 총체성 또는 총체화 개념에 비한다면 훨씬 소극적이다. 어떤 의미에서 사르트르의 총체화 개념은 20세기 초반을 훌쩍 넘어서서 더욱 복잡해져 버린 자본주의적 현실을 인식하기 위한 실천 개념으로 볼 수도 있다. 사르트르에게 총체성이란 삶과 동일한 것이고, 그의 관점에서 삶이란 '스스로를 역사 속에 내던짐project'이라는 의미를 갖는다. 물론 이 '내던짐' 또는 '기투企投'는 '기획'이라는 의미를 내포하는데, 이는 존재가 '임being'이 아니라 '됨becoming'의 과정임을 지칭한다. 모든 삶은 기획이기에 과거형이 아니라 미래형인 것이다. 결국 사르트르적 개념에서 총체성이란 관조자의 인식이 아니라 현실의 길을 걷는 행위자의 체감體感을 의미한다. 실천하지 않는 자에게 현실에 대한 총체적 인식은 불가능한 것이다.

이런 맥락에서 1970년대의 리얼리즘이 루카치와 친숙했다면, 도리어 1980년대의 문학운동은 그 결과야 어떠했든 사르트르적 테제에 더 가까웠다고 하겠다. 다르게 생각해보면 김수영의 '참여'는 도리어 1980년대에 이르러 제대로 꽃을 피운 것일지도 모른다. 그렇지만 결과적으로 본다면 1980년대의 문학운동은 사르트르와 루카치 사이에서 모호한 위치를 점하고 있었을 뿐이다. 이런 이중성은 1980년대 문학의 딜레마였고, 이 딜레마는 지금 박노해와 백무산의 존재로 확인되듯이 기존의 제도 속으로 1980년대의 급진성이 통합되는 과정을 강제했다. 1980년대 민족문학 논쟁을 주도했던 신진 평론가들이 리얼리즘에 대한 논의를 소홀히 한 채 문학 이념의 문제만을 거론한 조급함도 이런 결과의 한 축을 담당하는 것이다. 과학이라는 명분은 결국 문학이라는 현실이 살해 당하는 것을 방관해왔을 뿐이다.

이처럼 삶의 결과가 아니라 삶의 과정 자체를 총체성이라고 부른다면 이는 결코 매끄러운 표면으로 이뤄진 거울이 될 수 없다. 데리다의 유령성spectrality처럼 루카치의 총체성 역시 어긋난 삶의 시간들로 구성되어 있는 것이다. 이런 까닭에 루카치는 '총체성은 이런 것이어야 한다.'고 당위적으로 말한 적이 결코 없으며, 다만 전형이라는 형식을 통해 이 총체성의 달성이 무엇을 의미하는지 설명했을 뿐이다.

여기에서 흥미로운 점은 루카치가 총체성에 대한 요구를 서사를 구성하는 동력으로 본다는 것이다. 궁극적으로 루카치가 상징주의로 대표되는 모더니즘을 비판한 이유도 이런 서사의 구성을 모더니즘 미학이 포기한 채 사물에 대한 관조만을 강조한다고 생각했기 때문이었다. 루카치와 유사한 지적을 우리는 바르트의 『영도零度의 글쓰기』에서도 확인할 수 있는데, 결국 모더니즘이 서사를 포기하고 상징이나 이미지로 묘사에 치중하게 되는 것은 근대성이 가져온 재현의 위기와 무관하지 않다고 할 수 있다.

이런 재현의 위기를 리얼리즘으로 극복하고자 했던 시도가 루카치의 미학 이론이었다. 루카치가 헤겔의 총체성 개념을 재활용함으로써 말하고자 했던 것은 리얼리티가 단일하게 그 자체의 매끄러움으로 재현되는 것이 아니라 마치 라캉이 말한 것처럼 일종의 부분 부분에 대한 인식들이 울퉁불퉁한 하나의 덩어리로 만들어지는 것에 불과하다는 사실이었다. 따라서 루카치의 말에 따르면 형식을 만드는 내용 자체가 이런 울퉁불퉁한 총체성이라고 할 수 있다. 이런 맥락에서 우리는 라캉에게서 루카치의 총체성과 유사한 천착을 발견하게 된다. 아니, 그 유명한 물화라는 개념 자체가 자본주의가 야기하는 인간의 심리적 구조를 지칭하는 것이니 만큼 오히려 루카치 자신이 정신분석학과 마르크스주의가 결합할 길을 열어준 것이라고 봐야 할 듯싶다.

물화가 자본주의를 통해 구조화된 인간의 심리적 작용과 연관되어 있다는 사실을 인정한다면 새로운 문제 설정의 차원이 우리 앞에 나타나게 된다.

물화를 야기하는 자본주의의 특징은 경제 논리가 여타의 영역을 모두 압도한다는 것으로 요약될 수 있다. 마르크스주의에 적대적인 이론가들은 자본주의가 단순히 경제 논리만으로 작동하지 않음을 증명하려고 분투해왔다. 그러나 세계의 변방에서 태어나 정치적이고 문화적인 모든 쟁점이 경제 논리 앞에서 싸늘하게 식어버리는 경우를 지금까지 적나라하게 목도했던 나로서는 이런 주장이 배부른 서구 지식인들의 책임 회피로밖에 들리지 않는 것이 솔직한 심정이다. 데리다의 주장과 다른 차원에서 마르크스주의의 한계를 인정하면서도 우리가 결코 마르크스주의적 입장에서 자유로울 수 없는 까닭을 이런 현실이 잘 보여준다.

마르크스주의자들이 경제와 문화의 연관성을 주장하는 이유는 그 자체가 리얼리티이므로 이를 외면한 채 현실에 대해 말할 수 없기 때문일 뿐 숱한 오해처럼 단순히 정치적 입장이나 이론적 경향이 그렇기 때문이 아니다. 같은 맥락에서 우리가 보통 리얼리즘 하면 떠올리는 '정치성'은 사실 리얼리즘 예술과 무관한 것이다. 오히려 정치적으로 급진성을 띠는 예술은 리얼리즘이 아닌 자연주의와 모더니즘에서 더 많이 나왔다. 보통 리얼리즘 문예 이론가들이 거론하는 위대한 리얼리스트들은 정치적으로 본다면 보수주의자에 더 가까웠다. 그러므로 1980년대 한국의 문학평론가 사이에서 논쟁거리가 됐던 '세계관에 대한 리얼리즘의

승리'라는 엥겔스의 말은 이런 맥락을 고려했을 때 비로소 이해
되는 것이다. 이런 사실을 감안한다면 1980년대 후반을 풍미했
던 '계급문학'이나 '민중문학'은 오히려 마르크스주의적이었다기
보다는 이를 넘어선 그 어떤 입장에서 '리얼리즘에 대한 세계관
의 승리'를 우리에게 강요했다고 하겠다.

그렇기 때문에 앞서 언급했던 1990년대의 포스트모더니즘 논
쟁 못지않게 소란스러웠던 1980년대의 민족문학 논쟁 역시 그
속내를 들여다보면 리얼리즘과 유사 리얼리즘 사이에서 빚어진
대립 상황에 지나지 않았다. 오히려 진정한 리얼리즘 비평과 문
학의 정수는 급진적 유사 리얼리즘의 신봉자들이 주로 공격했던
그 '열등한 리얼리즘'에서 탄생했다. 이런 역설은 1980년대의 문
학 논쟁이 루카치에 기대어 있었으면서도 결국 루카치를 배반할
수밖에 없었던 모순을 증명해주는 것이다.

실제로 1980년대 중반부터 가속된 루카치 미학에 대한 청산
분위기는 주로 스탈린주의와 주체사상의 입장을 통해 이뤄졌다.
이런 청산의 과정은 특히 레닌의 '당 문학론'을 근거로 해서 루카
치를 비판하는 한편으로, 루카치에 대한 대립 항으로 브레히트를
설정함으로써 이뤄졌다. 물론 이는 당시 한국 사회가 당면했던
급진 운동의 운명과 긴밀하게 연관되어 있었다고 볼 수 있다. 역
설적으로 이 당시 문제가 됐던 루카치의 면모는 그의 미학 사상
에 내재한 부르주아적 문화 유산에 대한 매개적 태도였다. 물론
미카엘 뢰비같이 이처럼 매개를 강조했던 루카치의 입장을 일종
의 '타협'으로 보는 견해도 있다.

혁명적 상황의 소멸에 직면해서 루카치는 자신의 입장에서 굳건

하게 보였던 두 종류의 역사적 증거물, 즉 소련과 전통문화에 집
착하게 됐다. 새롭고 초월적인 종합이 불가능해졌다는 사실을 깨
닫게 된 루카치는 두 생경한 세계에 다리를 놓기 위한 매개, 다시
말해 타협과 연합을 시도했던 것이다.[11]

그러나 뢰비의 글이 68년 5월 이후 급진화된 정치적 분위기를 반
영하는 측면이 다분하다는 사실을 감안한다면 그의 비판을 오늘
날 액면 그대로 받아들이는 데에는 다소 무리가 있다. 68년 5월
이후 서구 지식인들은 매개를 긍정하는 태도에서 매개를 부정하
는 태도로 돌아섰는데, 이에 특히 엄청난 영향을 미친 사람이 알
튀세르였다. 알튀세르의 제자였던 니코스 풀란차스의 술회처럼,
당시 루카치를 공격했던 주요 세력은 알튀세르에 공감했던 지식
인들이었다.[12] 그러나 풀란차스도 고백하듯이 이들이 시도한 것
은 말 그대로 오른쪽으로 굽어 있던 막대를 왼쪽으로 과도하게
굽힌 것으로, 알튀세르가 말했던 '막대 굽히기'의 일종이라고 볼
수 있다.

　루카치의 매개 강조는 패배주의를 극복하기 위한 일종의 방편
이었기 때문에 1960년대의 급진주의적 상황보다도 오히려 오늘
날 그 급진주의가 한 고비를 넘어 제도화되어 버린 상황에 더욱
적절한 것이다. 왜냐하면 매개에 근거한 사유야말로 현재 구성되
어 있는 제도의 독을 녹이면서도 동시에 그 제도에 내재한 집단

11　Michael Löwy, "Lukács and Stalinism", *New Left Review*, no. 91, 1975, p.39.

12　Stuart Hall and Alan Hunt, "Interview with Nicos Pulantzas", *Marxism Today*, 1979, p.198.

적 유토피아 충동을 보유하도록 해줄 것이기 때문이다.

이런 '곱'과 '겹'의 사유야말로 제도에 대한 패배주의적 태도를 극복하고 제도 자체를 대안적 체제를 위한 적극적 매개로 바라볼 수 있도록 만드는 원동력이라고 할 수 있다. 이런 까닭에 프레드릭 제임슨은 1980년대에 조장됐던 서구적 정치 상황의 전반적 침체를 루카치에 대한 재해석을 통해 돌파하고자 했던 것이다. 이런 사정을 돌이켜본다면 1980년대 한국에서 루카치를 향해 쏟아졌던 비판은 뢰비의 경우와 유사한 급진주의적 상황을 배경으로 해서 가능했던 것이라고 할 수 있다.

이런 사실은 1980년대 후반에 가속화된 사회주의 문학론의 '당파성' 논쟁을 통해서도 여실히 드러난다. 이에 대한 김경식의 고찰은 우리가 이 논쟁의 정체성을 새롭게 인식하도록 해준다.

> '노동해방문학론'이나 '당파적 현실주의론' 같은 한국의 사회주의 문학론은 주로 옛 동독의 이론적 성과를 수용하면서도, 1970년대 중반 이래 동독 문예학의 새로운 '이론적 패러다임'이라 할 수 있는 '사회기능론적·소통이론적 접근법'에는 크게 주목하지 않으면서 유독 '사회주의적 당파성'과 '가치론'에 집착하는 선별적 수용 양상을 보여준다. 그리고 바로 이 후자의 논의에 그 근거를 두고 루카치에 대한 비판이 가장 격렬하게 이루어지기도 했는데, 이런 '한국적 현상'이 벌어지게 된 것은 당시의 문학 창작과 연구 활동이 사회주의를 지향하는 변혁 운동의 실천적 요구에 과잉 규정된 탓도 있을 듯하다.[13]

---

13 김경식, 『게오르크 루카치』, 한울, 2000, 41쪽.

물론 김경식이 지적한 정치 과잉은 비판적 리얼리즘과 사회주의 리얼리즘을 진화론적으로 파악한 결과물이기도 하다. 이런 현상은 지난 시대와 1980년대를 구분한 후, 후자를 가장 '과학적'인 사회주의 운동의 시대로 보았던 관점과 무관하지 않다. 사회주의라는 집단 판타지가 이데올로기화됨으로써 모든 차이와 불균형이 탈색될 수밖에 없었던 것이다.14 바로 이런 관점에서 사회주의 리얼리즘을 비판하면서 비판적 리얼리즘의 형식을 은연중에 옹호하는 것 같았던 루카치의 미학이 '반동적'으로 읽힐 수밖에 없었던 것이다(게다가 당시의 분위기는 『역사와 계급의식』에서 드러났던 초기 루카치의 종파주의를 후기 루카치의 반스탈린주의적 인민주의에 대립시키는 경향을 보이기도 했다.).

리얼리즘을 비판적 리얼리즘과 사회주의적 리얼리즘으로 구분해 전자를 후자보다 열등한 리얼리즘으로 생각하도록 만든 장본인은 스탈린이었다. 루카치가 30년대 자신의 저술에서 '자연주의'라는 우회적인 표현을 통해 끊임없이 공격하고자 했던 것도 바로 스탈린의 사회주의 리얼리즘이었다. 앞서 지적했듯이 스탈린의 사회주의 리얼리즘은 겉모습만 리얼리즘일 뿐, 안을 들여다보면 아방가르드 미학을 양분으로 삼고 있었다. 결론적으로 사회주의 리얼리즘론은 리얼리티란 예술가의 의지와 무관하며, 서사를 통해 리얼리티를 '제대로 드러내는 것'만이 예술가가 할 수 있는 일이라는 리얼리즘의 원칙을 폐기함으로써 문학비평을 곧 사상 검증으로 전락시키는 비참한 결과를 초래했던 것이다. 이런 현

---

14 그러나 사회주의는 관념의 산물이 아니라 조건의 산물이다. 1980년대가 우리에게 가르쳐준 교훈이 바로 이 사실일 것이다.

실은 곧 '해석의 빈곤'으로 나타났으며, 결국 알튀세르가 『마르크스를 위하여』에서 푸념한 것처럼 "글은 쓰지 않고 다른 사람의 작품을 정치적으로 심판해서 계급적 한계를 들추어내는 것이 유행하던 시대"를 낳았다.[15] 물론 나름대로 '계층적 글쓰기 운동'을 주도했던 김형수나 김진경을 필두로 해서 글쓰기 자체에 관심을 보였던 노동자문학회운동이나 교사문예운동들이 엄연히 존재했으나, 사실 이런 노력은 백낙청 같은 제도권 내의 리얼리즘 흐름과 연결되지 못한 채 고립적 한계에 부딪쳐 자멸할 수밖에 없었다.

그러므로 앞으로 살펴보겠지만, 이런 맥락에서 1990년대 들어 새로운 차원에서 김영민을 통해 제기된 글쓰기와 자생적 담론에 대한 논의 그리고 강준만이 실천하는 '기록과 평가의 문화'를 위한 노력은 상당히 의미심장한 것이라 하지 않을 수 없다. 이런 노력들은 1980년대의 민족문학 논쟁이 맹렬하게 통과했으면서도 정작 그 본질을 놓치고 말았던 서사의 위기 문제를 간접적으로 시사하기 때문이다.

자본주의 사회에서 인간의 인식은 물화에 따라 상품의 물신화에 지배 당한다는 것이 루카치의 리얼리즘론이 전제하는 사실이다. 심정적으로 루카치에 동의하고 싶지 않을 사람들도 많겠지만, 솔직히 말해 이는 동의하고 말고 할 문제가 아니다. 지금에 와서 돌이켜 보면 오히려 이런 루카치의 말이 진부하게 느껴질 정도로 우리 주변에서 이와 유사한 주장들을 발견하기란 어렵지 않기 때문이다. 그러나 루카치의 주장이 오늘날에도 미덕을 갖는 이유는 단순히 사실을 있는 그대로 인식해야 한다는 당위를 그의 리얼리

---

15 Louis Althusser, *For Marx,* (trans. Ben Brewster) London: Verso, 1999, pp.21~22.

즘론이 말하기 때문이 아니다. 우리의 상식과 달리 루카치는 삶의 당위를 강조하는 칸트 철학에 진절머리가 난 사람이었다.

오히려 루카치의 리얼리즘론은 우리가 사실을 사실 그대로, 즉 사물을 사물 그대로 인식할 수 없다는 사실을 강조하기 때문에 여전히 중요하다. 이렇게 물화를 떠난 인식이 자본주의 사회에서 불가능하다는 사실은 마침내 새로운 차원의 문제를 우리에게 제기하게 된다. 요약해서 말하자면 물화란 자본의 합리화 과정에서 깨어져 나간 파편들이 자율성을 획득해서 독자적 생명체로 행세하는 한편 결국 모든 인간 관계를 상품 거래의 차원으로 환원시키는 인간의 심리적 구조를 말하는 것이므로, 우리는 그 상품 거래의 메커니즘이나 심리적 관계를 떠나 로빈슨 크루소처럼 살아갈 수가 없다는 문제가 그것이다. 한때 한국에서 인기를 모았던 체 게바라나 68년 프랑스의 혁명적 상황이 상품화된 사실을 통해서도 확인할 수 있듯이 자본주의는 이 물화 덕분에 버젓하게 자신의 적들마저도 상품으로 둔갑시켜 팔 수 있는 것이다.

마르크스는 『자본』에서 이런 자본주의의 속성에 대해 호기심 어린 경탄을 금치 못한다. 이 저작에서 마르크스가 일관되게 사용한 방법이 '바로 선 헤겔의 변증법'이었다는 사실을 생각해보면 이런 마르크스의 태도가 괴이쩍지만은 않을 것이다. 마르크스가 강조했듯이 어차피 자본주의의 속성이 해방과 파괴 모두를 의미한다면 물화를 부정적으로만 생각해서 이를 거부한다는 것은 결국 이에 대한 인식을 포기하는 것과 마찬가지다.

사실 '세상을 변화시키는 것'은 철학의 몫이 아니다. 그 유명한 마르크스의 「포이에르바하에 관한 테제」를 마지막으로 장식하는 이 말, 즉 철학에 중요한 것은 해석이 아니라 세상을 바꾸는 것이라는 내용의 말이 역사적으로 마르크스주의를 '행동의 철학'으로 생각하도록 만드는 역할을 해온 것이 사실이다. 그러나 제임슨의 말처럼 세상을 바꾸려면 그에 앞서 세상의 구조를 먼저 알아야 하는 것이 당연한 이치다. 그리고 그 앎이 항상 물화를 전제한다는 사정은, 그 구조를 알고자 하는 욕구와 노력 자체가 '행동'의 다른 이름임을 우리에게 강조한다.

사르트르가 지적했던 것처럼 많은 사람이 집단의 행동에 매료되어 그 자체를 변화로 생각하지만 실질적으로 변화란 그 집단이 소멸한 뒤에 나타나는 것이기에, 오직 집단의 형성만을 행동의 기준으로 제시하는 것은 상당한 경직성을 수반할 수밖에 없다.

이런 의미에서 한때 1980년대의 반발로 곧잘 평가됐던 1990년대의 신세대소설들은 전혀 새로운 리얼리즘의 적이었다고 할 수가 없다. 최소한 그들은 1980년대를 관류해온 사르트르적 테제의 의미조차도 제대로 파악하지 못한 채 불쑥 소란스러운 저잣거리로 나선 형국을 하고 있다. 특히 그들이 드러내 보인 리얼리즘에 대한 적의敵意는 그 정체가 모호한 것이었는데, 신세대 문학의 기수로 곧잘 '전全방위적' 특성을 드러냈던 장정일은 소설을 일컬어 '인생 유전을 보여주는 것'이라고 정의한 적이 있거니와, 이런 사실만 놓고 보더라도 그들 역시 여전히 서사성이라는 리얼리즘의 유산에서 크게 자유롭지 못했다고 봐야 할 것이다.

모든 혁신은 그 낡은 것의 껍질을 깨고 나오는 법이다. 다시 말하자면 모든 새로움은 전통의 산물이자 그 전통의 극복이다. 이런 이유로 우리는 역사가 필요한 것이며 그 역사를 재현하기 위해 서사를 창안하는 것이다. 그렇기 때문에 한국에서 이제 리얼리즘이 그 적들에게서 사망 선고를 받았다고 선언하는 것보다 한

국의 리얼리즘은 불행하게도 아직 진정한 적을 만나지 못했다고
말하는 것이 더 정확한 평가일 것이다.

실제로 리얼리즘이 오늘날 불가능해진 까닭은 반反리얼리즘
론자들의 주장처럼 원칙적으로 리얼리즘이 오류이기 때문이 아
니라 리얼리즘을 떠받치고 있던 형식 외적 조건이 변화됐기 때문
이다. 이런 전환은 하나의 낡은 서사를 새로운 서사가 대체하는
것을 통해 얼마든지 감지할 수 있다. 이런 서사의 전환을 읽어내
는 것이 문화비평의 임무인 것이다.

3. 게으른 앵무새들, 문화비평가가 되다

리얼리즘에 대한 내 분석이 기존의 리얼리즘론을 일방적으로 옹
호하기 위한 것은 아니다. 한때 계급문학론을 주창했던 기존의
리얼리즘이 보여준 생경함은 『역사와 계급의식』 이후에 전개된
루카치의 유물론적 반영 이론을 오해해서 발생한 측면이 다분하
다. 그러나 루카치의 총체성은 언제나 그것의 해체와 분절화를
유발하는 물화를 전제로 한 것이다.

　이런 측면에서 제임슨의 지적처럼 루카치의 리얼리즘론이 자
본주의 사회에서 당면한 문화 연구 방법에 의미심장한 이론을 제
공할 수 있다는 사실은 부정할 수가 없다. 비록 루카치의 미학 이
론이 가진 반영론적 한계를 인정하더라도 그가 제시한 물화와 총
체성의 개념은 여전히 그 실효성을 지닌다. 아무리 고도화되고
복잡해졌다 할지라도 우리는 아직도 루카치의 개념이 적용되는
자본주의를 넘어서 있지 못하기 때문이다. 따라서 종래의 리얼리
즘론을 탈신비화한 의도는 낡은 리얼리즘의 미학적 틀을 고수하
려는 무모한 옹호가 아니다. 나는 모든 재현은 서사적 인식의 과
정을 가지며, 그 인식은 아무리 부정해도 리얼리즘적이라고 생각
할 뿐이다. 다시 말해 비록 상징이나 이미지가 유일한 직관적 인
식의 수단이라는 사실을 십분 인정하더라도 결국 어떤 상징을 이

해한 누군가가 그 이해한 것을 전달하고자 한다면 반드시 서사의
힘을 빌릴 수밖에 없다는 것이 내 생각이다. 이것이 한때 김용옥
의『금강경』해석을 둘러싸고 벌어진 논쟁의 본질이기도 하지만,
아무리 크나큰 도道라 할지라도 궁극적으로 그것은 범인에게 서
사로 전달되어야 하는 것이다. 종교의 경전이 알레고리로 구성되
어 있는 것도 이런 이유에서다.

　이 같은 맥락에서 서사는 재현된 역사이며, 역사는 나름대로
총체성을 도모하기 마련이다. 이런 주장을 뒷받침할 만한 진술을
우리는 제임슨에게서 발견할 수 있다. 제임슨은 리얼리즘을 '재
현 그 자체'가 아니라 '서사'로 볼 것을 당부하면서 이렇게 말한다.

　　우리는…… 지금 또 다른 결정적인 개념을 도입할 필요가 있다.
　　재현에 대한 동시대적 비판은 이 개념을 현저하게 빠트리고 있기
　　때문에 당장 제기되는 이론적 문제들을 약화시키고 지나치게 단
　　순화한다. 이 개념이란 바로 서사 자체에 대한 개념이다. 서사의
　　개념은 예술에 대한 복사 이론의 유혹을 영원히 추방할 수 있고,
　　재현 자체의 개념에 함축된 많은 가정을 인식 너머에서 문제화할
　　수 있다는 이점을 가진다.[16]

이렇게 재현의 문제를 서사로 보는 것은 리얼리즘을 모사 이론의
관점으로 단순화하지 않도록 해준다. 따라서 리얼리즘은 저차원
적 복사 이론이 아니라 예술 행위나 서사를 밀고 나가는 본질적
원리로 인식될 수 있는 셈이고, 이런 리얼리즘은 오히려 인간의

---

16 Fredric Jameson, *Signatures of the Visible,* London: Routledge, 1992, p.165.

인식 행위 자체와 연관된 것이라고 하겠다.

이렇듯 서사가 본질적인 인간의 인식 행위라는 맥락에서 보자면, 그 복잡다단한 서사의 결집을 우리는 문화라고 부를 수 있을 것이다. 이런 까닭으로 문화비평이야말로 현재 더욱 복잡해진 현실적 리얼리티를 적절하게 총체화할 수 있는 효과적 방법이라고 본다 해도 크게 무리는 없을 것 같다. 그 이유는 이미 생산양식이라는 사회적 구조가 자본주의적 지구화를 통해 더욱 전일적인 총체화로 치닫고 있는 시점에 19세기의 서구 유럽처럼 계급이라는 사회적 현실 주체들이 일국적 차원에서 투명하게 드러날리가 만무하며, 당연히 사회적 모순은 직접적으로 폭로되기보다는 문화라는 간접적 기제를 통해 우회해서 드러날 수밖에 없기 때문이다.

한국의 경우만을 보더라도 이런 계급적 실체는 식민화를 근대화로 받아들였던 여타 국가들과 마찬가지로 상징적인 '민족'의 모습을 띠고 나타나는데, 이런 현실적 문제가 여전히 해결되지 않고 더욱 심화되고 있음에도 이런 사회경제적 조건들은 이른바 문화산업의 발달과 피상적인 문화 담론의 창궐과 더불어 소홀히 취급되는 실정이다.

물론 내 말을 문학사회학적 관점으로 오해해서 단순하게 사회경제적 조건이 문화 형식을 주조하는 거푸집이라는 주장으로 이해할 위험도 있다. 그러나 나는 지금까지 밝혀온 것처럼 문화 형식이 사회경제적 조건을 거울처럼 반영한다는 뜻으로 이런 말을 사용하는 것이 아니다. 오히려 나는 문화 형식과 사회경제적 조건은 서로 매개되어 있다고 보는 것뿐이다.

그렇다면 도대체 이 매개란 무엇인가? 연결인가? 아니면 접합인가? 그러나 연결이나 접합으로 이 매개를 설명할 수는 없는 노릇이다. 매개는 연결이나 접합처럼 선명하게 붙어 있는 것을 의미하지 않는다. 도리어 매개는 매끈한 느낌이 아니라 그 중간에 무엇이 끼어 있는 듯한 어떤 이물감을 내재한다. 이 이물감을 차이라고 불러도 될 것이며, 이종적 연결이라고 지칭해도 될 것 같다. 다시 말해 매개적 사유란 주체와 객체 '사이inter-'에서 빚어지는 사유 또는 인식 작용이라고 볼 수 있겠다. 이런 맥락에서 나는 너이지만 나는 네가 아닐 수도 있다. 그렇기 때문에 매개적 사유는 추상적인 것을 구체적인 것을 통해 해체하는 변증법적 사유와 같다. 이런 매개에 대해 제임슨은 이렇게 설명한다.

모든 문학적·문화적 분석의 전략에서 우리는 이른바 매개라는 개념을 발견할 수 있다. 말하자면 이는 층위와 사실의 관계이자 분석 적용의 가능성이며, 하나의 층위에서 또 다른 층위를 발견하는 것이기도 하다. 매개는 고전적인 변증법적 용어인데, 이는 주로 예술 작품과 그 사회적 바탕 또는 정치적 상황의 내적 역동성과 그 경제적 토대의 관계를 수립하기 위해 사용된다.[17]

이처럼 현실의 리얼리티들을 문화적 형식과 사회적 조건의 매개를 통해 사유하는 것이 문화비평의 당연한 임무인데도, 일부 논자들의 경우처럼 문화비평답게 말하는 것이 정치경제학적 관점을 벗어나서 말하는 것으로 착각되어온 것이 1990년대에 한국의 문화 담론이 보여준 실상이었다.

그러나 이런 주장을 떠받치는 현실적 근거는 갈수록 심화되

---

17 Fredric Jameson, *The Political Unconscious: Narrative as a Socially Symbolic Act*, Ithaca: Cornell University Press, 1981, p. 39.

는 자본주의의 전일화 때문에 더 이상 존재할 수 없는 것처럼 보인다. 사회과학 담론과 문화 담론을 이분법적으로 파악하고 서로 대립물로 생각하는 것은 고질적인 한국 인문학의 병폐를 그대로 재연하는 것에 불과하다.

이런 황당하고 소모적인 분할 방식을 우리는 해방 이후부터 수없이 목격해왔다. 대표적인 것이 좌우 이념 논쟁이었고, 순수-참여 문학 논쟁이었다. 마찬가지로 이런 이분법적 논의가 극단화된 시기가 1980년대였다는 점도 우리는 부정할 수 없다. 방민호의 말대로 1980년대는 '이름의 시대'였고, '레테르가 곧 본질로 인식'되던 시절이었다. 오직 진영론적 테제에 사로잡힌 채 1980년대는 이미 루카치의 물화를 배웠음에도 현실과 담론의 불일치를 애써 외면했다.

이런 사고의 습속은 1990년대에도 여전히 강력한 영향력을 행사했다. 바로 문화비평을 사회과학적 패러다임에 대치시키는 행위가 그런 습속의 산물이라고 할 수 있을 것이다. 도리어 좌파 세력이 급속한 변화의 흐름 속에서 변신을 시도했던 것과 달리 우파를 자처하는 세력은 더욱 공고하게 이런 이분법의 늪 속에 침잠해 있었다. 문화에 대한 순진한 오해에서 출발하는 이런 사고방식은 우익 이데올로그들뿐 아니라 의외로 지성을 겸비했다고 공인된 지식인들의 이론을 괜스레 녹슬게 만들기도 한다. 그 오해 중 하나가 김진석이 언급하는 '신자유주의가 인문학의 위기를 초래한 것이 아니다.'라는 식의 주장이다.

물론 김진석의 주장은 단순한 구조적 병폐에 대한 천착 못지않게 인문학 주체들의 무사안일주의 역시 비판 받아야 인문학 위기 담론이 균형을 잡을 수 있다는 나름의 속내를 간직한다. 그러나 속류 반영 이론을 염두에 둔 듯한 이런 비판은 궁극적으로 앞서 언급한 또 다른 단순 논리의 함정에 김진석이 걸려들어 있다는 사실을 증명해주는 것에 불과하다.

물론 한국적 특수성에서 본다면 신자유주의는 인문학의 위기와 상관이 없는 것처럼 보일지도 모른다. 많은 한국의 문화 논객이 명백한 사실을 앞에 두고도 역사적 맥락을 거두절미한 채 앵무새처럼 외국의 이론들을 근거도 없이 마구 외워대는 게으름을 보인 것은 정말 안타까운 일이 아닐 수 없다. 따라서 김진석의 주장을 전혀 황당한 것으로 치부할 수는 없겠지만, 그렇다고 해서 그의 주장이 전적으로 옳은 것도 아니다.

실제로 맥락을 따져 묻는다면 지금 인문학의 위기 국면을 초래한 가장 큰 원인은 다른 그 무엇도 아닌 기업의 경영 논리임을 부정할 수 없을 것이다. 문제는 한국에 신자유주의적 경제 논리가 도입된 시기가 김진석이 염두에 둔 시기보다 훨씬 거슬러 올라간다는 사실이다. 신자유주의의 대표적 구호인 '작은 정부, 큰 시장'은 이미 노태우 정권부터 전면화되기 시작했다. 노태우 정권이 내세웠던 '보통사람의 시대(여기에서 '보통사람'이란 '중산층'의 한국적 표현이었을 뿐이다.)' 역시 이런 신자유주의적 정책 기조에 근거했던 것이다. 다시 말해 이 말은 노태우 정권에 이르러 형식적으로나마 정부 주도의 시장 정책이 막을 내리게 된다는 뜻이다. 따라서 당연히 이 시기 이후부터 기업의 이윤 논리가 시장의 중심으로 들어서게 됐고, 이런 측면에서 말하자면 김대중 정권이 추구했던 경제 개혁 역시 노태우 정권이 표면적으로 도입한 신자유주의를 '신자유주의답게' 만드는 정책에 지나지 않는 것이다.

　그렇기 때문에 영화 〈쉬리〉의 성공 이후 한때 강한섭 같은 영화비평가의 입에 오르내렸던 영화산업과 시장의 자율성 옹호는 사실 늦어도 한참 늦은 잠꼬대에 지나지 않는다. 결국 강한섭의 논리는 십여 년 전에 이미 한국에 상륙한 시장 자율 정책을 영화산업의 논리에 뒤늦게 적용한 것에 불과하기 때문이다.

　신자유주의 경제 정책은 결과적으로 대학과 학생들의 의식을 바꾸는 데 중요한 계기로 작용했다. 1980년대 후반부터 토플과 토익 같은 취업용 과목이 정식으로 대학 커리큘럼에 포함된 사실이 이런 변화의 실체를 잘 말해준다. 대학의 교육 목표와 학생들의 진학 목표가 '좋은 직장'에 안전하게 취업하는 것에 집중되어 있는 현실에서, 명문 대학과 수도권 대학의 주가가 더욱 상승하는 것은 당연한 일일 것이다.

　통계상으로 보더라도 1990년대 들어 수도권 대학과 지방 대학의 편차는 더욱 심각해진 것으로 나타났다. 몇몇 대기업의 인사 관련 서류가 공개되면서 밝혀진 사실에 따르면 지방 대학의 취업 가산 점수는 수도권 대학의 절반에도 미치지 못하는 것으로 드러났다. 이런 현실에서 그나마 인문적 교양주의를 고수할 수 있었던 것은 상대적으로 '시장'에서 자유로운 대학들 정도였다. 영미의 대학 역시 신자유주의 정책에 따라 이런 변화를 겪어야 했다는 것은 잘 알려진 사실이다. 따라서 영미의 명문 대학이 표방하는 교양주의는 일방적으로 옹호되거나 비판될 수 있는 성질의 것이 아니다. 모든 문화적 현상은 이런 양면성을 갖는 바, 이 양면성은 그 현상과 매개된 사회경제적 조건에 대한 사유를 통해서 제대로 인식할 수 있는 것이다.

　그러나 더욱 중요한 것은 정반대로 이런 사유 방식이 문화적 현상에 대한 분석을 통해 사회경제적 조건의 변화를 인식할 수 있도록 만들어주기도 한다는 점이다. 그렇기 때문에 내가 앞서 말했듯이 문화와 사회경제적 조건을 일방적 반영이 아니라 상호적 매개로 봐야만 하는 것이다.

김진석의 주장에 내포된 한계는 일정 정도 그 자신이 견지하는 자유주의에서 기인하는 측면이 크다. 1990년대 문화 담론의 생산자들에게서 공통적으로 발견할 수 있는 이런 자유주의는 특히 문화비평의 영역에서 흔하게 발견된다. 자유주의는 문화를 적극적으로 경제와 매개된 논리로 보지 못하는 오류를 종종 범하지만, 역설적으로 그만큼 경제와 문화를 적극적으로 매개를 무시한 채 연결하는 태도를 취하기도 한다.

'한류 열풍'을 등에 업고 홍익대 앞을 문화 수출의 전진기지로 삼자는 주장을 펼친 조한혜정이 이 경우에 해당할 것 같다. 활동적인 페미니즘 담론의 생산자이자 탈식민주의 글쓰기를 주창한 당사자 가운데 한 사람인 이 현장중심적 문화인류학자가 보여주는 행보는 고개를 갸우뚱하게 만든다. 예를 들어 '한류 열풍'의 원인과 배경을 설명하는 다음과 같은 논리는, 과연 한국의 가부장적 남성 지배 구조를 날카롭게 분석하던 그 조한혜정의 것인가 하는 의구심마저 들 정도다.

최근 아시아의 한국 문화 붐 이면에는 서양 문화에 대한 배타성 내지 지루함과 역사적으로 아시아 지역에 남아 있는 반일 감정이 작용하고 있을 것이다. 또한, 근대화 내지 자본주의화의 속도와 스타일의 변수도 작용하고 있을 것이다. 지금 한국 드라마를 즐겨 보는 아시아인들은 그간 한국이 지나온 근대화 과정을 상당히 가깝게 따라 밟고 있는 나라의 사람들이다. 비슷한 근대화의 과정에서 얼마 전 한국 사람들이 즐겨본 신세대 연애 드라마와 대가족 드라마를 약간의 '시차'를 두고 그들이 즐기고 있는 것이다.[18]

이런 인상비평에 덧붙여 조한혜정은 "아시아의 청년들이 묘한 세대 갈등 속에서도 상당한 소비력을 확보했다는 점"을 '한류 열풍'의 '경제기술적' 측면으로 든다. 조한혜정의 말을 간단히 요약하자면 지구화의 여파로 아시아의 정체성 문제가 대두했고, 이에 따라 아시아인들이 바야흐로 한국 문화를 통해 자기 정체성을 확립하려고 하는 중인데, 이에 정부의 노력과 더불어 홍익대 앞처럼 자발적인 청소년 문화가 꽃을 피우는 곳을 지원해 문화 수출의 전진기지로 삼자는 것이다.

물론 이런 주장을 두고 조한혜정의 판단이 옳은가 그른가를 논할 필요는 없다고 생각한다. 이런 주장을 조한혜정의 개인 소신쯤으로 본다면 크게 잘못될 것은 없기 때문이다. 정작 문제는 이런 주장이 국내 문화산업의 착취 시스템을 정당화하는 논리와 공존한다는 사실에서 발생한다. 게다가 조한혜정의 주장은 자신의 본래 의도—청소년 문화를 활성화하자—와 상관없이 이윤 추구 자체를 본성으로 하는 문화산업을 '문화 생산'의 주체로 착각하게 만들 요소도 다분하다.

실제로 '문화 생산'은 문화산업이 하는 것이 아니다. 문화산업은 생산된 문화 형식을 '상품화'하는 역할을 할 뿐이다. 당연히 이 '상품화'의 과정은 착취 관계를 통해 성립된다. 많은 사람이 이 관

---

18 조한혜정, 「한류 열풍, 뿌리와 토양」, 『한겨레』, 2001년 8월 12일자.

계를 착취 관계 또는 고용과 비고용으로 보지 않고 자율적 관계로 본다는 역설이 존재하긴 하지만 말이다.

물론 이런 전도는 문화 자체에 내재한 추상성과 무관하지 않은 것인데, 다른 한편으로 문화산업을 문화 생산과 일치시키려는 발상은 시장과 산업을 혼동하기 때문에 발생하기도 한다. 나는 문화 형식의 유통 구조로 기능하는 시장을 인정하지만, 문화산업 자체가 이 유통 구조를 만든다고 생각하지 않는다. 오히려 문화산업이 시장의 영향을 받는다고 볼 수 있다. 시장이 쌍방향 흐름의 분열증 기계라면 문화산업은 일방향 흐름의 편집증 기계일 뿐이다. 들뢰즈와 가타리의 말처럼 문화산업은 '기적'을 만드는 기계다.

실제로 문화산업의 위력은 막강했던 모더니즘 신화를 붕괴해버릴 만큼 놀라운 것이다. T. J. 클라크의 지적처럼 문화산업의 시스템은 '비판' 자체를 소멸시켜버림으로써 자신의 목적을 달성한다.[19] 나는 클라크의 이 말을 '비판적 거리'의 소멸로 고쳐 말하고 싶다. 내가 볼 때 모더니즘은 리얼리즘의 '효과'에 지나지 않는다. 이렇게 본다면 포스트모더니즘 역시 모더니즘의 '효과'로 볼 수 있다. 그러나 정작 리얼리즘은 낭만주의의 '효과'라고 부를 수가 없다. 이미지를 통해 형식과 내용의 일대일 조응을 믿었던 낭만주의를 리얼리즘은 전면적으로 거부한다. 즉 리얼리즘은 낭만주의를 배태한 체계와 전혀 다른 사유 체계에서 자라 나온 것이다.

리얼리즘은 낭만주의의 형식 대 내용이라는 이분법을 거부하

---

19 클라크의 어투는 시종일관 모더니즘에 대한 노스탤지어에 의존한다. 다음을 참조하라.
   T. J. Clark, *Farewell to an Idea: Episodes from a History of Modernism*, New Haven:
   Yale University Press, 1993.

고 '전형'이라는 비례적 재현 체계를 도입하는 방식이다. 이런 맥락에서 리얼리즘은 오히려 모종의 형식에 대한 '효과'라기보다는 리얼리티 자체의 '효과'로 불려야 마땅한 것이다. 그렇기 때문에 리얼리즘은 현실 자체에 대한 '비판적 거리'를 확보하기보다는, 대상에 주체의 욕망을 투사해 소유하려고 한다. 그러므로 프랑스의 리얼리즘 소설가 발자크가 자신의 소설을 파리 시민의 명부名簿와 경쟁할 만한 것이라고 언급한 것은 단순한 치기가 아니다. 발자크는 자신의 소설 자체를 리얼리티로 만들고자 했던 것이다.[20] 루카치가 강조했던 현실에 대한 '작가의 태도'는 이런 리얼리즘의 원리를 통찰한 결과다. 루카치는 작가의 정치적 경향성보다 이 '태도'를 통해 미학적 형식이 완성될 수 있다고 보았다.

이런 맥락에서 모더니즘은 리얼리즘의 기획이 좌절됐다는 사실을 의미하기도 한다. 그런 연유로 모더니즘은 처음부터 리얼리즘 또는 리얼리티 효과 자체에 '비판적 거리'를 확보하면서 발생하게 된 것이다. 모더니즘의 입장에서 보자면 리얼리티를 주체와 객체의 합일을 통해 달성하고자 하는 리얼리즘은 리얼리티 자체를 왜곡하는 폭력인데, 리얼리티는 '반영'되지 않고 내면을 통해 '묘사'될 뿐이기 때문이다. 그러므로 모더니즘은 미학주의를 통해 형식을 폐쇄함으로써 리얼리티와 '거리'를 확보하게 되며, 이

---

20 한국의 경우로 눈을 돌려본다면 조정래가 이런 '근대적' 리얼리스트로 불릴 만하다. 조정래는 "1세기에 달하는 역사"를 문학적 대결 상대로 삼으면서 소설과 리얼리티를 치환하는 작업을 수행해왔기 때문이다. 자세한 사항은 다음을 보라. 최재봉, 「원고지 5만장의 투쟁」, 『한겨레21』(제396호), 2002년 2월 6일자. 물론 여기에서 내가 '근대적'이라는 말을 사용한 까닭은 리얼리티에 대한 작가의 태도를 기준으로 고찰한 미학적 '특징'을 지칭하는 것일 뿐, 어떤 진화론적 관점에서 그의 리얼리즘을 '저차원적인 것'으로 폄하하는 것은 아니다.

를 통해 미적 효과를 발생시킨다. 즉 모더니즘은 일종의 관념 자체로 형식을 규정하는 것으로서, 이런 규정은 오직 리얼리티에 대한 '비판적 거리'를 통해서만 가능하다고 볼 수 있다. 벤야민이 아우라aura에 대한 분석에서 탁월하게 증명했듯이 이 비판적 거리는 작가와 독자의 간격에서 발생하는 신비화에 해당한다.[21]

그런데 문화산업은 바로 이 간격 자체를 소멸시켜 버린다. 문화산업은 이 아우라의 기원인 작가와 독자의 거리를 최대한 가까이 근접시킬 때에야 가능한 것이기 때문이다.[22] 다시 말해 문화산업의 목적은 문화 형식 생산에 있는 것이 아니라 이윤에 있는 것이다. 이런 까닭에 문화산업은 '산업'일 뿐이지 결코 '문화'가 아니다. 문화산업이 테크놀로지를 도입하는 것도 바로 이런 이윤 추구의 본성 때문이다. 상품화는 모든 것을 '대량화'하는 행위다. 벤야민은 이 '대량화'를 아우라의 소멸로 보고 긍정적 측면을 부각하기도 했지만, 역설적으로 문화산업은 원본의 아우라를 유지하는 이중적 측면을 가지고 있다. 결국 '카피라이트'는 이런 원본을 유지함으로써 대량 복제와 더불어 희소성의 가치를 더 높이려는 자본의 이중적 속성을 드러내 보이는 것이다.[23]

---

21 아우라에 대한 벤야민의 언급으로는 다음을 참조하라. Walter Benjamin, "The Work of Art in the Age of Mechanical Reproduction", *Illuminations: Essays and Reflections*, (trans. Harry Zohn) London: Fontana Press, 1992.

22 작가와 독자의 거리를 소멸시키고자 했던 이런 시도는 스탈린의 사회주의 리얼리즘에서도 드러난다. 사회주의 리얼리즘은 예술을 '공공 영역화'하고자 했던 시도였다. 물론 약간 차원은 다르지만, 결과적으로 말해 자본주의 문화산업이든 사회주의 리얼리즘이든 작가와 독자의 거리를 소멸시켜버림으로써 예술의 종언과 더불어 창조성의 고갈을 낳았다는 사실을 부인할 수가 없다.

23 자본주의의 이런 역설을 철학적으로 고찰한 책으로는 다음을 참조하라. Jean-Paul Sartre, *Critique of Dialectical Reason: Theory of Practical Ensembles I*, (trans. Alan Sheridan-Smith) London: NLB, 1976, pp.122~140.

나는 여기에서 문화산업의 악마적 속성을 폭로해 조한혜정의 주장이 순진한 발상이라고 비판을 가하려는 것이 아니다. 솔직히 말한다면 자본주의는 인간의 윤리적 판단 문제를 떠나서 작동하기에 여기에 선악의 기준을 적용하기에는 어려움이 있다. 윤리적 판단은 인간을 실천으로 이끄는 중요한 통로이지만 그만큼 이데올로기로 화석화될 가능성 또한 무시할 수가 없다. 말하자면 윤리는 상황적인 것이지 결코 규범적인 것이 아니다.

따라서 사르트르가 지적하듯이 자본주의는 역사에 고유했던 희소성의 변증법을 왜곡하는 체제에 불과하다. 자본주의는 이런 왜곡을 통해 생산을 극대화한다. 문제는 언제나 이런 자본의 운동이 인간의 원칙을 넘어간다는 데 있다. 말하자면 바로 여기에서 문화에 대한 자유주의적 태도는 자체 내 한계를 드러낼 수밖에 없게 되는 것이다.

조한혜정의 문제는 그가 명백하게 '청소년 문화 활성화'라는 목적만을 달성하기 위해 그 과정에 대한 천착을 소홀히 하는 데에서 발생한다. 한국 영화 붐 현상을 두고 '상업 영화가 성공해야 예술 영화도 가능하다.'는 주장을 펼치는 논자들과 마찬가지로, 조한혜정에게도 현실 관계는 전도되어 있는 것처럼 보인다. 과정의 문제 제기가 목적을 위해 희생될 때, 그 목적은 달성될 수가 없다. 이수만의 SM기획과 조한혜정이 상상하는 '청소년 문화'는 아무런 관련이 없다. 이수만이 만들어내는 것은 '청소년 문화'라기보다 오히려 '청소년 판타지'이다. 청소년들은 이수만이 기획한 S.E.S.와 H.O.T.의 이미지를 거울 삼아 자신의 판타지를 상상적으로 구성하지만, 이런 판타지는 실재의 공격 앞에 무기력하다.

조한혜정은 이수만과 홍익대 앞에 가로놓인 현실적 간격과 그

간격 속에 엄연히 존재하는 숱한 매개 과정을 단숨에 건너뛰는 발상을 한다. 이런 조한혜정의 발상에서 '계급'과 '노동'의 문제가 깨끗이 소멸되어 있는 것은 지극히 당연한 일이다. 말하자면 어른은 돈을 내고 아이들은 놀면 된다. 그러나 이처럼 '놀자'는 말은 모든 물리적 관계를 초월한 판타지일지언정 결코 실재가 아니다. 안락한 중간계급의 판타지는 결코 실재의 분열을 극복하게 해줄 수 없다. 이런 판타지가 잠깐 동안 실재의 모순을 잊게 해줄 수 있을지 몰라도, 그 모순 자체를 문제 삼는 근본적 해결책은 될 수가 없는 것이다. 조한혜정은 이 노는 것이 문화이며, 이 문화를 통해 실재를 변화시킬 수 있다는 말을 하고 싶을 것이다. 그러나 문화는 언제나 경제 앞에 무기력한 법이고, 실재는 아무리 억압 당해도 반드시 귀환하게 되어 있다. 19세기의 부르주아 문화 혁명이 그랬듯이 문화 혁명은 언제나 정치경제적 혁명 이후에 찾아온다. 문화산업 진흥을 통해 문화를 활성화하자는 것은 판타지를 강화해 현실을 '잊자'는 전도된 발상에 불과하다.

오히려 지금 절실히 필요한 것은 이런 공허한 발상이 아니라 문화를 리얼리티 자체의 논리로 재인식함으로써 쉴 새 없이 유토피아적 충동으로 휘발되고 마는 대중문화를 지속적으로 현실성에 밀착시키는 것이 아닐까?

물론 조한혜정 같은 발상을 낳게 하는 것은 문화와 생산 사이에 엄연히 현실적 관련성이 존재하기 때문이다. 김용석의 지적처럼 문화를 변화시키는 첫째 요인은 생산이다. 김용석은 "소비라는 거울의 뒷면인 생산이 중요한 이유는 경제적인 맥락 때문이기도 하지만, 사실은 문화 행위의 욕구와 연관되어 있기 때문"24이라고 말한다. 이처럼 생산과 문화의 관련성은 결코 닭과 달걀의 우선순위 논쟁이 아니다. 예를 들어 제국주의적 경제 팽창이 없었다면 커피 산업의 플랜테이션도 없었을 것이고, 서구인의 커피 문화나 그것으로 야기된 근대적 문화 현상은 존재하지 못했거나 최소한 양상을 달리했을 것이다. 김용석이 말한 생산을 엄밀히 표현하자면 앞서 언급했던 사회경제적 조건 또는 구조라고 불리는 생산양식이라고 할 수 있다. 일반적으로 우리가 말하는 경제란 것도 궁극적으로 따져본다면 이 생산양식과 매개되어 있는 것이다. 당연한 이치지만 바로 이런 이유 때문에 경제를 좌우하는 생산관계와 생산력의 문제를 분석함으로써 문화적 현상의 이해를 도모할 수 있는 것이며, 동시에 이런 시도를 통해 자본주의적 생산양식을 분석하고 이해하는 방편을 제공 받을 수도 있는 것이다.

따라서 나는 결코 문화에 대한 경제결정론을 주장하는 것이 아니다. 도리어 나는 문화를 통해 경제를 이해할 수 있다는 사실을 거론할 뿐이다. 바꾸어 말하면 문화는 경제에 의해 '결정'되는 것이 아니라 자본주의적 생산양식과 '매개'되어 있다는 말이다. 이런 까닭에 영화를 통해 철학을 공부하거나 문학을 통해 경제학을 가르치는 일이 가능한 것이다. 그래서 나는 이른바 포스트마르크스주의자들이 주장하는 '일차적 경제결정론'이나 '접합articulation' 개념에 크게 동의하지 않는다. 어떤 측면에서 보자면 이런 주장이 문화적 현상의 자율성에 대한 이해를 돕기는 하겠지만, 도리어 경제와 문화의 단절을 지나치게 의식함으로써 문화에

---

24 김용석, 『문화적인 것과 인간적인 것』, 푸른숲, 2000, 72쪽.

대한 이해 자체를 미궁에 빠트릴 공산이 크기 때문이다.

문화는 결코 이해될 수 없는 것이 아니다. 모든 문화는 해석을
기다리는 형식들이다. 이런 까닭에 물화를 자본주의적 특수성으
로 봤던 루카치보다 이것 자체를 일종의 존재론적 문제로 봤던
사르트르에 나는 더 크게 동의하는 것일지도 모른다. 루카치의
물화가 궁극적으로 자본주의 이전의 이상향을 전제하는 것에 비
해 사르트르의 '존재론적 소외'는 물화 자체를 존재의 보편성으
로 파악함으로써 모든 존재를 해석적 지평으로 끌어내리는 것이
기 때문에 더욱 그렇다.

4. 제임스 본드, 오우삼을 만나다

유럽과 북미의 라캉주의자들은 제임스 본드 영화를 라캉의 정신
분석학적 틀로 즐겨 분석하곤 한다.[25] 요컨대 제임스 본드는 아
버지 M의 명령을 따라야만 하는 오이디푸스인데, 이 오이디푸스
는 아버지의 눈을 피해 금발의 여인으로 상징되는 어머니와 놀아
난다. 그러나 이 유희는 제임스 본드가 임무를 완수하고 난 뒤 잠
깐 사이에 벌어질 뿐이다. 본드는 아버지 M의 명령에 충실히 따
라야만 하는데, 그 이유는 그렇게 해야 새로운 제임스 본드 영화
의 후속편이 만들어질 수 있기 때문이다.

마치 〈미션 임파서블〉의 최종적 목적이 임무를 벗어나서 '휴
가'를 얻는 것이듯이 또한 언제나 새로운 임무가 '휴가'를 중단시
키며 주인공 이던에게 전달되듯이 이런 종류의 영화는 '임무'와
'휴가' 사이의 변증법을 내적 생명력으로 간직하는 법이다. 그러
니 본드가 M의 명령을 어기고 금발의 여인과 결혼이라도 하게
된다면 어떻게 되겠는가? 당연히 제임스 본드 영화는 더 이상 존
속할 수가 없게 된다.

---

25 이런 분석의 선두주자라고 할 사람이 슬라보예 지젝이다. 특히 다음을 참조하라. Slavoj
Zizek, *Enjoy Your Symptom!*, London: Routledge, 1992.

따라서 이런 종류의 첩보 영화에서 유일하게 성공할 수 없는 임무는 상징적 어머니와 '결혼'하는 것이라고 하겠는데, 제임스 본드 영화에 대한 정신분석학적 접근이 사회적 의미로 확장될 수 있는 요소가 여기에서 출현한다. 다시 말하자면 제임스 본드 영화에 대한 이해는 정신분석학적 접근 그 자체를 통해 가능한 것이 아니라 그 분석을 토대로 그 너머를 들여다볼 때 비로소 이루어지는 것이다. 결국 제임스 본드 영화 시리즈를 가능하게 하는 것이 작품 내적 논리로 상징화되어 나타나는 리얼리티, 말하자면 자본주의를 지탱하는 가부장적 질서 체제에 있음을 이런 종류의 분석이 폭로해 보인다고 하겠다.

그런데 1990년대 들어 이 제임스 본드 영화에 작지만 큰 변화가 일어났다. 이 변화가 1980년대의 본드 영화와 1990년대의 본드 영화를 구분 짓는 차별성을 생산한다. 이 변화는 무엇일까? 물론 제임스 본드 영화에서 본드나 본드 걸의 역할을 맡는 배우가 바뀌는 것은 일종의 유형적 변화일 뿐이다. 정작 중요한 변화는 바로 M에게 일어났다. 아버지 M이 어머니 M으로 바뀐 것이다!

사실 제임스 본드 영화는 미소의 냉전 질서를 자양분으로 삼아 자라난 문화 상품이었다. 따라서 이 영화들의 문화적 논리는 고스란히 이런 현실적 이분법에 근거하고 있었다. 그러나 동일한 문화적 논리를 고수했던 〈슈퍼맨〉과 〈람보〉가 1980년대를 끝으로 각각 〈배트맨〉과 〈다이 하드〉에 주도적 감수성을 넘겨줘야 했던 사실에 비추어 보면, 제임스 본드의 화려한 부활과 복귀는 무엇인가 의미심장한 흥미로움을 던져준다.

제임스 본드에게 명령을 집행하던 권위적 상징, 다시 말해 삼각형의 가부장적 체제에서 정점을 차지했던 아버지가 어머니로 대체된 것은 무얼 의미하는 것일까?

손쉬운 결론에 도달하고자 한다면 이문열처럼 이런 변화의 원인을 페미니즘 탓으로 돌리면 될 것이다. 이런 단순 논리가 가장 편리한 형식 비평의 답안을 제출해주는 면이 있음을 부정할 수는 없다. 벤야민의 말처럼 새로운 형식은 언제나 낡은 형식 속으로 파고드는 것이기 때문이다.[26] 그러므로 페미니즘이라는 새로운 형식이 낡은 가부장적 형식을 파고들었다고 말한다 해도 크게 틀린 말은 아닐 터이다. 텍스트에 대한 텍스트의 삽입揷入![27] 그러나 이런 식의 이해가 갖는 맹점은 "그래서 어쨌다는 말이냐?"는 단순 논리 앞에서 비평 행위 자체가 맥을 쓰지 못한다는 것이다.

1990년대를 풍미한 상대주의 비평은 하나 같이 이런 식의 단순 논리에 대해 '유희'라는 대답을 한다. 그러나 과연 비평이 단순히 놀이에 지나지 않는 것인가? 앞서 언급했듯이 '놀자'란 구호에는 '무엇을 위해'라는 가장 기본적 목적이 상실되어 있다. 그들 식으로 말해 놀이 자체가 자본주의 코드를 탈주하는 혁명이 되기 위해서라도 무엇을 위해 놀 것인가라는 근본적인 사유가 진행되어야 한다.

물론 여기에서 내가 말하는 '무엇을 위해'가 개인적 윤리나 책

---

26 Walter Benjamin, *Charles Baudelaire: A Lyric Poet in the Era of High Capitalism,*
    (trans. Harry Zohn) London: Verso, 1997. 여기에서 벤야민은 '방랑자Bohème'에서
    '만보자Flâneur'로 진행되는 문화적 형식의 변환을 추적한다. 이런 방식은 미완의
    대작 『아케이드 프로젝트』에도 그대로 적용된다. Walter Benjamin, *The Arcades
    Project,* (trans. Howard Eiland and Kevin McLaughlin) Cambridge: Belknap Press,
    1999. 어떻게 보면 벤야민의 작업은 이와 같은 형식의 틈입을 변증법적으로 도식화해
    나아가고자 했던 시도였다고 할 수 있다.

27 이 선정적인 장면을 탁월하고도 화려하게 해설한 데리다의 글 「플라톤의 묘약」은
    다음의 책에 실려 있다. Jaques Derrida, *Dissemination,* (trans. Barbara Johnson)
    London: Antholne, 1997. 특히 76~77쪽을 볼 것.

임 의식을 의미하는 것은 아니다. 결론적으로 말하자면 이 '무엇을 위해'는 '무엇 때문에'라는 질문의 다른 면일 뿐이다. 이처럼 우리가 늘 '윤리적'이라고 착각하는 문제는 필시 '실존적'일 때가 많다. 놀이를 사실상 리얼리티에 간섭하고자 하는, 다시 말해 세계의 혼돈으로 빚어지는 주체의 분열을 극복하고자 하는 상징 행위라고 본다면 이 '놀자'의 구호가 그냥 '노는 것'으로 끝나는 것이 아님을 명확하게 인식할 필요가 있다는 것이다.

좌우간 제임스 본드 영화의 변화가 내장한 비밀은 단순한 형식적 차원에서 해명될 수 있는 것이 아니다. 텍스트나 컨텍스트가 전부 내용을 전제한 형식인 까닭에, 텍스트와 컨텍스트를 존재케 하는 '상황' 또는 '역사'를 사유하는 것이 이 두 차원의 연관 관계를 밝히기 위해서 필수적이기 때문이다.

그렇다면 아버지를 대체한 어머니가 1990년대 새로운 제임스 본드 영화의 문화 논리로 등장했다는 사실은 무엇을 의미하는 것일까? 앞서도 말했지만 모든 문화 논리는 결국 객관적 현실과 매개되어 있다. 이런 점에서 본다년 새로운 M과 제임스 본드는 이전의 M과 본드가 드러내 보였던 수직적 관계를 수평적 관계로 치환한다는 점에 주목할 필요가 있다. 새로운 본드는 M의 명령을 잘 듣지 않거나, 도리어 그 명령을 수정하게 만든다. 더군다나 이 새로운 M은 전편들의 M이 단순한 배후 인물로 평면적 조역을 담당하던 역할을 벗어나서 적극적으로 사건의 중심으로 진출해 실수를 저지르기까지 한다.

이런 변화를 형식의 내적 논리로만 설명하고자 한다면 그 비평은 변화의 실체를 제대로 읽어낼 수 없을 것이다. 또한 정작 제임스 본드 영화를 규정짓는 형식적 특징 역시 '오락용 영화 상품'이라는 생래적 본성 속에서 얻어지는 것이기에 더욱 그렇다. 따라서 제임스 본드 영화를 논리화하는 플롯들을 현실적 리얼리티를 유비하는 알레고리적 재현으로 봐야 한다는 것은 당연한 비평적 요구이다. 알레고리가 현실을 설명하고자 하는 욕망에서 출현하는 것이라고 했을 때, 이 유일무이한 자본주의 사회의 서사 양식은 결국 충족이자 결핍인 것이다. 제임스 본드 영화에서 사회주의권 붕괴 이후 새로운 경제 질서를 향해 질주했던 후기 자본주의의 문화 논리를 읽어내는 것이 그렇게 황당한 비약은 아닌 것이 이런 까닭이다. 오히려 적극적으로 본드 영화를 이런 세계의 변화가 야기한 일종의 상징 행위라고 보는 것이 더 타당하다.

앞서 말했듯이 문화 논리는 결국 경제 논리와 둘이면서도 하나인 것으로, 문화 논리는 곧 경제 논리이기도 하다. 그렇기 때문에 본드와 M의 대등한 관계에서 정부의 간섭을 배제한 시장의 자율성 강화와 구조조정에 따른 신분 변동이라는 신자유주의의 리얼리티를 읽어내는 것이 그렇게 고단한 작업은 아닐 것이다.

당연히 이런 새로운 논리는 M에게서 발견되는 변화 못지않은 변화를 본드에게도 일어나게 했다. 그 중요한 변화 가운데 하나는 전편들에서 임무 완수에 따른 대가로 본드 걸과 섹스를 하는 것이 M의 암묵적 동의를 통해 일방적으로, 즉 본드 걸의 의지와 상관없이 본드에게 허락됐다면, 새로운 본드 영화에서는 이런 관계가 동료나 사랑했던 여인의 배신에 따른 상실감을 치유하기 위해 본드가 M의 간섭 없이 자발적으로 '사랑'이라는 명목 아래 본드 걸을 취하는 식으로 설정되어 있다는 사실이다.

그러나 라캉에 따르면 이런 사랑은 결코 실현되지 못한다. 이런 까닭에 제임스 본드 영화는 요구가 아닌 욕망에 대한 영화라고 할 수 있다. 놀라운 점은 '고독한' 본드와 '모성적' 본드 걸에 대한 새로운 설정이 이전처럼 육체적 섹스의 차원에서만 규정되는 것이 아니라 임무 완수를 위해 손을 잡는 동등한 파트너의 관계로 더욱 강화된다는 점이다. 여기에서 새로운 본드 영화는 전편을 지탱했던 내적 형식을 허물고 새로운 형식을 획득하게 된다.

본드 영화뿐 아니라 1990년대 첩보 영화 대부분이 음모 이론을 바탕으로 한 배신과 상실의 정서에 초점을 맞춘다는 사실은 상당히 흥미롭다. 당연히 이런 정서는 의리와 사랑의 영원성을 강조하는 일에 이바지하게 되는데, 이 역시 1990년대의 새로운 경제 질서가 강요하는 불안정한 고용 환경과 훨씬 급속해진 사회적 신진대사에 따른 일정한 문화 논리의 상징적 대응이라고 볼 수 있을 것이다. 즉 새로운 리얼리티가 조성한 주체의 분열을 통합하고자 하는 욕망이 현실 원리와 충돌함으로써 발생한 새로운 서사 행위가 이런 영화들의 형식을 변화시킨 것이다. 아무리 상업 영화라고 해도 이런 리얼리티를 문화적 논리로 적절하게 체현한 영화만이 흥행에 성공할 수 있기 때문이다.

가령 같은 시기에 개봉된 블록버스터인 〈미션 임파서블 2〉와 〈배틀 필드〉는 왜 서로 다른 흥행 성적표를 갖게 된 것일까? 두 작품은 내용보다는 스펙터클을 강조하는 공통점을 가지고 있는데 이 영화들에 대한 관객의 태도는 완전히 다르게 나타났다. 이는 〈미션 임파서블 2〉가 새로운 본드 영화와 비슷한 문화 논리를 내재한 영화라고 한다면, 〈배틀 필드〉는 예전의 구태의연한 논리를 그대로 재연한 영화에 지나지 않았기 때문이다. 〈배틀 필드〉의 형식 구조는 도리어 〈람보〉나 〈록키 4〉의 냉전적 대립 질서를 연상시키기까지 한다.

내용을 주도하는 형식은 시대의 리얼리티를 흔적처럼 간직하게 마련이다. 이를 벤야민은 "항아리에 찍힌 도공의 지문指紋"28이라는 말로 설명한 적이 있는데, 이 지문의 기원을 구태여 찾고자 했던 것이 예전의 비평 형태였다면 지금은 그 지문 자체를 항아리의 일부로 보고 접근하는 것이 비평의 본질임을 깨닫게 되었다고 할 수 있겠다.

영화만을 따로 설정해놓고 보았을 때 이런 지문은 다른 서사 장르보다 선명히 드러난다고 할 수 있다. 특히 이른바 예술 영화보다도 상업 영화라고 불리는 흥행용 영화들에서 이런 흔적이 더 노골적으로 노출되는 것은 재미있는 일이다. 다시 말해 예술적 판단을 떠나서 본다면 19세기 탄광 노동자를 자연주의적으로 묘사한 〈제르미날〉보다는 〈쥬라기 공원〉이 우리의 리얼리티를 더욱 더 노골적으로 드러내는 영화인 것이다. 한마디로 예술성이 낮을수록 문화 형식은 리얼리티 자체로 접근해가지만, 이런 시도는 결국 예술성 자체의 파괴를 초래하게 된다.

그렇다면 이제 관심의 차원을 형식 내적 분석에서 형식 외적 요소에 대한 궁금증으로 옮겨보자. 도대체 무엇이 제임스 본드를 1990년대에 다시 불러들였는가? 이 요구의 실체를 파악하기 위해 우리는 시선을 제임스 본드에서 존 트라볼타로 옮겨 가야 한다. 존 트라볼타는 궁극적으로 어떻게 제임슨 본드가 오우삼을 만나게 되는지를 밝혀줄 접점이기 때문이다.

제임스 본드와 존 트라볼타는 소멸해가던 자신의 운명을 1990년대에 이르러 동일한 방법으로 귀환시켰다. 미국 문화에

---

28 Benjamin, *Charles Baudelaire*, p.113.

대한 지식을 어느 정도 가진 사람이라면 존 트라볼타가 미국에
서 차지하는 비중에 대해 어느 정도 공감할 것이다. 솔직히 말해
서 나는 '후기 자본주의'가 미국 중심의 신경제질서에 지나지 않
는다는 생각을 하기 때문에, 결국 미국적 문화 논리의 확산이 지
구화와 더불어 발생하는 것이 작금의 문화 상황이라고 생각한다.
따라서 미국 문화에 대한 분석은 단순하게 '미국학'이라는 좁은
학문적 테두리 내에서 이리 저리 움직여대는 자기 만족적 운신이
아닌, 현재 발생하는 모든 문화 상황을 이해하고 분석하는 기초
적인 범주를 제공해줄 수 있는 것이다.

  존 트라볼타를 1990년대에 화려하게 복권시킨 장본인은 그
누구도 아닌 〈펄프 픽션〉의 감독 쿠엔틴 타란티노였다.29 흥미로
운 점은 타란티노를 통해 아니 정확하게 말하자면 타란티노로 대
표되는 미국 독립영화의 할리우드 진입을 통해 할리우드 액션 영
화는 냉전 질서의 해체 이후 지리멸렬했던 논리의 부재를 극복하
고 새로운 돌파구를 마련하게 된다는 사실이다.

  타란티노가 비디오 대여섬의 점원 노릇을 하면서 시나리오를
쓸 무렵, 혼자서 사숙했던 감독은 홍콩의 오우삼이었다. 결과적
으로 본다면 타란티노 덕분에 오우삼은 할리우드에 성공적으로
진출할 수 있었던 셈이다. 그러나 이런 사실을 바탕으로 왜 타란
티노가 그렇게 오우삼을 좋아했는지 밝히려 한다면 아까운 분석
력을 낭비하는 꼴이 될 뿐이다. 기껏해야 타란티노의 무명 시절
을 연대기적으로 나열하거나, 그도 아니면 그의 개인적 성향에

---

29 다음을 참조하라. Dana B. Polan, *Pulp Fiction*, London: BFI, 2000. 〈펄프 픽션〉에 대한
  가장 주목할 만한 논의를 담은 이 짧은 책에서 폴란은 트라볼타에 대한 〈펄프 픽션〉의
  배려를 잘 지적한다. 특히 18~21쪽을 참조할 것.

대한 제법 그럴 듯한 정신분석학적 답안을 내놓는 정도에 지나지
않을 테니까.

이런 이유 때문인지 나는 왜 타란티노인가 하는, 어쩌면 타란
티노 붐에 대한 가장 근원적 질문이라고 할 수도 있을 이 문제에
대해 궁금해하는 비평가를 별로 본 적이 없다. 그나마 눈에 띄는
타란티노에 대한 분석은 정작 영화비평가가 아닌 장정일의 잡담
속에서나 겨우 발견될 뿐이다.—장정일은 자신의 『독서일기』에
서 타란티노 영화와 "쉴 새 없이 떠들어대기"의 관계에 대해 언급
한다. 그러나 장정일의 논평 역시 왜 1990년대가 타란티노의 영
화를 필요로 했는가에 대한 궁금증을 근본적으로 해소해주지는
못한다.

1970년대 후반 미국에서 존 트라볼타의 이미지는 엘비스 프
레슬리의 그것에 비견될 만한 것이었다. 타란티노의 언급처럼 존
트라볼타는 20대 초반에 이미 '슈퍼스타'였다.[30] 존 트라볼타를
슈퍼스타의 자리에 오르게 한 영화는 우리에게도 잘 알려진 〈토
요일 밤의 열기〉였다. 여기에서 존 트라볼타는 마치 마릴린 먼로
나 그레타 가르보가 그랬던 것처럼 대중의 섹스 심벌, 말하자면
욕망의 상징으로 등극하게 된다. 그러나 존 트라볼타의 인기는
단순히 집단 리비도의 상징적 투사로만 해석될 수 있는 것이 아
니다. 존 트라볼타는 도리어 새롭게 다가올 1980년대의 실체를
예고하는 하나의 상징으로 인식되어야 하기 때문이다.

존 트라볼타가 암시했던 그 1980년대의 상징이란 바로 '근육'

---

30 타란티노는 존 트라볼타의 일대기를 다룬 특집 다큐멘터리에 출연해서 자기가
    트라볼타를 〈펄프 픽션〉에 기용하게 된 것이 트라볼타의 '슈퍼스타 이미지'
    때문이었다고 고백한다.

이었다. 당연히 존 트라볼타의 인기는 오래 지속될 수가 없었다. 왜냐하면 '근육'의 도래를 예고했던 1970년대의 절정에 이미 그는 서 있었기 때문이다. 결국 그의 무대는 1980년대의 시작과 더불어 막을 내리게 된다. 종말에 이른 존 트라볼타의 몸부림은 〈스테잉 얼라이브〉에서 선명하게 드러나는데, 흥미로운 것은 존 트라볼타가 거의 전라의 몸으로 미친 듯 춤을 추어댔던 이 영화의 조연을 1980년대의 패자覇者 실베스터 스탤론이 맡았다는 사실이다. 결국 이 영화가 상징적으로 암시하듯이 존 트라볼타는 '황금 근육을 가진 람보' 실베스터 스탤론에게 1980년대를 물려주고, 역사의 저편으로 사라져야만 할 운명이었던 것이다.

실베스터 스탤론의 등장은 1980년대 레이건의 집권과 맞물리면서 미국의 정치적 보수주의에 조응하는 문화 현상을 주도하게 된다. 당시 레이건 정부가 천명했던 세계의 분쟁 조정자로서의 '힘 있는 미국'은, 카터 정부가 표출했던 고뇌하는 '지성'과 대비되는 '근육'을 자신의 문화적 상징으로 채택했던 것이다. 결국 대화와 공존을 우선했던 '지성'의 성치는 힘의 우위를 강조하는 '근육'의 정치로 대체됐는데, 우연의 일치인지는 몰라도 레이건 역시 왕년의 배우로서 웨이트트레이닝으로 단련된 근육질의 몸을 뽐내는 대통령이었다는 사실은 다시 한번 숙고해볼 만한 일이기도 하다.

하루 여덟 시간 넘게 웨이트트레이닝을 하고 탈모제로 전신을 마사지하면서 '황금 근육'을 유지했던 실베스터 스탤론의 몸은 그가 주연했던 영화 곳곳에서 빛을 발하게 된다. 그가 출연했던 〈람보〉나 〈록키〉 시리즈를 구성하는 중심 축은 언제나 '근육'과 '기계'의 대립으로 나타나는데, 여기에서 주목해야 할 점은 '근

육'이 자연성을 암시하는 것이라면 '기계'는 인위성을 지칭한다
는 사실이다. 예를 들어 〈람보 2〉의 경우를 보자면 적군은 철저하
고 완벽한 최신의 무기를 보유한 반면, 주인공 람보는 활이나 단
검과 같은 원시적 무기만을 지닌 채 오직 강인한 '근육'으로 적군
을 섬멸하는 것으로 설정되어 있다.

　이런 대립은 〈록키〉 연작 중에서도 가장 이념적이라고 할 수
있는 〈록키 4〉에서 더욱 선명하게 드러난다. 이 작품에서도 주인
공 록키는 가공할 만한 힘―물론 이 힘은 상상을 넘어서는 거대
한 '몸'으로 나타난다.―을 소유한 소련 선수가 소련 과학자들의
계획적이고 과학적인 지도와 훈련을 받는 것과 달리 장작을 패든
가 아니면 눈밭을 달리는 것과 같은 '자연스러운' 훈련을 통해 소
련의 예상을 뒤집고 승리하는 것으로 그려진다. 주의 깊은 독자
라면 이렇게 설정된 형식적 대립의 정체를 벌써 눈치챘을 것이
다. 이런 영화 속의 대립 구조를 통해 사회주의 계획 경제에 대한
자본주의 자유시장 경제의 우수성이라는 현실적 이데올로기를
읽어내는 것은 그다지 힘든 일이 아닌 것이다.

　부단한 단련과 연습을 통해 자신의 능력(또는 근육)을 구비하
는 일은 새롭게 닥쳐온 신자유주의의 시대를 살아가기 위한 필수
적 요소였다. 1980년대의 할리우드가 〈페임〉이나 〈플래시 댄스〉
같은 영화를 통해 역설하는 것도 이런 교훈이었다. 노력한 자만
이 명성과 부를 거머쥘 수 있다는 이런 종류의 '아메리칸 드림'은
신자유주의의 폭력성을 은폐하고, 그 비인간적 측면을 개인적 능
력의 유무 문제로 왜곡하는 대표적 판타지다. 흥미로운 점은 이
런 종류의 영화들은 대부분 기존의 제도를 부정하고 외롭게 자신
의 능력을 갈고 닦던 주인공들이 결정적인 기회에 입신양명하게

되는 서사 패턴을 공유한다는 사실이다.

이런 할리우드 메이저 영화의 대척점에 서 있었던 문화적 상징이 '슬래셔 무비'라 불리는 10대 공포 영화들이다. 〈나이트메어〉처럼 선혈이 낭자한 공포 영화들은 할리우드의 행복 담론을 부정하는 역설적 상징 행위로 등장했다. 마치 1960년대 진보 운동의 패배를 반영한 일련의 공포 영화들이 히피풍의 주인공들로 하여금 '끊임없이 비명을 지르며 도주'하게 했던 것처럼,31 1980년대 할리우드의 장밋빛 조명 밑에는 피범벅이 된 채 정체불명의 살인마에게 난자 당하는 애절한 10대 주인공들이 봉합되어 있었던 것이다.32

역시 1980년대가 근육의 시대임을 증명하는 것으로 '육체파' 배우들의 등장을 꼽을 수 있겠다. 이 중에서도 실베스터 스탤론과 함께 1980년대의 상징성을 강화했던 인물은 아놀드 슈왈츠제네거였다. 프로 육체미 경연 선수이기도 했던 아놀드 슈왈츠제네거를 유명하게 만든 영화는 〈코난〉이었는데, 이 역시 비역사적인 신화의 세계에서 자연과 더욱 진밀했던 영웅들의 모습을 그리는 대표적 영화다. 흥미롭게도 〈코난〉은 1960년대 반문화 운동의 이미지라고 할 히피 문화를 은연중에 비판하는 경향을 보인다.

31　특히 〈텍사스 전기톱 살인사건The Texas Chain Saw Massacre〉(1974)은 이런 암시를 담은 전형적인 영화다. 젊은이의 피를 빨아 생존하는 시체와 다를 바 없는 아버지와 괴물 자식들, 그리고 이들에게 살해 당하는 히피풍의 젊은이들은 각각 1960년대 미국 청년 세대의 좌절을 상징적으로 보여준다.

32　흥미로운 것은 이런 슬래셔 무비의 원형을 패러디하면서 새로운 장르를 창조한 영화가 〈스크림Scream〉 시리즈라는 사실이다. 〈스크림〉에 이르러 10대 슬래셔 무비는 장르의 탐색을 통해 자신의 정체성을 해명하고자 귀환한다. 이는 1980년대 슬래셔 무비의 다른 면, 다시 말해 10대의 탈선을 '살해'했던 그 보수성에 대한 조롱이자, 그 장르 자체의 메타화를 의미하는 것이다.

영화에서 코난의 적들은 퇴폐적이며 방탕하고 마약과 폭력을 서슴지 않는 존재로 그려진다. 반면 코난은 온갖 역경을 이기면서 강인하게 성장한 '전사'로 그려진다.

강인하고 도덕적인 주체와 나약하고 타락한 주체의 대립이 전하는 윤리적 교훈은 너무도 명백하다. 이런 영화들이 표방하는 이데올로기적 형식은 정통 보수주의의 골간을 이루는 부르주아적 자유주의라고 볼 수 있다. 그러므로 비록 이런 영화들이 일정하게 신자유주의의 이데올로그로서 작용했다 하더라도, 역설적으로 도리어 신자유주의의 이중성을 폭로하는 역효과를 드러내기도 한다. 왜냐하면 근본적으로 신자유주의란 고전적 자유주의에 대한 배반이기도 하기 때문이다. 실베스터 스탤론이나 아놀드 슈왈츠제네거의 몸이 '자연'에 대한 상징이라고 할지라도, 현실적으로 보자면 그들의 '근육' 역시 인공적으로 만들어진 것에 불과한 것이다. 결국 진정한 자유주의의 정신이 이처럼 '판타지' 속에서만 가능하다는 사실은 신자유주의의 기만성을 증명할 뿐이다.

어쨌든 이런 할리우드 메이저 영화에서 배우들은 '연기'보다는 잘 단련된 '근육'을 보여주는 것으로 관객들을 만족시켰다. 그러나 이런 영화를 가능하게 했던 1980년대의 레이거노믹스는 1990년대 클린턴 정부의 등장과 함께 막을 내린다. 괜스레 영화 속에서 셔츠를 벗어 던지거나, 아니면 짐승 털가죽으로 대충 중요한 부위만을 가리고 원시의 자연을 종횡무진 누비던 배우들에게 더욱 세련되고 복잡해진 사회적 조건은 전혀 다른 변화를 요구하게 된다. 이런 요구의 실체와 그에 따른 영화의 형식 변화를 정확하게 드러내 보여주는 영화가 바로 〈어쌔신〉이다. 우리는 이 영화에서 정장을 차려입고 등장하는 람보를 만나게 된다. 〈람보〉

에서 시종일관 옷을 벗어 던진 채 '근육'을 과시하던 그 실베스터 스탤론은 이 영화가 진행되는 내내 한번도 셔츠를 벗지 않는다.

실베스터 스탤론의 트레이드마크인 근육이 등장하지 않는 영화? 도대체 무슨 변화가 일어난 것일까? 도리어 이 영화에서 실베스터 스탤론은 인생을 돌려받기 위해 싸우는 고독하면서도 인정에 약한 킬러로 그려진다. 흥미롭게도 '인생 돌려받기life back'는 1990년대에 이르러 거의 모든 할리우드 영화에 등장하는 고정 테마다. 물론 이런 테마는 '음모 이론'을 바탕으로 한 추리소설의 범람과 무관하지 않다. 90년대 할리우드 영화에서 CIA가 주된 악으로 묘사되는 것만 놓고 보더라도 이전의 영화에서 미국의 근육이 항상 선善으로 그려지던 것에 비하면 재미있는 변화다. 그렇다면 그 선의 자리에 들어선 것은 무엇인가? 바로 국가 기관의 음모나 이데올로기의 쟁투로 잃어버렸던 가족 혹은 내 삶이다.

이렇게 변화한 실베스터 스탤론의 모습에서 오우삼의 〈영웅본색〉에 등장하는 킬러의 모습을 발견할 수 있는 것 또한 무척 흥미롭다. 우리는 여기에서 타란티노의 영화가 지니는 의미를 확인하게 되는데, 말하자면 근육을 드러낸 영웅이 아닌 '정장'이 어울리는 킬러를 1990년대는 필요로 했다고 볼 수 있다. 물론 이런 감수성의 변화를 읽어낸 사람이 타란티노였다고 할 수 있겠지만, 거꾸로 시대가 타란티노를 발견했다고 해야 더 정확한 말일 것이다.

여기에서 오우삼의 〈영웅본색〉을 다시 주목해 볼 필요가 있는데, 그 이유는 그의 영화에 등장하는 킬러는 미국의 할리우드 영화를 지배하던 그 근육질의 고전적 영웅들과 완전히 달랐기 때문이다. 양복을 깨끗하게 차려입은 주윤발이 쌍권총을 느린 동작으로 끄집어내서 마구 갈겨대는 광경은 영화의 리얼리티를 운운하는 입장에서 보자면 코웃음을 칠 일이지만, 현실적 모순 때문에 빚어지는 집단적 공격성을 위안하기 위해서라면 이에 필적할 만한 장면은 없었던 셈이다. 특히 〈첩혈쌍웅〉 같은 영화에서 이 고독한 킬러는 자신 때문에 눈이 멀게 된 여자에 대해 항상 양심의 가책을 느끼는 것으로 그려지기까지 한다.

그러나 이런 의리 못지않게 오우삼 영화의 주인공들은 모두 정장을 차려 입었다는 데에서 이전의 람보나 코난 유의 전사들과 현격한 차이를 보인다. 따라서 이런 킬러의 모습들은 현실 사회주의권의 붕괴로 새롭게 조성된 지구적 환경과 자본주의적 경제 확장에 적절하게 조응하는 문화 형식으로 차용될 만했던 것이다. 비록 오우삼의 킬러가 할리우드 B급 느와르 감독인 샘 페킨파의 아류에 불과하다거나 미국 마피아 영화의 홍콩 판에 지나지 않는다고 해도, 1990년대를 맞이하는 미국인들에게 오우삼의 킬러들은 앞으로 닥쳐올 '신경제적 인간'의 이미지로 투사됐던 셈이다. 그러므로 이런 킬러의 모습에서 전 세계를 누비는 고독한 비즈니스맨의 모습을 연상하는 것은 자연스러운 일이다. 이런 까닭에 오우삼의 스타일을 차용한 타란티노와 오우삼 자신의 할리우드 진출, 그리고 이들의 등장과 존 트라볼타의 귀환이 연결되어 있는 것이 상당히 의미심장한 사건이 될 수 있는 것이다.

짐 자무시 같은 과거의 독립영화 운동 세대들이 구로사와 아키라를 비롯한 일본의 사무라이 영화를 자양분으로 해서 자라났다면, 타란티노를 위시한 새로운 부랑아들은 오우삼의 킬러를 본받으며 성장했다. 그러나 이런 개인적 취향이 시대의 문화를 주도할 수 있었던 것은 결국 그들의 개성이 시대적 감수성과 일치했기 때문이다. 그 시대적 감수성의 실체는 무엇일까?

이런 질문은 오우삼의 영화가 왜 할리우드의 관심을 끌게 된 것인가 하는 문제로 확장되어야 할 것 같다. 오우삼의 영화에 등장하는 킬러들은 왜 모두 정장을 차려입은 것일까? 세계 금융 무역의 중심지로서 유지되는 홍콩의 입지가 킬러조차도 비즈니스맨의 이미지로 설정되도록 했던 것은 아닐까? 형식이라는 것이 리얼리티의 흔적을 상징화한다면 이런 생각은 결코 억측이 아닐 것이다. 그렇기 때문에 정장을 차려 입은 존 트라볼타와 실베스터 스탤론의 모습에서 오우삼의 영화에 등장하는 킬러의 이미지가 다시 부활하게 된 것 역시 우연이 아닐 것이다. 그렇다면 존 트라볼타의 귀환이라는 문화적 변화는 이런 이미지에 자신들의 모습을 투사했던 수많은 화이트칼라 노동자의 자기 확인 욕망을 통해 가능했던 것은 아닐까? 현실의 모순이 강요하는 에고적 판타지의 분열을 극복하고 영화를 통해서나마 판타지를 강화하고 싶다는 상징 행위에 대한 욕구가 이런 영화들을 탄생시키고 흥행시킨 것은 아닐까?

제임스 본드의 복권도 이런 맥락에서 충분히 이해될 수 있을 것이다. 다른 냉전적 영화의 주인공들과 달리 제임스 본드는 도리어 1990년대의 이미지와 더 맞아떨어지는 인물이기 때문이다. 정장을 차려입은 제임스 본드와 오우삼의 킬러들이 서로 닮아 있는 것도 그래서 이상한 일만은 아닐 것 같다. 이런 까닭에 제임스 본드는 존 트라볼타의 귀환을 예비한 과거인 동시에, 현재를 형식화하는 문화적 상징이라고 하겠다.

이처럼 제임스 본드 영화는 어떻게 하나의 문화 형식이 생산양식의 전환과 매개될 수 있는지를 보여주는 동시에 어떻게 서사가 현실의 모순을 해결하기 위한 상상적 해결책이 될 수 있는지를 인식하게 해준다. 알튀세르가 일찍이 라캉을 원용해서 지적했 듯이 이런 상상적 해결책은 일종의 거울 이미지로서 실재의 외상 을 은폐하기 위한 이데올로기를 낳게 된다. 그렇기 때문에, 반복 해서 말하지만, 정작 문화비평에 중요한 것은 이 상상적 판타지 너머에 도사린 그 상징적 관계를 해명하는 것이다. 그 상징적 관 계는 바로 서사에 내포된 리얼리티의 흔적이기도 하다.

5. 멜로드라마 영화의 노스탤지어

한국의 경우 서사의 전환을 통해 현실 모순을 상상적으로 해결하고자 했던 사례들을 1997년의 경제 위기 전후 시기를 주도했던 멜로드라마 영화에서 어렵지 않게 찾아볼 수 있다. 사실 이런 멜로드라마 붐의 신호탄 역할을 한 영화는 〈첫사랑〉이었지만, 멜로드라마 자체의 화려한 개화는 〈접속〉, 〈편지〉, 〈약속〉, 〈8월의 크리스마스〉를 거치고서야 이뤄졌다.

이 같은 멜로드라마의 창궐을 둘러싼 갑론을박이 영화평론가 심영섭의 제기로 『씨네 21』을 중심으로 벌어졌고, 여기에 권은선이 중요한 문제의식을 제출한 바 있는데, 심영섭이 감독의 '창조성'이라는 문화 형식 생산의 본질적 범주에 매달림으로써 멜로드라마라는 영화 형식 자체에 대한 존재 해명을 피해 갔던 것과 달리 권은선은 이 멜로드라마라는 형식의 논리를 정면으로 다룸으로써 형식을 규정하는 형식 외적 실재성을 취급하려는 노력을 보여줬다.

그렇다면 권은선의 말을 한 번 들어보자.

기존의 멜로드라마들이 가부장적 사회에서 문제적인 여성들을 조정하고 가부장적 체계 안에 봉인하는 사회적 기능을 담당해왔다면, 이 영화들은 문제적인 남성들의 주체성을 통합시키는 역할을 하고 있는 것은 아닐까 하는 것이다. 즉, 가부장적 체계에서의 남성의 위치 속에서, 그리고 경제 위기의 경쟁 논리 속에서 탈중심화되고 탈주체화된 남성 관객들을 영화관으로 소환하고, 지고지순한 사랑을 실현하는 남성 주인공과의 동일시를 통해서 그들의 주체성을 다시금 통합시키는 것이다. 왜냐하면 정글의 법칙이 횡행하는 남성 중심의 사회 조직에서 더 이상 남성 동지나 그들만의 의리의 법칙은 통하지 않기 때문이다. 그리고 이에 대한 심리적 반응은 믿을 것은 사랑밖에 없다는 논리의 강화이다. 이러한 대중의 사회심리적 기제의 작동이 깡패 영화나 남성 버디영화의 퇴조와 멜로드라마의 강세를 설명할 수 있는 하나의 단서가 된다고 생각한다.[33]

이처럼 '문제적 여성'의 통합을 위한 멜로드라마의 장르가 '문제적 남성'을 위한 장르로 변화했다는 권은선의 지적은 단연 돋보인다. 그렇지만 그 역시 멜로드라마의 매개적 역할에 크게 주목하지 않음으로써 근본적으로 이 같은 변화가 왜 일어나게 됐는지를 해명하지 못하는 아쉬움을 남긴다.

물론 권은선은 경제 위기에 따른 심리적 기제를 이 변화의 원인으로 지목한다. 그러나 내가 볼 때 정작 그의 비평이 대상으로 삼아야 했던 것은 바로 이 심리적 기제와 리얼리티, 그리고 이 리얼리티의 효과로서 발생하는 형식 사이에 존재하는 매개성 자체였다. 다시 말하자면 권은선은 멜로드라마가 특정한 장르인 동시

---

33 권은선, 「남성영웅도 믿을 건 사랑뿐」, 『씨네 21』(177호), 1998.

에 일종의 가족 로망스라는 사실을 소홀히 취급함으로써 서사의
매개성 자체에 별로 주의를 기울이지 않았던 것이다. 내가 생각
할 때 이 매개를 '있는 그대로' 드러내 보여주는 것이야말로 진정
한 문화비평의 몫이자 기능이다.

멜로드라마 붐 현상을 '남성 주체의 통합'으로 봄으로써 권은
선은 이 형식을 "남성영웅상이 배제적으로 여성의 장르라고 여겨
진 멜로드라마 장르까지 전유"하게 된 경우로 결론을 내린다. 권
은선의 비평은 멜로드라마라는 형식에 새겨진 리얼리티의 흔적
을 훌륭히 짚어냈다는 미덕이 있음에도, '젠더 비평'이라는 틀 자
체에 너무 집착한 나머지 환원주의에 빠져버린 듯한 느낌이 든다.
이런 까닭에 권은선은 멜로드라마와 깡패 영화가 뒤섞이고 공포
영화와 SF 영화가 뒤섞이는 장르 혼합을 적절히 설명하지 못한
다. 물론 이런 한계는 장르론 자체의 이론적 정태성과도 무관하지
않다. 뤼시앵 골드만의 문학사회학을 연상시키는 장르론의 발생
적 사고가 권은선의 환원주의를 유발한다고 볼 수도 있겠다.

컨텍스트와 텍스트의 징합적 일치를 전제하는 이런 사고는 곧
잘 유형의 유사성을 기준으로 현실을 분류할 위험에 노출되기 마
련이다. 기본적으로 멜로드라마와 깡패 또는 조폭 영화는 한국
영화의 흐름을 주도하는 주요 장르에 속한다. 그러나 엄밀히 말
하자면 장르는 일종의 '효과'에 불과하다. 문제는 이런 형식을 유
발하는 리얼리티, 말하자면 생산양식 차원의 변환과 이를 매개하
는 서사의 기능이다. 제임스 본드 영화의 변화에서 확인했고 권
은선이 지적했던 것처럼 멜로드라마 영화들이 붐을 일으키는 까
닭에 대한 핵심적 힌트 역시 형식 외적 측면에 도사리고 있음은
당연한 이치다. 따라서 나는 권은선의 입장과 달리 한국의 멜로

드라마는 '주체의 통합'을 이루어준다기보다는 오히려 그 통합의
실패를 증언하는 부재의 형식이라고 파악하고 싶다.

간단히 말해 멜로드라마는 사실상 판타지이기 때문에 언제든
지 조폭 영화나 다른 여타 장르와 공존하거나 서로 대체될 수 있
는 것이다. 이런 경향은 1990년대 할리우드 영화를 장악했던 가
족 로맨스의 한국판이 곧 한국의 멜로드라마였다는 거시적 맥락
을 통해 재삼 확인할 수 있다.

프레드릭 제임슨의 관점에서 보면 멜로드라마의 부활은 사회
경제적 변동과 혼돈을 견디고자 하는 일종의 보상적 상징 행위
다.[34] 자유 시장 경제의 강화라는 새로운 환경은 예측 불허의 미
래와 강압적 경쟁 현실이라는 불안을 개인에게 선사하게 마련이
다. 직설적으로 말해 삶은 이제 '도박'이 된 것이다. 따라서 확실
하고 명확한 것은 오직 정태적 과거에 못 박힌 가치 체계일 것인
데, 이 가치 체계가 본드 영화에서처럼 사랑이란 형태로 귀환한
현상이 한국에서는 멜로드라마 붐으로 나타난 것이다.

고대나 중세에는 이런 종류의 상징 행위를 신화가 담당했다
면, 오늘날은 문학과 영화가 담당한다. 모더니즘 예술의 모토이
기도 했던 '예술을 위한 예술'이나 '작가주의'가 바로 이처럼 역사
적 맥락이 변화한 산물임은 두말할 나위도 없다. 기본적으로 상
징 행위는 '이야기 짓기'에 지나지 않는데, 신화나 종교에서 사용
되던 이야기가 현대에 더 이상 불가능해졌다는 사실은 이런 서사
행위가 프로이트적 의미에서 쾌락 원리와 현실 원리의 갈등 속에

---

34 자세한 논의로는 다음을 참조하라. Fredric Jameson, *The Political Unconscious:
Narrative as a Socially Symbolic Act*, Ithaca: Cornell University Press, 1981. 특히
제1장 참조.

서 탄생하는 것임을 증명해준다. 현대 사회에서는 더 이상 고대
나 중세적 의미의 희생이 불가능하고, 오직 예술이 그 희생의 역
할을 대신한다는 바타이유의 주장은 이런 문맥에서 이해될 수 있
다.35 따라서 모든 상징 행위가 종교적이라고 말하기보다는 종교
역시 상징적 서사 행위 가운데 하나로 보는 것이 더 정확한 결론
이다. 자신의 주체성을 통합하고 세계를 질서화해서 파악하려는
노력은 모든 인간의 서사 행위를 규정하는 기본적 욕구이기 때문
이다.

이런 측면에서 멜로드라마의 부흥이 한국 경제의 과잉과 그에
따른 위기 상황에 맞물려 있었다는 사실은 상당히 흥미로운 일이
다. 즉 급격한 현실의 변동으로 발현된, 소멸하는 과거의 가치에
대한 집단적 노스탤지어가 멜로드라마를 떠받치는 무의식이라
고 볼 수 있는 것이다.

1998년의 전성기를 넘어서서 멜로드라마는 더욱 복잡하고 세
련된 문화 논리로 등장하게 되는데, 그 대표작이 〈쉬리〉다. 이 영
화 역시 겉으로는 한국형 블록버스터를 표방하며 세간의 표현대
로 '할리우드를 모방함으로써 할리우드를 넘어서기 위한 전략'을
채택했다고 하지만, 그 전략의 실체는 사실상 한국적인 멜로드
라마의 재연이었다. 이런 맥락에서 한국 영화는 단일한 패턴만을
되풀이해 왔을 뿐이라는 이효인의 지적이 빛을 발한다.36 그렇기

---

35 Georges Bataille, *Visions of Excess: Selected Writings, 1927~1939* (trans. Allan
   Stoekl et als.) Minneapolis: University of Minnesota Press, 1985, pp.70~71.

36 아쉽게도 이효인은 이 점을 간단히 지적하고 넘어갔을 뿐이다. 이효인, 『영화여 침을
   뱉어라-이효인 영화 산문집』, 영화언어, 1995. 이런 문제제기는 한국 영화의 흥행
   패턴을 이해하는 계기를 마련해준다는 점에서 더욱 발전시킬 필요가 있다.

때문에 〈쉬리〉에 담긴 남북의 화해 무드, 그에 따른 북한 강경파의 반발과 테러 음모라는 정치적 시나리오는 말 그대로 이 유형적 멜로드라마를 보여주기 위한, 아니 궁극적으로 말하자면 '영원한 사랑'을 주장하기 위한, 아니 더 나아가서 말하자면 이 '영원한 사랑의 결핍'이라는 역설적 리얼리티를 지시하기 위한 핑곗거리인 것이다.

이런 유형적 형식은 〈번지점프를 하다〉에서도 여지없이 드러난다. 일본 영화에서 윤회나 환생 같은 신비주의적 요소가 근대성의 모순을 드러내기 위한 전략으로 원용되는 것처럼(특히 〈철도원〉을 상기해 보라.), 이 영화 역시 이런 전략을 기본적 무기로 삼는다. 비슷한 주제를 설정한 듯한 〈은행나무 침대〉가 낭만주의에 의존하는 것에 비한다면 〈번지점프〉는 도리어 환상적 리얼리즘에 가깝다고 볼 수 있다.

이런 점에서 이 영화는 더욱 강력한 반反신자유주의적 정서를 드러내 보이는데, 그 이유는 소멸 자체를 허상으로 취급하고 도리어 그 허상 속에서도 사라지지 않는 본질을 강력하게 주장하기 때문이다. 〈거짓말〉에서 육체적 섹스 자체가 유토피아의 좁은 문이었다면 〈번지점프〉는 사랑이 그 유토피아에 이르는 길이다. 그렇기 때문에 이 영화를 둘러싸고 벌어진 동성애나 자살 미화 논쟁은 비본질적인 관심 끌기에 지나지 않았다. 오히려 나에게 이 영화는 현실 모순을 해결하기 위한 상상적 해결책을 멜로드라마라는 형식으로 표현한 영화로 보인다. 이런 형식이 내포한 필연적 노스탤지어는 비록 그 정서 자체가 내재한 유토피아적 열망을 십분 인정할 수 있다고 할지라도, 이는 여전히 현실 부정적인 것이라는 혐의를 부인할 수가 없다. 현실 부정은 현재성을 경시하는 태도로 이어질 가능성이 있으며, 막연하게 "사랑하라, 그러면 구원을 얻으리라."라는 세속적 낙관으로 낙착될 수가 있기 때문이다.

〈번지점프〉와 유사한 할리우드 영화 〈천국보다 아름다운〉을 보면 이런 형식에 내재한 보수성을 명확하게 확인할 수가 있다. 인연이나 숙명은 결국 현실을 지키고자 하는 보수성의 상징일 뿐이다. 원칙적으로 말한다면 사실 모든 문화 형식은 본성적으로 보수적인 것이다. 멜로드라마가 보유한 보수성은 정태적 세계관에 안거하며, 세계를 고정하려고 하는 중간계급의 욕망에서 발생한다. 이런 보수적 욕망이 멜로드라마를 집단적 상징 행위로 전환시키는 힘이 되는 것이다. 〈천국보다 아름다운〉에서 그려지는 '가족'과 '사랑'은 명백하게 미국 중간계급의 판타지다.

물론 이런 판타지 자체를 비판하는 것도 중요한 일이긴 하지만, 문화비평이라면 이 판타지의 이데올로기를 분석하기보다 오히려 이를 가능케 하는 조건의 지세地勢를 드러내 보이는 것이 합당하다. 따라서 한국 멜로드라마에 우리가 취해야 할 태도는 이 장르에 대한 미학적이거나 윤리적인 판단이 아니다. 오히려 우리는 멜로드라마라는 장르의 구조를 통해 현실 모순이 어떻게 봉합되고 은폐되는지를 살피는 심각한 흥미진진함에 빠져들어야 할 것이다.

제2장

스펙터클과
서사의 위기

6. 시놉티콘의 '용감한 신세계'

현재의 문화적 징후를 기원을 향해 열어두면서도 그 기원에서 발생한 단절의 조건을 분석해 나아가는 태도는 다양한 해석의 가능성을 인정하면서도 그 해석의 목적을 적시하는 '치우침 없는' 줄타기의 어려움을 내포하게 마련이다. 그러나 그 징후의 발단을 찾으려 하는 것보다 그 문화적 현상의 맥락을 더듬어보는 것이 이런 종류의 어려움을 감소시킬 수 있는 최선의 방법인 것만은 사실이다. 다행인지 불행인지 몰라도 현대 문화는 갈수록 스펙터클의 관점에서 강화되어 왔기에 이런 문화적 현상을 역사적 리얼리티와 연관지어 사유하는 것이 결코 불가능한 일은 아니다. 미셸 푸코의 지적처럼 근대성이 '보는 것'의 질서 아래로 모든 사물을 코드화했다면, 이제 이 시각의 권위는 판옵티콘의 중심성을 부정하고 시놉티콘의 편재성으로 변화하게 된 것이다.[1] 내 생각

---

1 '판옵티콘panopticon'은 영국의 계몽주의 철학자 제레미 벤담이 통제와 감시를 용이하게
  하기 위해 제안한 원형 구조로서, 푸코가 '감시의 사회'를 이루는 권력의 속성을
  설명하기 위해 차용한 은유이다. 판옵티콘은 높은 감시탑을 중심에 두고 재소자들을
  각각 고립시키는 방들을 둠으로써 감시자는 용이하게 재소자들의 행동을 확인할 수 있는
  반면, 재소자들은 감시자의 모습을 볼 수 없도록 설계되어 있다. 푸코는 이런 감시 체계를
  권력의 구조와 그 작동 방식으로 규정하는 것이다.
  한편 '시놉티콘synopticon'은 이런 판옵티콘의 구조가 역으로 재소자들이 감시자를
  통제하고 감시하는 구조로 전환되는 상황을 뜻한다. 푸코의 입장에서 본다면 근대

으로 이 지점이 바로 정치 권력에 대한 미시 분석이 힘을 얻는 곳
이자 동시에 한계에 부딪치는 곳이기도 하다.

그러나 근대적 담론의 실체를 섬세하게 폭로했던 푸코의 분석
은 마르크스주의라는 거시 분석의 틀이 상존했던 자신의 시대에
나 급진성을 보유할 수 있었을 뿐이다. 그의 분석이 내포한 문제
점은 판옵티콘이 시놉티콘으로 진전되는 과정이 그의 시대부터
이미 진행되고 있었다는 사실을 놓친 데 있다. 사실 몇몇 과학철
학자가 주장하는 시놉티콘의 가능성은 테크놀로지가 내재한 변
증법적 역설을 강조한 것에 지나지 않는다. 그러나 정작 중요한
문제는 이런 질적 전환의 순간을 테크놀로지 자체가 가져오는 것
이 아니라 테크놀로지 외부에서 대립하는 자본의 운동과 '인문적
인간'의 헤게모니 투쟁을 통해 이런 효과가 발생한다는 점에 있
다. 자본의 운동과 인문적 인간의 대립을 범상한 차원에서 말하
자면 문화산업과 문화적 창조 행위의 갈등이며, 더욱 단순하게
말하자면 문화적 헤게모니를 놓고 벌어지는 계급 투쟁 그 자체를
의미하는 것이다. 물론 내가 여기에서 말하는 계급 투쟁이라는
개념은 19세기적 서구의 계급 구조에서 발생하는 선명한 대립 전
선을 의미하지 않는다. 오늘날처럼 고도로 추상화된 자본주의 사

사회는 고대 사회의 '스펙터클'을 '감시'로 재배치해, '시각'의 양방향성을 일방향으로
통제함으로써 권력 구조를 형성하는 것이다. 이런 푸코의 입장은 다분히 니체의 영향
아래에 형성된 것으로 보이는데, 내가 볼 때 푸코의 문제점은 스펙터클 자체에 내재한
이데올로기 구성의 과정을 간과한다는 점이다. 물론 푸코가 의도적으로 이 문제를 축소한
것은 아닐 터이니 그의 이론은 '예견의 공백'을 남겨둔 셈이다. 그렇지만 결과적으로
푸코의 논리는 테크놀로지에 내재한 변증법적 속성을 오직 감시의 문제로만 파악하는
정태적 태도로 귀결될 가능성이 있다. 그러나 테크놀로지 자체는 판옵티콘인 동시에
시놉티콘이기도 하다. 자본주의가 착취인 동시에 해방이기도 한 것처럼, 테크놀로지도
이중성을 갖는 것이다. 판옵티콘과 시놉티콘의 관계는 내가 다루는 '시각성'과
'가시성'의 변증법과 관련이 있기도 하다.

회에서는 이런 계급 대립이 문화적 갈등으로 표현되기 마련이며, 그렇기 때문에 현재의 계급 투쟁은 과거의 의미로 본다면 계급 투쟁이라고 불릴 수 없는 더욱 복잡한 이데올로기적 양상을 보여주는 것이다.

푸코에게 테크놀로지가 일종의 음모처럼 비쳤다 할지라도, 테크놀로지 자체의 속성은 원래 모순적이다. 결국 테크놀로지가 정치적으로 중립이냐 아니냐 하는 논의는 테크놀로지의 이런 모순적 속성에서 어느 한쪽만을 강조하기 때문에 발생하는 것이다. 사실 형식으로서의 테크놀로지는 중립적일 수 있다. 그렇지만 이 중립성은 형식 내적 논리와 형식 외적 영향 사이에서 발생하는 대치적 균형의 산물일 뿐이다. 테크놀로지를 정치적으로 중립적이라고 주장하는 태도는 대부분 이런 대치적 균형을 강조하는 입장에 지나지 않는다. 그러나 테크놀로지가 정치적으로 중립적이라는 정의는 테크놀로지의 중립성을 그 반대되는 정치성에 대해 안티 테제화함으로써 그 자체를 해체하는 꼴이 될 뿐이다. 마치 모더니즘 예술이 형식의 소외를 통해 정치성을 달성하듯이 테크놀로지의 중립성에 대한 담론은 테크놀로지 자체를 사회적 차원에서 격리함으로써 오히려 담론 스스로 정치화되는 것이라고 하겠다.

이런 점에서 테크놀로지는 비록 형식적으로 중립이라 할지라도 결국 정치적이다. 만약 여기에 동의하지 않는다면 그 중립성에 대한 주장의 유일한 탈출구는 상대주의일 수밖에 없다. 이런 까닭일까? 한때 히틀러의 핵폭탄 제조에 참여했던 하이젠베르크가 알려진 것과 달리 나치의 전쟁을 방해한 것이 아니라 수학적 계산 착오로 핵무기 제작을 포기했던 역사적 사실을 놓고 본다면 세계대전 이후 서구의 물리학자들을 통해 제기되고 대중화됐던 상대주의가 다분히 정치적 의도를 내포하고 있었다는 점을 무시할 수 없을 것이다. 그러나 엄밀히 말해 나는 테크놀로지와 이데올로기의 관계가 아니라 작금의 문화적 변동을 주도하는 가장 강력한 동인으로서 테크놀로지를 이야기하고 싶을 뿐이다.

아마 누구보다도 앞서 테크놀로지가 문화에 미칠 영향을 얘기한 사람이 발터 벤야민일 것이다. 벤야민은 테크놀로지를 예술과 동일시하는 태도를 취하는데, 「기술복제 시대의 예술 작품」과 「생산자로서의 작가」가 이런 관점을 취한 대표적인 글이다.2 물론 벤야민의 이런 관점은 테크놀로지와 예술의 본성 자체가 '미메시스'에 있음을 전제한 결과다. 위르겐 하버마스는 이런 관점에서 벤야민의 유물론 수용을 필연적인 과정으로 파악한다.3 자주 오해되는 벤야민의 용어 가운데 하나가 바로 아우라일 터인데, 이 글에서 벤야민은 예술 작품이 내재했던 아우라의 소멸을 긍정적인 동시에 부정적인 사건으로 그려낸다. 그렇기 때문에 일부에서 말하는 것처럼 벤야민이 과연 아우라의 소멸에서 발생하는 안타까움으로 다분히 노스탤지어를 가지고 이 글을 쓴 것이 아닌가 하는 의문은 중요한 사안이 될 수 없다.

사실 벤야민이 이런 노스탤지어를 가지고 있었던 것인가 하는 질문은 그가 일관되게 취한 변증법적 입장을 이해해야만 대답될

---

2 Walter Benjamin, *Illuminations: Essays and Reflections*, (trans. Harry Zohn) London: Fontana, 1992, p.230.

3 Jürgen Habermas, "Consciousness-Raising or Redemptive Criticism: The Contemparaneity of Walter Benjamin", (trans. Philip Brewster and Carl Howard Buchner), *New German Critique*, no. 17, 1979, pp.41~51.

수 있다. 벤야민은 자본주의를 해방인 동시에 파괴라고 보았던 마르크스의 변증법에 깊이 매료되어 있었기 때문이다. 동일한 맥락에서 벤야민에게 테크놀로지는 예술에 대해 해방인 동시에 파괴의 역할을 담당하는 요인이다. 그러므로 벤야민이 모더니즘에 대해 호의적이었다고 해서 예술 작품의 아우라를 수호되어야 할 그 무엇으로 생각했던 것은 결코 아니다. 오히려 이 글에서 벤야민은 아우라의 소멸이 가져올 새로운 예술의 시대에 대해 선구적으로 묻는다. 물론 루카치의 지적처럼 그의 물음에는 언제나 대답이 없다. 다만 벤야민은 새로운 문제로 들어가는 문을 발견했을 뿐인데, 결국 그 문제를 발견함으로써 이미 답까지 내재했던 것인지도 모를 일이다.

벤야민의 입장에서 테크놀로지는 우리의 의지로 어떻게 할 수 없는 일종의 객관이었다. 비록 테크놀로지 자체가 『프랑켄슈타인』의 괴물처럼 인간이 만들어낸 것이라고 해도 그 괴물은 객관 속으로 유출되는 순간 내 의지와 무관한 자율성을 얻게 되는 것이다. 보통 우리에게 SF라는 장르로 친숙한 〈쥬라기 공원〉이나 〈고질라〉는 말할 것도 없고, 심지어 〈타이타닉〉 같은 종류의 영화나 소설들이 그려내는 풍경은 가공할 테크놀로지의 이중성이다. 이는 곧 테크놀로지가 일종의 형식임을 증명해 보이는 것이기도 한데, 그 이유는 결국 테크놀로지의 일관성이 그 내부에서 주어지는 것이 아니라 바깥에서 부여되는 것이기 때문이다.

그 바깥에 있는 것은 무엇일까? 사람에 따라 그 바깥에 있는 무엇은 각양각색의 정체를 드러낼 것이다. 푸코라면 권력이라고 부를 것이고, 들뢰즈라면 욕망 그 자체라고 할 것이며, 마르크스라면 생산양식이라고 할 것이다. 물론 이 모든 진술은 알레고리로서 서로가 서로를 유비하는 상동相同 관계를 이루기에 특정한 하나를 통해 나머지를 배제할 수는 없다. 오히려 이들은 들뢰즈가 말하는 배치처럼 서로가 서로에 대해 부품의 역할을 담당하는 요소에 지나지 않는다.

상징 행위에 대한 욕망은 기본적으로 문화 형식의 보수성을 가동시킨다. 그래서 상징 행위에 대한 이런 욕망은 결국 시각성의 강화를 야기하면서 스펙터클을 일종의 유토피아적 충동에 대한 보상적 충족으로 인정하게 만들기도 한다. 쉽게 말해 사람들로 하여금 현실 모순을 회피하고 시각 이미지로 대리 만족에 빠지게 만드는 것이다. 이런 경향이 컴퓨터 게임을 비롯한 모든 컴퓨터 기반 시각화의 논리를 구성한다.

이 같은 논리를 지배하는 현실 법칙은 시각성을 중심에 놓고 진행되는 자본주의 상품화다. 여기에서 우리는 서사의 퇴조를 목격하게 되는데, 역사에 대한 본능 자체를 억압하도록 함으로써 자본주의는 우리로 하여금 시각화를 '인식'으로 착각하게 하는 역할을 한다. 그러나 시각화 자체를 인식이라고 말할 수는 없기에 이것을 다만 시각이라는 인간의 주요한 감각 기관에서 빚어지는 하나의 현상으로 봐야 할 것이다. 이런 시각화의 원리는 할리우드 영화를 구성하는 중심축으로 등장했다. 나는 이런 현상이 좌절된 유토피아적 충동을 시각적으로 보상 받고자 하는 관객의 욕망을 내재한다고 본다.

흥미롭게도 이런 컴퓨터 기반 영화를 밀고 가는 힘은 컴퓨터로 생성된 이미지를 리얼리티와 일치시키려고 하는 동일화의 욕망이다. 즉 컴퓨터 기반 영화의 스펙터클은 리얼리티 자체를 소유하려고 하는 리얼리즘에 대한 강력한 욕망의 결과물이기도 하다.

〈쥬라기 공원〉을 비롯한 스필버그의 영화가 이런 시각화의 논리를 극명하게 보여주는 가장 좋은 본보기다. 가령 스필버그의 〈라이언 일병 구하기〉를 보면 이 영화를 구성하는 서사 구조는 외형적으로 역사적 소재를 채택한 것과 아무런 상관없이, 원칙적으로는 도입부에서 묘사되는 '리얼한' 노르망디 상륙 작전을 보여주기 위한 핑곗거리에 불과하다는 점이 곧 드러난다. 이런 전도 현상은 〈진주만〉에서도 여실히 드러난다. 진부하기 그지없는 연인들의 사랑 타령은 영화를 진행하기 위한 핑곗거리일 뿐이고, 정작이 영화가 우리에게 전하고자 하는 것은 '리얼한' 폭격 장면이다.

이처럼 테크놀로지를 이용한 시각화에 열을 올리는 할리우드 영화에서 묘사의 강화에 따라 서사의 퇴조가 빚어지는 현상은 쉽게 발견할 수 있다. 말하자면 서사가 묘사를 위한 들러리로만 차용되는 것이다. 즉 서사의 퇴조는 지리멸렬하며 반복적인 서사 구조를 낳는다.

제임스 캐머런의 〈타이타닉〉 또한 시각화의 강화가 어떻게 서사의 퇴조를 야기하게 되는지를 잘 보여주는 사례다. 캐머런이 아무리 '정치적' 선전을 이 영화에 집어넣으려고 해도 〈타이타닉〉이 보여주는 것은 청순한 주인공들의 로맨스가 아니라 결국 컴퓨터로 재생된 거대한 '타이타닉'의 이미지일 뿐이기 때문이다. 〈타이타닉〉은 이 이미지를 보여주기 위해 타이타닉 침몰을 그냥 역사적 사건으로서 인용하는 영화에 불과하다.

이런 관점에서 본다면 스필버그의 〈쥬라기 공원〉은 대단히 중요한 의미를 갖는 영화다. 앞서 말한 테크놀로지와 문화 형식의 관계에서 이 영화는 이전 사례들이 넘보지 못했던 어떤 차원을 열었다. 이는 마치 타란티노의 영화가 오우삼의 스타일을 차용함으로써 미국 액션 영화의 형식 자체를 변화시킨 것과 동일한 차원이다. 타란티노가 오직 오우삼만을 참조한 것이 아니듯, 스필버그 역시 〈쥬라기 공원〉에서 앞선 괴수 영화만을 본받으려고 했던 것은 아니다. 오히려 〈쥬라기 공원〉은 〈고질라〉나 〈킹콩〉과 같은 괴수 영화보다 디즈니 애니메이션에 더 가까운 감수성을 보여준다. 이 역시 스필버그의 영화가 내재한 유아성幼兒性—권선징악, 해피엔딩, 공포, 가족, 판타지 같은 친밀하면서도 관습적인 주제를 드러내고 있다는 사실을 증명해주기도 하는데, 그 이유는 괴수 영화에서 오직 포악한 자연의 분노를 그려냈던 공룡들이 유독 이 영화에 이르면 흥미로운 애완동물로 변하기 때문이다. 나는 〈쥬라기 공원〉을 보면서 스필버그의 전작들을 수없이 떠올릴 수밖에 없었는데, 그의 출세작이라고 할 수 있는 〈죠스〉와 〈E.T.〉를 적당히 섞어놓은 것이 〈쥬라기 공원〉이라는 생각이 들었기 때문이다. 사실 스필버그가 유년을 벗어나서 성년으로 나아오는 시기는 〈쉰들러 리스트〉에서 겨우 시작된다고 봐야하지 않을까 싶다.

그러나 이런 스필버그의 이력과 무관하게 〈쥬라기 공원〉은 영화 형식의 측면에서 전혀 엉뚱한 결과를 몰고 왔다. 앞서 말했듯이 〈쥬라기 공원〉을 성공으로 이끈 비결은 컴퓨터 테크놀로지를 이용한 실감 나는 공룡의 묘사에 있었다. 이 점이 스필버그의 영화를 다른 여타의 괴수 영화와 구분 짓는 결정적 요소다. 다시 말해 〈쥬라기 공원〉에서 공룡들은 자연의 복수를 상징하던 그 무서운 '괴물'이기를 멈추고, '과학'에 근거한 리얼리티의 '동물'로 거듭나게 된 것이다.[4] 이런 맥락에서 〈쥬라기 공원〉을 괴수 영화라

---

4 〈쥬라기 공원〉의 공룡 재생 기술은 영국의 BBC 방송으로 전수되어 공룡을 다루는

고 부르기가 모호하긴 하지만, 이 영화는 적극적으로 괴수 영화의 형식, 즉 자연과 인간의 대립이라는 고전적 형식을 자신의 내적 형식으로 포섭하는 이중성을 보인다. 이런 현상은 〈고질라〉나 〈타이타닉〉에서도 고스란히 나타난다.

도대체 이 이중성은 무엇을 말해주는 것일까? 이 의문은 결과적으로 도대체 이들의 텍스트가 무엇을 말하고자 하는가를 규명함으로써 풀릴 수 있을 것으로 보인다. 도대체 이 영화들은 무엇을 말하면서 저기 서 있는 것일까?

스펙터클의 시대는 내용과 상호 긴장하는 형식의 의미에 우리가 무관심해지도록 강제한다. 이 의미를 강조하다가는 고리타분한 인간으로 취급받기 십상이다. 그러나 모든 형식은 내용을 간직하고 있는 것이 이치인데, 그렇다면 작금의 문화는 이 내용 없는 형식의 딜레마를 어떻게 해결할까? 문제는 여기에서 새로운 길을 찾아 걸어가기 시작한다. 내용 없는 형식은 없다. 왜냐하면 내용이 형식과 매개된 현실은 우리의 의지와 무관한 리얼리티이기 때문이다. 결국 내용과 형식이라는 개념 자체도 이 리얼리티를 재현하기 위한 우리의 부족한 언어 작용일 뿐이다. 리얼리티 속으로 들어가는 순간, 우리의 언어 체계는 소멸한다. 노자老子의 말처럼 도를 도라고 말하는 순간 더 이상 도가 아닌 곤경을 이 형식과 내용의 매개라는 리얼리티가 보여주는 것이다. 중요한 사실은 이 리얼리티를 외면한 문화적 형식이 결코 존재할 수가 없다는 점이다. 결국 이런 측면에서 모든 문화적 형식을 인간의 실천적 산물로 파악하는 것은 지당해 보인다.

─────────────

일련의 과학 다큐멘터리 제작에 사용되기도 했다.

〈쥬라기 공원〉이 무엇을 말하는 텍스트인가를 알고자 한다면 결코 이 영화의 서사 구조만을 분석해서는 안 된다. 이 영화의 실체는 이 같은 구조 분석을 통해 속내를 드러내지 않는다. 오히려 그 서사 구조 자체를 영화의 형식을 유지하기 위한 모종의 음모로 통찰하는 순간, 〈쥬라기 공원〉은 새로운 차원의 이해를 제공한다. 다시 말해 〈쥬라기 공원〉에 차용된 또는 〈고질라〉에 나타나는 자연과 인간의 대립이라는 익숙한 서사 구조는 이 영화들을 보는 관객들과 감독 사이에 맺어진 문화적 약호를 반복하는 것에 불과하다. 우리는 〈쥬라기 공원〉이나 〈고질라〉에 등장하는 공룡들이 어떤 운명을 맞을지 이미 너무도 잘 알고 있기에 굳이 이 영화의 서사 자체에 궁금증을 느낄 필요가 없는 셈이다. 할리우드 영화가 일관하는 해피엔딩 역시 이런 종류의 합의를 전제한다.

만약 이 주장에 동의할 수 없는 사람이라면 다음과 같은 질문에 대해 답을 준비해 놓아야 할 것이다.—왜 그토록 많은 영화비평가가 할리우드의 해피엔딩 구조를 비판함에도 왜 그토록 많은 관객들이 할리우드의 해피엔닝을 즐겨 보는가? 예전의 방식대로 잘못된 판타지나 거짓 선전에 빠진 또는 이데올로기에 조종 당하는 관객들의 얼빠진 행동으로 이런 현상을 매도해버린다면 비판은 아주 쉽고 단순해진다. 그러나 이처럼 편리한 비판은 현실 변혁에 앞서 그 현상 자체를 먼저 이해해야만 한다는 실천적 사안에 대해 여전히 무기력할 뿐이다.

〈쥬라기 공원〉과 〈고질라〉, 그리고 〈타이타닉〉 같은 영화는 서사를 통해 우리에게 발언하는 영화가 아니다. 오히려 이 영화들은 서사의 재현 불가능성 그 자체를 결핍으로 파악함으로써 다른 수단을 통해 그 결핍을 메우려는 상징 행위다. 그 결핍을 해결

할 방도는 무엇일까? 말할 것도 없이 그 방도는 '이야기하기'에
서 '보여주기'로 넘어가는 것이다. 현대 문화의 특징을 스펙터클
에서 찾았던 드보르의 통찰이 여기에서 힘을 얻는다. 데카르트
가 『방법서설』을 서술하기 위해 끌고 들어온 은유는 '건축'이었
지만, 그 건축은 벤야민에 와서 '폐허'로 그려지며, 결국 그 폐허
마저 사라진 황무지에는 이제 '신기루'만이 휘도는 것이다. 이 지
점이 벤야민의 시대와 우리의 시대를 가르는 분기점이기도 하다.
우리가 벤야민의 이론을 참작할 수는 있을지언정 결코 그 이론을
진리로 생각할 수 없는 까닭이 바로 여기에 있다. 예수의 부재가
결국 기독교의 존재를 증명해주듯이 건축의 은유로 표현됐던 이
성의 합리적 사유가 사라진 자리에 남는 것은 그 건축의 흔적을
기리는 상징 행위다.

　이런 맥락에서 〈쥬라기 공원〉과 〈고질라〉, 그리고 〈타이타닉〉
은 더 이상 서사의 비밀이 존재하지 않는 상황이 빚어낸 형식들이
라고 볼 수 있다. 그렇기 때문에 우리는 더 이상 서사의 진위에 대
해 연연할 필요 없이 오직 그 서사의 유희를 즐기면 되는 것이다.
이런 마당에 복잡한 서사는 도리어 즐거움의 순간을 단속斷續할
가능성이 있다. 이런 까닭에 1990년대 이후 할리우드 영화에서
서사는 갈수록 정형화되고 단순해지게 되는 것이다. 건축의 은유
에서 폐허의 알레고리를 거쳐 신화의 상징으로 변화하는 것이 작
금의 문화적 형식이 내재한 상황인 것인데, 그러므로 모든 서사는
신화처럼 유형적 패턴으로 단순하게 변하는 것이 당연할 터이다.

　그런데 이 영화들이 서사 구조 자체가 아닌 보여주기를 통해
무엇인가를 말하고 있다면, 도대체 그 말하고 있는 것은 무엇일
까? 서사 구조가 견지하는 자연과 인간의 대립이라는 고전적 SF

의 주제는 이곳에서 하나의 유형적 패턴에 지나지 않음을 앞서
나는 지적했다. 그러므로 오히려 질문을 다르게 바꿔보면 이 궁
금증을 풀 실마리가 잡힐 것이다. 도대체 이 영화들은 어떤 리얼
리티를 말하기 위한 상징 행위인가?

　무릇 모든 상징 행위는 프로이트가 말하는 꿈의 원리와 같아
서, 쾌락 원리는 항상 현실 원리에 의해 검열을 받게 마련이다. 이
검열 행위와 리얼리티의 욕망이 함께 빚어내는 긴장이 바로 모종
의 상징 행위로 나타나게 되는 것이다. 최소한 이 영화들의 관점
에서 보자면 현실을 생경하게 드러냈다가는 관객들을 모두 놓칠
것이요, 감독의 입장에서 보자면 영화 감독이라는 정체성을 유지
할 수가 없을 것이기 때문이다. 이를 제도적 장치에 의한 자동 검
열이라고 부르든 아니면 무의식이라고 부르든 간에 이런 작용을
통해 이 영화들은 다른 무엇도 아닌 '영화'란 이름으로 불릴 수 있
는 셈이다. 간단하게 말하자면 이 영화들은 겉으로 드러나는 자
연과 인간의 대립이라는 또는 지순한 사랑과 세속적 삶의 대립
이라는 서사 구조의 허장성세와 상관없이 〈쥬라기 공원〉은 다시
살아난 공룡들을, 〈고질라〉는 핵실험으로 변종된 거대한 괴물을,
〈타이타닉〉은 복원된 엄청난 크기의 타이타닉이라는 유람선 그
자체를 보여주기 위한 구실에 불과한 것이다.

　내가 여기에서 강조하고자 하는 것은 이런 허구를 실재와 치
환하는 판타지의 능력을 테크놀로지가 우리에게 부여한다는 사
실이다. 테크놀로지가 영화 제작에서 감독과 배우의 위상을 변화
시켰다는 것은 어제오늘의 일이 아니다. 이제 감독이 찍어 놓은
영화는 영화로서 완성 가치가 없는 셈이 됐다. 감독의 원판 영화
는 컴퓨터 그래픽 기술자의 손에서 얼마든지 윤색될 수 있기 때

문이다. 이런 상황이 영화의 중심적 사안을 감독의 예술적 능력
에서 테크놀로지 자체로 옮겨놓는 역할을 했던 것이다.

테크놀로지의 발달은 영화의 길이까지도 좌지우지하게 됐다.
예전에 영화를 두 시간용으로 만들었던 까닭은 비디오 판매를 염
두에 둔 시장 전략 때문이었다. 그러나 요즘 급속도로 발전한 데
이터 저장 기술은 영화의 상영 시간을 대폭 연장하고 있다. 대표
적인 것이 바로 프랜시스 코폴라의 〈지옥의 묵시록〉이다. 이 영화
는 상영 시간을 고려해 대폭 잘려나갔던 장면들을 다시 첨가함으
로써 과거의 기억에서 불려나올 수 있었는데, 이 영화의 귀환을
도운 여러 가지 요인 중에서도 가장 결정적이었던 것이 DVD였
다는 사실은 섣불리 간과할 수 없는 사안이다. 이런 현상은 19세
기에 독서 시장의 변모에 따라 그 양식을 변화시켜야 했던 소설의
운명을 연상시키고도 남음이 있다.[5] 따라서 영화와 테크놀로지의
관계는 이제 테크놀로지를 위해 영화가 제작되는 듯한 전도 현상
으로 나타나고 있는 것이다.

---

5 이 문제를 제기하는 대표적 이론가는 프레드릭 제임슨이다. Fredric Jameson, *The
  Political Unconscious*, Ithaca: Cornell University Press, 1981, p.25.

7. 성냥팔이 소녀가 재림한 진짜 이유

겉으로만 본다면 상당수의 한국 지식인은 테크놀로지에 부정적인 태도를 견지한다. 특히 생태주의의 여파 때문인지 테크놀로지를 '생명'과 대척되는 지점에 위치시키고, 테크놀로지에 대한 공격을 생태주의에 대한 옹호로 인식하는 태도를 드러내는 비평가들도 심심찮게 눈에 띈다. 그러나 자본주의적 지구화라는 획일성 속으로 세계의 시공간이 점점 통합되어 가는 작금의 상황에서 모든 문학은 생태적이라든가, 모든 문학은 생태적이어야 한다는 식의 주장이 과연 어떤 현실적 의미를 가질 수 있을까?

물론 나는 생태주의의 가치에 대해 아무런 의심이 없으며, 특히 김종철이 주장하는 생태적 삶에 대해 상당히 공감하는 입장이다. 그러나 생태주의를 하나의 이론이나 경향으로 취급하고, 오직 비평을 위한 새로운 패러다임 정도로 해석하는 것은 다소 문제가 있다. 이런 식의 주장은 기본적으로 반反이론적 기원을 가진 생태주의 자체를 이론화의 족쇄로 가둬버리는 폭력이라고 하지 않을 수 없다. 내가 생태주의를 긍정적으로 생각하는 까닭은 그 이념의 목적이 결코 이론화를 통해 달성될 수 있는 것이 아니라 김종철의 지적대로 긴급한 우리의 문제를 해결할 실천을 통해 이룩될 수 있는 것이기 때문이다. 이런 맥락에서 존 벨라미 포스터는 『마르크스의 생태주의』라는 책에서 흥미로운 주장을 한다.

서로 연계된 생산자들의 사회에서 가장 중요한 것으로 마르크스
가 계속 강조한 문제는 인간과 자연의 신진대사적 관계였는데,
이 관계는 선진 산업사회의 조건에서 최종적으로 혁명적 위기를
출현시키는 요인이다. 이런 종착역에 대비해서 우리는 민족학적
시간 전체를 통틀어 재부적 형식의 발전을 탐구함으로써 인간과
자연의 관계를 더욱 더 많이 알아야 하는 것이다.[6]

마르크스의 주장을 생태주의적으로 해석한 이런 견해에 비춰봐
도 알 수 있듯이 오늘날 정작 중요한 문제는 '철의 법칙'으로 작동
하는 테크놀로지의 성질에 있을 것이다. 테크놀로지는 우리의 의
지에 속하는 것이 아니라 밖에서 우리의 의지 자체를 강제하는
객관적 현실이다. 포스터의 주장이 숨기고 있는 측면이 바로 이
것인데, 이와 유사한 주장을 슬라보예 지젝도 하고 있어서 흥미
롭다. 지젝은 "머지 않아 폭발의 순간이 있을 것인데, 아마 일종의
생태적 위기 같은 것을 통해 이 폭발이 유도될 것 같다."는 말을
한다.[7] 이런 측면에서 위의 해석을 확장해보면 테크놀로지의 발
전을 우리는 멈출 수 없지만 종국적으로 이런 발전은 혁명적 위
기 상황을 자본주의에 초래하게 될 것이고, 우리는 지금부터 그
위기에 대비해야만 한다는 것이 마르크스의 생각이었던 셈이다.

---

6 John Bellamy Foster, *Marx's Ecology: Materialism and Nature*, New York: Monthly
   Review Press, 2000, p.221.

7 Slavoj Zizek, "Postscript", *A Critical Sense: Interviews with Intellectuals*, London:
   Routledge, 1996, p.44.

반복하건대 오늘날에는 테크놀로지 자체가 리얼리티다. 이 리얼리티 앞에 인간의 윤리나 의지는 무의미하다. 따라서 테크놀로지가 우리에게 유해하느냐 무해하느냐 하는 논의는 실제로 아무런 대안을 제시할 수가 없다. 베르그송의 표현대로 이런 질문은 거짓 문제에 지나지 않는다. 이런 질문은 마치 우리의 삶이 의미 있냐 의미 없냐 하고 묻는 경우와 다르지 않다. 오히려 진정으로 우리가 질문해야 할 것은 도대체 테크놀로지가 무엇인가 하는 것이다. 왜냐하면 결국 우리의 삶이란 이런 인식의 과정을 거쳐 진행되는 것이며, 그 인식 행위를 위해 서사를 동반할 수밖에 없는 것이기 때문이다. 해석학적으로 말하자면 우리는 어쨌든 리얼리티를 경험하긴 하지만 그것을 있는 그대로 완벽하게 재현할 수가 없는 것이다.

이런 점에서 도대체 우리에게 테크놀로지가 무엇인지, 즉 테크놀로지가 어떤 양상으로 한국 문화에 영향을 끼치고 있는지를 살펴보려고 한다면 우리는 심형래의 〈용가리〉를 금방 떠올릴 수밖에 없다. 알다시피 〈용가리〉는 영화의 내용보다 그 영화에 사용된 테크놀로지 자체가 관심거리로 거론됐던 한국 최초의 영화였다. 이런 까닭에 많은 영화 비평가가 〈용가리〉의 부실한 서사 구조와 배우들의 연기력을 비난했는데도 〈용가리〉는 속된 말로 본전을 뽑고도 남았다. 〈용가리〉는 형식적 완벽함을 영화적 완성도로 삼았던 기존의 비평 기준을 넘어서 있는 영화였던 셈이다.

돌이켜 보건대 과연 우리는 무엇을 보려고 빽빽 소리를 질러 대거나 울어대는 코흘리개들과 뒤섞여 〈용가리〉가 상영되는 극장을 찾았던 것일까? 결국 그 이유는 심형래라는 한 코미디언을 졸지에 정부가 선정하는 신지식인 제1호로 등극하게 만들었던 그것, 다시 말해 테크놀로지에 대한 기대와 판타지 때문은 아니었던가? 우리가 〈용가리〉에 기대했던 것은, 아니 심형래가 우리에게 큰소리로 장담했던 것도 〈쥬라기 공원〉이나 〈고질라〉에 나오는 괴물을 우리도 만들어낼 수 있다는 그 능력이 아니었던가? 그 능력은 무엇이었나? 한마디로 그 능력이란 지식 기반 경제로 불리는 이 새로운 경제 질서에서 우위를 차지하는 첨단 테크놀로지에 지나지 않는다. 그래서일까? 〈용가리〉를 만든 심형래가 훌륭한 영화 감독이라기보다 성공한 벤처 사업가로 우리에게 인식되어 있는 까닭은.

이런 맥락에서 바야흐로 훌륭한 연기를 펼치는 배우 대신에 테크놀로지가 새로운 영화의 주인공으로 등장하게 됐다고 봐도 무방할 것이다. 죽은 배우조차도 컴퓨터로 처리해서 살려낼 수 있는 마당에 어설픈 연기쯤이야 문제될 것이 없는 것이다. 오히려 다른 영화들의 경우와 달리 〈용가리〉의 경우에는 어떤 테크놀로지를 통해 괴수에 대한 리얼한 묘사가 가능할 것인가 하는 논의가 비평에서 중심을 차지했던 사실은 결코 우연이 아니라고 하겠다.

이런 전도 현상을 극명하게 설명해주는 또 다른 영화로 〈무사〉를 들 수 있다. 겉으로 보기에 이 영화는 역사적 사실에 기반을 둔 '역사극'인 듯한 착각을 불러일으킨다. 그러나 이 영화가 화려한 영상으로 우리에게 말하는 것은 용맹했던 고려 무사의 일대기나 『고려사』에서 기술된 역사적 사실이 아니다. 오히려 이런 역사는 〈무사〉라는 허구를 더욱 완벽한 허구로 만들어내기 위한 '인용'일 뿐이다. 〈무사〉에서 역사는 완벽하게 억압된다.[8] 역사를 억압하

---

8 스펙터클의 강화가 시각예술 분야에 끼치는 '역사의 억압' 경향에 대해서는 다음을

면서 〈무사〉가 얻는 것은 '리얼'하기 그지없는 허구의 전쟁 장면 자체다. 두말할 나위 없이 이런 '리얼'을 떠받치는 것은 허구를 더욱 완벽한 허구로 만들어주는 컴퓨터 그래픽이라는 테크놀로지 였다.9

이처럼 테크놀로지가 문화 담론의 중심으로 진입하는 현상은 장선우가 제작한 〈성냥팔이 소녀의 재림〉에서도 여지없이 확인할 수 있다. 한국 영화에서 보기 드물게 형식 실험 자체를 영화의 동력으로 삼아온 장선우는 이번에도 새로운 형식 실험을 테크놀로지를 통해 시도했다. 지금까지 밝혀진 것을 토대로 추측하자면 이 영화는 〈매트릭스〉와 〈툼레이더〉를 뒤섞어놓은 액션물이 될 것 같은데, 여기에서 내가 말하고자 하는 것은 한국형 블록버스터 대작 영화라고 하는 〈성냥팔이 소녀의 재림〉 자체가 아니다. 나는 이 영화를 둘러싸고 회전하는 담론의 효과를 토대로 테크놀로지가 문화에 미치는 영향에 대해 말하려 할 뿐이다.

장선우는 『씨네 21』과의 인터뷰에서 "나야말로 이 영화가 어떻게 나올지 가장 궁금해하는 사람"이라는 말을 했다. 이 말에 별스런 의미 부여를 하지 않을 수도 있겠지만, 장선우의 토로는 단순한 위장술이 아니다.

원래 잡지 『키노』에 실린 시 한편에서 영감을 받아 시작된 이

참조하라. David Green and Peter Seddon ed., *History Painting Reassessed: The Representation of History in Contemporary Art*, Manchester: Manchester University Press, 2000.

9 흥미롭게도 이 영화는 이 '리얼한 허구'라는 역설적 상황을 무마하기 위한 수단으로서 '멜로드라마'라는 한국 영화의 전형적 서사를 반복적으로 도입한다. 명나라의 공주를 둘러싸고 회전하는 여솔과 최정의 갈등은 이런 맥락에서 테크놀로지의 효과를 지속적으로 끌고 가기 위한 일종의 핑곗거리에 불과한 것이다.

영화는 처음부터 서사 자체에 그다지 주의를 기울이지 않았던 것으로 보인다. 내용의 85%가 액션이라는 장선우의 암시는 애초부터 이 영화가 '이야기'보다는 '보여주기'에 더 방점을 찍고 있다는 사실을 보여준다. 당연히 이 '보여주기'를 해결해줄 것은 장선우의 '상상력'이 아니라 이를 '리얼'하게 재현해줄 컴퓨터 그래픽 테크놀로지다. 간단히 말해 장선우는 지금까지 할리우드도 감히 시도하지 못했던 오직 '보여주기'만을 목적으로 하는 서사 없는 영화를 테크놀로지에 의해 완성하고자 한 셈이다.

이 영화의 성패는 내 관심 사항이 아니다. 사실 리얼리스트가 아닌 장선우에게 서사 중심의 영화를 기대한다는 것은 미학적으로도 옳지 않은 일일 것이다. 이런 의미에서 그가 오직 '보여주기'만으로 영화를 찍겠다는 작심을 했다는 것은 그의 입장에서 크게 잘못된 것도 아니다. 〈꽃잎〉이나 〈거짓말〉도 따지고 보면 서사보다 묘사에 더욱 치중해온 장선우의 특징을 정확하게 보여주는 영화였다. 따라서 이런 영화들의 연장선상에서 〈성냥팔이 소녀의 재림〉을 바라보는 것은 그리 이상한 일이 아니다.

앞서 언급했듯이 테크놀로지 때문에 영화 감독이 더 이상 영화의 장면과 결과를 장악할 수 없다는 것은 영화 제작 자체에 발생한 하나의 변화다. 감독의 상상력을 재현하는 것이 배우의 연기나 카메라가 아니라 최종적으로 테크놀로지라는 사실은 무엇인가 중요한 사실을 암시한다. 〈쥬라기 공원〉을 통해서도 지적했듯이 〈용가리〉가 우리에게 증언해주는 것은 선과 악의 대결이라는 가장 단순한 서사만으로도 영화는 언제든지 관객을 끌어모을 수 있다는 사실이었다. 이런 〈용가리〉의 교훈에서 더 나아가 장선우는 아예 서사를 배제한 영화를 시도한다. 이는 자본주의 문화가 야기하는 물화가 서사와 묘사의 전도 현상을 촉발한 상황에 다름 아니다. 더 이상 '이야기하기'를 통해 리얼리티를 재현해낼 수 없는 이런 위기를 '보여주기'를 통해 무마하려고 하는 상징적 행위의 일환이 바로 〈용가리〉, 〈무사〉, 〈성냥팔이 소녀의 재림〉 같은 컴퓨터 기반 영화의 형식으로 나타나는 것이다.

정리하자면 〈용가리〉와 〈무사〉, 그리고 〈성냥팔이 소녀의 재림〉을 이루는 온갖 상징적 이미지는 현실의 모순을 그 안에 흔적으로 새겨놓은 셈이다. 기본적으로 모든 서사가 추구하는 것이 유토피아적 희망이라면 서사의 위기는 곧 유토피아적 전망에 대한 불안을 의미하는 것이며 따라서 사람들은 이런 불안을 '보여주기'에 집착해 해결하려고 하는 것이다. 보이지 않는 것을 보이게 할 수 있는 것, 보는 것만을 믿을 수 있는 것, 바로 이것이 우리 시대의 비극이자 현실인 셈이다.

제임슨의 표현대로 이런 상황을 설명하자면 스펙터클을 강화하는 '시각적 은유'는 '유토피아적 보상'에 대한 무의식적 추구에 지나지 않는다. 항상 리얼리티와 긴장 관계에 있어야 하는 서사와 달리 리얼리티를 무시함으로써 오히려 자신의 정체성을 획득하는 묘사는 프로이트의 말처럼 외상을 통해 획득된 자의식적 산물에 지나지 않는다. 물론 일반적으로 묘사는 서사와 비교했을 때 더 명확한 리얼리티를 재현하는 것처럼 보인다. 데카르트의 코기토가 은유하는 건축과 회화적 원근법을 생각해보면 이말의 뜻을 짐작할 수 있을 것이다. 그러나 이런 묘사는 리얼리티를 그리는 것이 아니라 관념을 그리는 것일 뿐이다. 피그말리온이나 솔거의 시대에 통용되던 리얼리티란 이런 관념을 말했다. 한국의 경우도 김홍도나 신윤복의 풍속화가 등장하기 전까지 그림이란 유교적 이상향을 시각적으로 옮겨놓는 일에 불과했다. 중국의 무릉도원 역시 중화사상이라는 관념을 시각화한 것에 지나지 않는다.

이런 시각화가 서사에서 말하는 '가시적인 것the visible'과 다른 차원의 것이라는 점은 명백하다. 왜냐하면 묘사에서 말하는 시각화는 처음부터 객관적 대상이 존재해야 할 자리에 자의식적 관념이 드리워져 있는 반면, 서사에서 말하는 가시적인 것이란 그 기원에 리얼리티가 놓여 있기 때문이다. 그러므로 묘사는 그 자체로 서사에 대해 적대적이지 않다 할지라도 최소한 서사의 위기를 내재하고 있음은 자명한 일이다.

내가 생각할 때 이런 사정을 잘 보여주는 또 다른 문화 형식이 바로 포르노그래피다. 그렇다면 지금까지 전개한 서사와 묘사에 대한 논의를 토대로 포르노그래피라는 형식에 억압되어 있는 유토피아적 충동을 한번 추적해보도록 하자.

8. 유토피아 또는 포르노그래피

나는 일방적인 포르노 반대론자도 찬성론자도 아니다. 왜냐하면 나는 포르노그래피라는 형식이 내재한 유토피아적 갈망을 인정하기에 일방적인 반대론자가 아니며, 또한 포르노그래피의 형식이 내재한 서사 없는 묘사에 문제의식을 느끼고 있기 때문에 일방적인 찬성론자도 아니다(물론 이런 내 입장은 할리우드 영화에 대한 비평에서도 여전히 유효하다.). 여기에서 내가 말하는 포르노그래피의 범주는 이른바 하드코어라고 불리는 진경眞景 포르노뿐 아니라 이를 차용한 〈거짓말〉 같은 영화도 아우른다. 포르노를 전략적으로 차용하는 이런 종류의 영화들은 예술적이지 않다. 이런 영화들은 예술성이라는 매개를 거치지 않고 곧바로 현실성으로 직행하려고 한다. 그러나 이는 실패를 예상하는 제스처일 뿐이다. 그 실패의 폐허 위에 다만 예술이냐 외설이냐 하는 무성한 담론의 건물들이 세워질 뿐이다. 포르노가 기본적으로 미학적인 것과 관계가 없으니, 예술적 기준으로 포르노를 판단하는 것은 불가한 일이다.

이런 맥락에서 정치적이라는 이유로 이런 영화들을 옹호할 수는 있겠지만, 단순한 선언만으로 그런 정치성이 달성되는 것도 아니다. 따라서 정작 중요한 것은 '야한 영화'를 비난하고 제도적으

로 제거해버리는 것이 아니라 이를 하나의 문화적 매개로 삼아 서
로 이야기를 주고받는 것이라고 말할 수 있겠다. 이런 방법만이
단순하게 정치성을 선언하는 한계를 벗어나서 진정으로 '야한 영
화'의 몫을 사회적으로 인정 받게 하는 길일 것이기에 그렇다.

움베르토 에코는 포르노를 '지루한 반복 행위'를 보여주는 형
식으로 정의하는데, 이 말은 곧 이야기가 묘사를 위한 보조물로
존재하는 포르노의 특징을 잘 설명해준다. 루카치는 「서술할 것
인가 아니면 묘사할 것인가?」라는 에세이에서 묘사가 '관찰'의 산
물이기에 반동적이라는 견해를 피력한다. 이 말은 기본적으로 묘
사는 리얼리티의 왜곡이자 은폐라는 사실을 뜻한다.[10] 물론 오늘
날 이렇게 묘사를 오직 부정적으로만 보는 경향은 사라졌지만,
그래도 묘사가 일종의 시각화로서 이데올로기를 만드는 기능을
한다는 사실을 부정할 수는 없다. 따라서 포르노가 서사 없는 묘
사의 장르라는 특징은 포르노를 성 해방으로 착각하는 사람들에
게 중요한 문제를 부각하는 것이다. 말하자면 포르노라는 장르
자체는 결코 해방적이지 않으며 지극히 이데올로기적인 셈이다.

한때 성 해방 논리에 찬성하는 일부 좌파 그룹에서 대중적으
로 포르노를 보는 문화 행사를 개최하기도 했지만, 내 입장은 명
백하게 성 해방과 포르노는 구분해야 한다는 쪽이다. 포르노를
알고자 하는 목적으로 보는 것과 포르노 자체를 성 해방으로 착
각하는 것은 엄연히 다르기 때문이다. 이런 착각은 진리를 방법
의 완성 그 자체로 보는 형식주의적 오류를 되풀이하는 것에 지

---

10 Georg Lukács, "Narrate or Describe?", *Writer and Critic*, (trans. Arthur Kahn)
London: Merlin Press, 1978, p.147.

나지 않는다.

이런 형식주의적 태도와 별도로 아예 포르노를 보는 것마저 거부하는 경향도 있는데, 이 역시 아도르노가 대중문화를 매도했던 잘못을 재연하는 것에 불과하다. 대중문화는 한때 하위문화론자들이 주장했던 것처럼 일방적으로 혁명적인 것도, 반대로 일부 좌파 이론가들이 비난했던 것처럼 일방적으로 퇴폐적인 것도 아니다. 오히려 대중문화는 고급문화를 역규정해주는 상대적 범주일 뿐이다. 말하자면 대중문화는 고급문화의 다른 면인 것이다. 이런 까닭에 대중문화에 대한 규범적 분석을 뛰어넘어 대중문화 자체를 집단적 리비도가 투여된 상징적 형식으로 보는 것이 대중문화에 내재한 유토피아적 열망의 본질을 파악할 수 있는 길이다.

결국 포르노그래피가 드러내 보이는 비서사적 특징은 이 형식이 모종의 좌절을 상징함을 추측하게 만든다. 이런 현실적 좌절이 서사에 대한 불신이나 거부로 이어지는 것인데, 대개 포르노그래피를 형식으로 차용하는 많은 영화가 정치적 패배주의를 내재한 까닭은 이 때문일 것이다. 특히 베르나르도 베르톨루치의 〈파리에서의 마지막 탱고〉와 오시마 나기사의 〈감각의 제국〉은 각각 68년 프랑스 혁명의 실패와 일본 학생운동 세대(이른바 '전공투' 세대)의 패배를 반영하는 대표적 영화다.

먼저 베르톨루치의 영화는 명백한 정치적 알레고리로서 현실 모순 자체에 대한 상상적 해결책을 영화 형식으로 제기하고자 한다. 이 영화가 억압하고자 하는 것은 역설적으로 68년의 기억인데, 이 억압의 방식을 위해 영화는 불명확한 대사와 매끄럽지 않은 서사 구조를 채택한다. 폴과 잔느가 아무도 없는 아파트에서 우연히 만나 갑자기 정사를 나누는 과정은 다분히 '욕망'의 우발적 겹침을 암시한다. 욕망에 대한 이런 인식은 68년 5월 사건을 계기로 제기됐던 구조주의에 대한 회의를 함축하는 것이기도 하다. 그래서일까? 우연의 일치인지, 〈파리에서의 마지막 탱고〉는 뭉개진 살들로 인간을 묘사한 프랜시스 베이컨의 그림을 테마로 도입부를 시작한다.

이렇듯 이 영화가 각인시키는 이미지는 들뢰즈의 『감각의 논리』를 연상케 하는 측면이 있다. 들뢰즈는 『감각의 논리』에서 프랜시스 베이컨의 그림을 욕망의 살덩이에 대한 묘사로 평가하기 때문이다. 폴과 잔느의 섹스는 욕망의 탈주로서 혁명적 상황 자체를 상징하는 것이다. 그러나 이런 상징 행위가 현실적 모순을 근본적으로 해결할 수는 없다. 폴이 죽기 전에 잔느와 마지막으로 추는 춤은 아내에게 배신 당한 폴의 상황, 즉 세상에 좌절한 1960년대 정신의 마지막 몸부림이기도 하다. 그러나 이 고통스러운 춤을 끝으로 폴은 죽는다. 폐쇄된 공간, 즉 세상과 절연된 추상성 자체인 이 공간 내에서 은밀하게 이루어지는 이들의 관계는 이들의 현실적 절연을 잠시 봉합할 수 있었다. 그러나 이 절연은 폐쇄의 공간을 떠나는 순간 다시 실재로 현신現身해 이들을 갈라 놓게 되는 것이다.

마찬가지로 오시마 나기사의 〈감각의 제국〉도 대사는 극도로 절제되며 주로 시각적 이미지의 연쇄를 통해 전개된다. 화려한 의상과 상징화된 정적 화면은 정치적 좌절에 대한 침묵을 암시하는 것으로, 리얼리티에 대한 매개를 포기하기 위해 모든 서사를 폐쇄할 수밖에 없는 상황을 역설적으로 보여준다. 따라서 이 영화에 등장하는 수많은 묘사는 실재의 상처를 감춘 징후인 것이다. 결국 구조에서 욕망으로 인식의 전환이 이뤄지는 것은 구조에 대한 좌절의 징후인 셈인데, 욕망은 구조를 넘어 작동하는 반면, 모든 고정된 것들을 파멸시키는 요인이 되기도 하다. 〈감각의 제국〉은 이렇게 한계를 향해 돌진하는 리비도를 그린다. 그 한계의 극점에서 에로스가 타나토스로 바뀌는 것이다.

물론 이런 텍스트의 의미는 〈파리에서의 마지막 탱고〉나 〈감각의 제국〉이라는 영화의 정치성을 상징적으로 암시해주는 것이지만, 동시에 더 깊은 내면적 깊이를 감춘 표층에 불과하다. 형식에 내재한 이데올로기는 이보다 더 깊은 차원으로 우리가 내려갈 때 비로소 제 모습을 드러내는 것이다. 이 이데올로기를 파악하기 위해서는 텍스트의 의미 자체가 일종의 징후이며, 사건의 효과라는 점을 인식해야 한다.

이처럼 이들의 영화가 서사보다 묘사에 치중하는 경향을 유토피아에 대한 현실적 열망의 좌절에 따른 보상으로 읽는 것은 그렇게 무리한 주장이 아니다. 그러므로 모든 포르노그래피는 겉으로 드러나는 화려한 성욕의 해방 뒤에 항상 초췌한 삶의 그늘을 드리우게 마련이다. 이 또한 현실적으로 유토피아에 대한 희망이 언제나 위기의 순간을 징검다리 삼아 건너가며 존속하고 있음을 의미하는 것이기도 하다.

폐쇄된 서사에 지나지 않는 묘사나 일리一理가 얼어붙은 진리 그리고 알레고리가 고립된 상징은 리얼리티에 대한 회의에서 발생하는 내면적 인식의 산물이다. 그러나 중요한 것은 결국 아무리 부정해도 우리는 서사에 대한 욕구를 포기한 채 어떠한 리얼리티도 인식할 수 없다는 사실이다. 묘사나 진리나 상징도 서사 속에서만 비로소 제대로 제 뜻을 가질 수 있을 것이기 때문이다. 다른 말로 표현하자면 서사와 묘사의 변증법은 시각적인 것과 가시적인 것의 관계에 지나지 않는다. 시각적인 것은 가시적인 것을 은폐함으로써 추상화된 무엇이다. 이 추상성 자체가 시각성을 구성한다. 문제는 이런 변증법이 전도되는 순간에 발생한다. 이런 전도가 바로 루카치가 말한 주관성이 객관성을 대체하는 상황이다. 그러나 이런 시각성은 상상적 관계를 통해 이데올로기를 구성할 뿐이다. 스펙터클의 사회는 이런 상상적 관계로 현실의 모순을 지워버리려고 노력한다. 이 현실의 모순은 바로 계급이며 공장이며 노동이며 생산이다. 그러나 우리는 시각성의 왜곡 없이 가시성으로 접근할 수 없다. 오히려 우리는 시각성을 통해 가시성을 유추할 수 있을 뿐이다. 시각성은 가시성의 타락이 아니라 그것의 흔적을 말해주는 증거물이기 때문에 더욱 그렇다.

이런 맥락에서 내가 스펙터클을 비판하는 취지는 시각성의 판타지를 외면하고 '진정한' 진실을 보자는 데 있는 것이 아니다. 나는 스펙터클 자체를 하나의 징후로 보며, 이를 통해 현실의 모순을 진단할 수 있다는 말을 하고 있을 뿐이다. 우리는 스펙터클을 부정할 수 있는 것이 아니라 분석할 수 있을 따름이다. 이 스펙터클에 대한 분석을 통해서만 우리는 리얼리티에 접근할 수 있기 때문이다. 바로 이 사실이 문화비평의 희극이자 비극이기도 하다.

제3장

아버지의 이름으로

9. 『해리 포터』와 『반지의 제왕』

민족 로망스의 네버–네버 랜드

한국에서 민족주의란 아직 완성되지 않은 혹은 아직 오지 않은 미래형의 이데올로기다. 흥미롭게도 한국에서 민족 이데올로기는 근대화와 동일한 맥락에서 작동하는 까닭에, 오히려 한국의 민족주의는 유토피아적 충동을 내재한 문화 형식으로 종종 출몰한다. 그러나 원칙적으로 민족주의는 종족주의의 변형에 불과한데, 한국의 경우를 놓고 보자면 이 종족주의는 거리낌 없이 가족주의와 지역주의 또는 학벌주의로 형식 전환을 일으킨다고 볼 수 있다.

이런 종족주의적 민족주의를 자신의 통치 이데올로기로 삼은 대표적 인물이 김일성과 박정희다. 자주 희화적 수사로서 거론되곤 하는 북한의 '어버이 수령'은 궁극적으로 민족을 종족 또는 가족으로 수렴시키는 대표적 사례에 지나지 않는다. 물론 북한의 민족주의는 일제 식민지 기간을 거치면서 민족주의 세력과 사회주의 세력이 연합할 수밖에 없었던 역사적 사실을 통해 형성된 것인만큼 남한의 경우와 여러모로 다른 양상을 보이지만, 근본적으로 고찰한다면 같은 원리에서 작동하는 민족 이데올로기의 실체를 확인할 수 있다. 남한의 경우 박정희 시대에 이르러 민족주의는 가파른 산업화의 과정을 타고 근대 이데올로기로 기능하기 시작

했다고 할 수 있지만, 익히 알려진 것과 같이 박정희 시대에 조장
된 민족주의는 북한의 경우와 대립적인 차원에서, 민족주의와 사
회주의의 결별을 조건으로 한 것이었다. 북한이 민족주의와 사회
주의를 결합해서 자본주의를 민족의 적으로 규정했던 것처럼 박
정희 역시 민족주의를 반공주의와 결합하면서 또 다른 극단의 양
상을 강화했다. 따라서 박정희 시대에 근대의 이데올로기로 부상
한 민족주의는 필연적으로 과거사와 분리될 수밖에 없었다.

　구한말 근대 계몽기라고 불릴 수 있는 시기에 도입됐던 민족
은 당시 격동하던 현실적 리얼리티를 해결하기 위한 일종의 상상
적 판타지였다.1 당연히 민족에 대한 거대한 상실감이나 역사에
대한 한恨의 정서는 민족이 오직 상상의 이미지에 불과했다는 사
실에서 발생하는 것이라고 하겠다. 서구 또는 일본을 거울 이미
지로 삼아 탄생했던 민족은, 곧 부재한 아버지의 이름으로 전환
되어 여전히 우리 주변을 망령처럼 떠돌고 있는 것이다.

　본성적으로 민족주의는 하나의 거대한 로망스romance를 전제
로 한다. 근대 계몽기와 일제 시대에 생산된 신채호의 글에서 오
늘날 북한의 주체사상에 이르기까지, 엄연히 말해 민족주의는 민
족 자체의 정체성보다는 이를 위협하는 '민족의 적'을 규정하는
로망스에 가까웠다. 흥미롭게도 프레드릭 제임슨은 로망스를 일
컬어 다음과 같이 말한다.

---

1 이에 대한 흥미로운 연구는 고미숙을 통해 진행됐다. 고미숙, 『한국의 근대성, 그 기원을
　찾아서: 민족, 섹슈얼리티, 병리학』, 책세상, 2001. 고미숙의 연구는 민족과 식민주의에
　고착되어 있던 근대성에 대한 사유를 전면적으로 개방시키는 것이라고 할 만하지만,
　민족의 도입을 '계몽주의적 기획'이라는 일반적인 차원에서 파악하는 까닭에 당시
　"민족이란 것이 왜 조선에 도입될 수밖에 없었던가?"하는 근본적 물음에 선명한 대답을
　제시하지 못하고 있어 못내 아쉽다.

본래의 형식으로 보자면 로망스는 현실적 모순에 대한 상상적 '해결책' 또는 어떻게 나의 적이 악(말하자면 나 자신과 달라서 절대적 차이로 표시되는)으로 인식될 수 있을까 하는 강압적 질문에 대한 상징적 대답으로 이해될 수 있다. 이런 대답은 그 인물의 행동이 나의 행동과 동일성을 구성하는 것을 통해 그 악의 성격이 결정될 때 제기되는데, 이런 동일성-명예, 도전, 힘 겨루기의 지점들-은 거울 이미지처럼 그도 반영한다.[2]

그러나 초기 한국의 민족주의에 작동했던 로망스의 원리는 이제 서사의 위기와 더불어 하나의 이데올로기로 전환되어서 개인의 무의식에 영향을 미친다. 물론 이런 징후가 한국이라는 특수한 공간적 지형에서만 발생하는 것은 아니다. 민족주의의 강화라는 리얼리티는 현실 사회주의 붕괴 이후 전지구적인 차원에서 진행되고 있다. 이렇게 현실적으로 민족주의가 날로 기승을 부리는 까닭은 이른바 신자유주의적 경제 정책으로 인한 내부 모순을 외부적 차원에서 상징적으로 해결하려고 하는 부르주아적 국가 전략을 한편으로 해서, 세계 무역 질서의 재편 과정과 맞물린 지구화가 계급의 범주를 국가적 범주로 확장하고 있기 때문이다. 한마디로 자국 내에서 대립 전선을 형성했던 계급 문제가 이제 세계적 차원에서 작동하게 된 것이다. 이런 현실을 뒷받침하는 예증은 참으로 많다. 1980년대에 곧잘 이슈가 되기도 했던 외국인 기업 폐쇄와 그에 따른 노동자들의 투쟁은 이런 계급 대립의 전

---

2 Fredric Jameson, *The Political Unconscious: Narrative as a Socially Symbolic Act*, Ithaca: Cornell University Press, 1981, p.118.

환을 상징적으로 보여주는 것이기도 하다. 이런 차원에서 이제 계급 문제는 손쉽게 민족 문제로 상징화되어 나타날 수 있게 된 것이다.

현실적으로 창궐하는 민족주의는 과거에 사라졌던 로망스의 폐허들을 다시 역사의 지평으로 불러들이는 역할을 수행하기도 했다. 소설의 인기를 토대로 영화화되어 인기를 끌었던 영국의 〈해리포터: 마법사의 돌〉이나 〈반지의 제왕: 반지 원정대〉 그리고 한국의 〈퇴마록〉이 바로 여기에 해당한다.[3] 에른스트 블로흐의 주장처럼 역사에 내재한 주변적 서사들은 언제든지 장르의 이름으로 재탄생하게 되는데, 요정 이야기라든가 고딕 소설, 공포 문학 그리고 오늘날 각광 받는 판타지 소설 모두가 여기에 해당한다. 특히 서구에서 유독 1990년대에 이르러 서서히 판타지 장르가 귀환했던 이유는 상당히 의미심장한 사건에 해당한다고 할 만하다.[4]

이런 현실에 의미를 더해주는 것은 기본적으로 이런 주변 장르들에 발생본석 모대로서 전제되는 것이 거의 모두 중세 고딕의

---

3 물론 〈해리 포터〉는 아동 문학을 토대로 영화로 재현된 '아동물'에 가깝다. 그러나 겉보기와 달리 이 영화는 현실에서 이루지 못한 꿈을 '마법'을 통해 이룬다는 전형적인 보상적 로망스의 형식을 띤다. 게다가 이 영화는 미국 영화사와 자본에 의해 제작됐지만 명백히 영국 백인 중심적 문화를 체현한다. 말하자면 이튼 스쿨을 연상시키는 마법사 학교라든가 중세 고딕 풍의 기숙사 건물 그리고 최고의 엘리트들이 우열을 겨루다가 마침내 '기사도'를 지킨 주인공 해리 포터의 집단이 승리를 거두는 줄거리가 기본적으로 이 영화를 구성하는 내용이다. 이런 특징들은 〈해리 포터〉가 아동물의 형식을 빌어 '앵글로 색슨' 종족의 집단 판타지를 강화시키는 이데올로기적 기능을 수행하고 있음을 말해주는 것이다.

4 서구 문화에서 빈번히 목격되는 고딕 장르의 귀환에 대해 알고자 한다면 다음을 참고하라. Bart Moore-Gilbert, "The Return of the Repressed: Gothic and 1960s Novel", *Cultural Revolution?*, (ed. Bart Moore-Gilbert et als.) London: Routledge, 1992.

이미지들이라는 사실이다. 역사적으로 봤을 때 서구에서 고딕 소설이 창궐하던 시기는 18세기 말 자본주의의 상승 분위기와 일치한다. 존재하는 모든 것을 탈신화화하는 거대한 상품화의 위력 앞에서 작가는 노동자처럼 날품을 팔아야 하는 처지로 전락했다. 이런 상황에서 상업 작가들은 매일매일 생존 자체에 대한 위기감을 느꼈을 것이고, 이런 현실적 체감을 작품을 통해 고딕적 상징성으로 표현했던 것이라고 하겠다.

흡혈귀나 괴물을 다루는 연극이나 소설이 쏟아져 나온 이 시기는 말 그대로 문학 예술의 오락적 속성을 적나라하게 보여주는 역사적 실증이기도 하다. 실제로 이런 문학 예술의 오락성에 반발한 프랑스의 보들레르나 플로베르 또는 영국의 월트 페이터 같은 작가들은 다분히 낭만주의적 천재론에 의지하면서 문학 예술 자체를 종교로 대체하고자 하는 시도를 감행했다. 이런 맥락에서 종종 문학의 미학적 차원이라고 일컬어지는 순수성의 개념은 발생적으로 본다면 다분히 정치적인 것이었다고 할 수 있다.

〈해리 포터〉와 〈퇴마록〉은 이처럼 문학의 서사적 기능이 무너진 조건에서 등장하게 되는 소수 장르의 귀환이라고 말할 수 있는데, 이런 상황은 다분히 계급 문제를 민족이라는 상상적 공동체로써 해결하려고 하는 상징적 노력을 통해 발생한 것이다. 문학의 기능이 무력하게 되는 까닭은 문학 예술이라는 범주 자체를 미학적으로 지탱해왔던 낭만주의 또는 모더니즘의 붕괴와 관련이 있다. 이런 맥락에서 문학 예술은 지금까지 오락성이라는 본성을 억압하던 굴레를 벗어 던진 셈인데, 역설적이게도 이런 해방은 문학 예술 주체의 노력을 통해 이루어졌다기보다는 오히려 확연한 외부적 조건, 즉 자본주의적 물화로 난데없이 분출됐던 것이다.

그러므로 한때 한국에서도 논란이 됐던 판타지 문학의 정체성
은 이 같은 역설적 조건에서 이율배반에 빠지게 됐다. 왜냐하면
판타지 자체가 본격 문학이 되는 순간, 판타지라는 장르는 오락
성이라는 본래의 속성을 잃게 되기 때문이다. 판타지 문학은 본
격 문학에 주변적으로 남아 있을 때 그 기능을 제대로 발휘하는
셈인데, 기본적으로 판타지 문학 자체가 과거의 이미지로 이루어
진 폐허의 서사이기에 더욱 그렇다. 이런 의미에서 한마디로 『해
리포터』와 『퇴마록』은 역사를 따라잡지 못하는 서사의 결핍 자
체를 상징적으로 드러내 보이는 것이기도 하다.

두 작품은 공통적으로 선과 악의 명확한 대립을 설정하는데,
흥미롭게도 현실적 상황은 이런 서사적 상징 행위와 정반대로 진
행되고 있다. 어제의 적이 오늘날 갑자기 우군으로 바뀌는 상황
이 어김없이 지구화의 원리로 작동하면서 기존의 가치 체계를 정
면으로 뒤흔들어 놓고 있다. 어제의 우파가 오늘의 좌파가 되거
나 반대로 어제의 좌파가 오늘의 우파로 자리를 바꿔 앉는 경우
는 숱하게 목석되어 왔다. 특히 한국적 상황에서 탄생한 『퇴마
록』은 아예 세계를 악령의 혼란 그 자체로 파악하는 특성을 보여
준다. 『퇴마록』은 1980년대 무협지 세대를 열성적으로 설득한
후 하위 장르의 개념에 판타지의 요소를 가미함으로써 새로운 세
대의 주목을 받을 수 있었다. 그러나 더욱 깊은 의미에 천착해본
다면 『퇴마록』은 1980년대 독재와 민주, 외세와 민족이라는 거
대 로망스가 위기에 봉착함으로써 발생한 것이라고 할 수 있다.

로망스의 붕괴는 장르의 해체를 가져오게 마련이다. 이런 변
화는 1990년대에 진행된 문학성 자체의 해체 현상과도 무관하지
않다. 문학 자체가 현실과 비판적 거리를 더 이상 확보하지 못한

채 답보 상태에 빠져들고, 적극적으로 자본의 운동에 포섭 당함
으로써 문학적 모더니즘이 폐막됐던 것이다. 그래서 우리는『퇴
마록』이『태백산맥』이나『아리랑』같은 리얼리즘 소설들과 나란
히 베스트셀러에 오르는 묘한 불일치를 목격할 수 있었던 셈이
다. 내가 볼 때 이런 상황은 문학을 치장했던 모더니즘의 관념성
이 1990년대에 들어와서 포스트모더니즘의 공격으로 외양적으
로나마 해소됐음을 의미한다. 이런 맥락에서 문학적 모더니즘에
대한 탈신화는 결국 문학의 죽음이라는 위기 담론을 낳게 됐던
것이다.

헨리 제임스 이래로 문학을 예술로 간주해왔던 오랜 선입견
이 무너진 뒤에 남는 것은 바로 문학의 본래적 성격이라고 할 '오
락성'이었다. 미학성은 이 오락성을 가린 추상성이었고, 이제 이
은폐의 관념은 밀려드는 새로운 리얼리티의 파도 앞에 모래성처
럼 힘없이 무너지게 됐던 것이다. 이런 미학이 붕괴된 자리에 들
어서게 되는 것은 당연히 미학적 기준에 합당하지 않다는 이유로
억압 당해왔던 판타지와 같은 하위 장르이다.『퇴마록』의 성공과
그 이후 계속된 한국의 판타지 문학 현상은 이런 맥락에서 충분
히 납득할 수가 있을 터이다.

다분히 고대 신화와 성서적 상상력의 영향을 받은『해리 포
터』나『반지의 제왕』과는 달리『퇴마록』은 중국 무협지나 한국
적 민담에서 그 기원을 찾을 수 있다. 물론 상이한 기원적 특성을
떠나서 본다면『퇴마록』역시『해리 포터』나『반지의 제왕』과 마
찬가지로 선명한 선악의 대립 전선을 구축함으로써 이야기 진행
의 활력을 획득하고 있는 것은 분명하다.『해리 포터』의 경우 주
인공 해리 포터는 고대적 신화의 주인공처럼 자신의 태생 자체가

은폐된 채 어린 시절을 보내다가 서서히 자신의 정체성을 발견하는 식으로 구성되어 있는데, 이런 구도는 명백히 서구 문학의 낭만주의적 전통을 계승하는 것이기도 하다.[5] 언어의 공동체적 속성을 강화하기 위해 소설novel이 활용됐던 근대의 경우와 마찬가지로 오늘날 〈해리 포터〉와 〈퇴마록〉은 소설보다 영상을 통해 이런 공동체의 상징적 이미지를 더욱 강화하려고 하는 것이다.

지구화 시대에는 영화적 영상이 소설적 내러티브보다 언어를 초월한 설득력을 발휘할 수 있다. 백문이 불여일견이라고, 이미지는 동일한 판타지로 인간의 정서를 고정할 수가 있는 것이다. 판타지를 일종의 스틸 사진으로 보는 라캉의 의견을 존중한다면 우리는 이 고정적 이미지들이 우리에게 주입하는 획일성에 주목하지 않을 수 없다.[6] 그러나 실제로 어렵고 복잡한 서사 구조를 갖춘 영화보다 단순한 서사 구조에 화려한 영상을 구사하는 전략이 영화의 흥행을 훨씬 더 보장하는 것도 사실이다. 오늘날 사람들은 영화를 '예술'이라기보다는 '오락'으로 보기 때문에 더욱 그렇다. 베스트셀러 소설을 영화화하는 경우 이런 전략적 문제는 쉽사리 결론을 얻는다. 어차피 이야기는 고정되어 있기 때문에 이제 가장 중요하게 대두하는 사안은 어떻게 이 이야기를 '리얼'하게 영상으로 재생해낼 것인가 뿐이다.

---

5 이런 낭만주의적 서사를 대표하는 가장 유명한 동화가 바로 안데르센의 「미운 오리 새끼」다. 〈해리 포터〉역시 이 동화와 동일한 서사 패턴을 공유하면서 일종의 '선택 받은 자'로서 해리의 위상을 설정해놓고 있다. 이런 서사 패턴은 명백하게 낭만주의의 천재 신화를 토대로 하는 것이라고 볼 수 있다.

6 〈해리 포터〉를 제작한 워너브로스 사의 획일적 프랜차이즈 방식에 대한 비판은 다음을 참고할 것. John Patterson, "Class Dismmissed: Harry Potter", *The Guardian*, (Friday November 23), 2001.

돌이켜 보면 영화화된 〈퇴마록〉이 소설의 인기를 능가하지 못
한 것은 바로 제작자가 이런 판타지적 속성을 제대로 파악하지 못
했기 때문이다. 기본적으로 판타지 문학이 영화화됐을 때 관객이
기대하는 것은 언어를 통해 구축된 그 상상적 거울 이미지와 영상
적 이미지의 일치다. 이 일치를 미처 생각하지 못했던 영화가 바
로 한국의 〈퇴마록〉이었다면, 〈해리 포터〉나 〈반지의 제왕〉은 이
런 일치를 선사하기 위해 의도적으로 기획된 것이기도 하다.7

그렇다면 도대체 관객은 이와 같은 이미지의 일치를 통해 무
엇을 도모하려는 것이었을까? 소설 『반지의 제왕』이 고무했던
1960년대의 반문화적 저항성이나 유토피아적 공간에 대한 열망
이 거세된 오늘의 판타지에 관객은 왜 열광하는 것일까? 혹시 관
객은 이 영화의 이미지들을 통해 자신의 인식을 혼란케 하는 리얼
리티에 맞서 주체와 인식의 균열이라는 현실적 모순을 상상적으
로 해결하려고 했던 것은 아닐까? 흥미롭게도 이와 같은 질문은
무엇 때문에 1990년대에 판타지가 다시 귀환하는 것인가에 대한
궁금증과 긴밀하게 연결되어 있다. 1960년대의 고딕 문화가 다
분히 아버지의 영토(자본주의적 민족국가)를 일탈하기 위한 시도
였다면, 1990년대에 귀환하는 고딕 판타지는 오히려 사라져가는
아버지의 영토 자체에 대한 노스탤지어를 내재한 것이다.

J. R. R. 톨킨의 소설을 영화로 만든, 아니 정확하게 말하자면
톨킨의 소설을 시각화한 〈반지의 제왕〉을 통해 이런 형식에 가라
앉아 있는 노스탤지어의 실체를 한번 파악해보는 것도 흥미로운

---

7 요컨대 〈해리 포터〉와 〈반지의 제왕〉이 개봉됐을 때 많은 서구의 언론들은 영화의
  장면이 어떻게 소설의 상상력을 표현하고 있는지 앞다투어 분석해 보였다.

일이다. 〈반지의 제왕〉은 세 가지 차원으로 해석될 수가 있는데, 첫 번째로 가능한 해석은 〈반지의 제왕〉의 형식이 표면적으로 드러내는 선과 악의 대립 구도를 통해 드러날 수 있다. 겉으로 이 대립 구도는 고대적 신화의 색채를 띠고 나타나지만, 사실은 빛으로 상징되는 선과 문명, 그리고 어둠으로 상징되는 악과 야만이라는 지극히 이분법적인 기독교적 세계관을 반영하고 있다. 물론 이런 역설적 상징화는 기독교를 통해 최초로 '언어'를 획득했던 서구적 서사의 원형과 무관하지 않다. 이런 해석을 기반으로 우리는 〈반지의 제왕〉을 현실에 대한 일종의 알레고리로 확대 해석할 수가 있다. 궁극적으로 〈반지의 제왕〉에서 핵심적 역할을 담당하는 '반지'를 권력에 대한 알레고리로, 그 반지를 유일하게 운반할 수 있는 연약한 프로도를 민중에 대한 알레고리로 읽을 개연성은 충분하기 때문이다. 이런 까닭에 반지를 파괴하기 위한 선량들의 연대fellowship를 민중의 단결로 해석하는 것도 얼마든지 가능하다.

여기까지만 고찰해본다면 〈반지의 제왕〉은 그 자체로 훌륭한 정치적 텍스트일 수 있겠다. 그러나 여기에서 만족할 것이 아니라 하필이면 1960년대도 아닌 21세기의 특정 시점에 역사의 무덤으로부터 귀환한 〈반지의 제왕〉 신드롬 자체에 우리는 주목할 필요가 있다. 익히 알려졌듯이 톨킨의 원작은 전후 서구 문화에 엄청난 반향을 불러일으키며 하위문학 장르의 가능성에 새로운 인식을 가져온 동시에 1960년대 고딕 문화의 귀환에 중요한 역할을 담당했던 작품이기도 하다. 당시 이 원작 소설에 대한 청년 세대의 마니아적 집착과 그로 인한 문화적 영향력은 오늘날 우리

가 대면하는 수준을 능가하는 것이었다.[8]

따라서 〈반지의 제왕〉의 귀환과 오늘날 새롭게 조성된 현실적 국면이 맺는 관련성을 궁금하게 생각해본다는 것은 최종적 해석의 차원을 위해서도 당연하다고 하겠다. 이런 궁금증을 더욱 밀고 나감으로써 우리는 〈반지의 제왕〉이라는 형식에 내재한 본질적 이데올로기에 접근할 수 있는 것인데, 한마디로 오늘날 되풀이되는 〈반지의 제왕〉은 1960년대라는 이미지에 대한 노스탤지어 덕분이라고 할 수 있다. 이 노스탤지어는 〈반지의 제왕〉에서 구현된 중간계Middle Earth라는 이미지를 통해 유토피아적 이상을 상상적으로 해결하고자 했던 집단적 상징 행위의 좌절과 맞물려 있다.[9]

오늘날 서구에서 1960년대의 문화적 세례를 받은 세대가 컴

---

8 1960년대 문화에 톨킨이 끼친 영향력은 엄청난 것이었다. 심지어 비틀즈까지도 톨킨에게 영향을 받았다고 고백할 정도였다. 결과적으로 말해 톨킨의 상상력이 히피문화나 악마주의로 전승됐다고 해도 과장은 아닐 것이다. 이렇듯 톨킨의 인기를 가능케 해준 요소는 60년대를 풍미했던 신비주의나 정신주의였다. 합리주의와 구조주의에 찌든 청년들은 기성 세대에 대한 반발과 자유에 대한 요청으로 톨킨이라는 하나의 상징적 이미지를 유토피아적 이정표로 삼고자 했던 것이다. 이런 히피문화의 관점에서 톨킨의 영향을 진술하는 책은 다음과 같다. Marc Aronson, *Art Attack: A Short Cultural History of the Avant-garde*, New York, Clarion Books, 1998, p.124. 이 외에 미국의 저명한 비평가 해럴드 블룸은 직접 톨킨에 대한 비평 모음을 편집하기도 했다. *J.R.R. Tolkien: Modern Critical Views*, (ed. Harold Bloom) London: Chelsea House, 2000. 이 선집의 서문에서 블룸은 톨킨 책의 주인공인 "빌보와 함께 살고 싶다는 생각이 들도록 해준 톨킨에게 감사한다."는 헌사를 붙이고 있다. 낭만주의 전문가인 블룸의 입장에서 톨킨의 세계는 상실된 유토피아로 비쳤던 것일까? 여하튼 그의 헌사는 톨킨이 염두에 두었던 중간계가 실제로 앵글로 색슨적 유토피아였음을 간접적으로 암시하는 것이기도 하다.

9 톨킨 자신의 진술이 여기에 대한 근거를 제공한다. "내가 실제로 호빗이다. 나는 정원과 나무들을 좋아하고 기계화되지 않은 들녘을 사랑한다. 냉장고에 저장하지 않은 신선한 천연 음식을 좋아하고, 파이프 담배를 피운다. 하지만 프랑스식 조리 방법은 몹시 싫어한다." 톨킨의 말은 은연중 현대 문명에 대한 그의 혐오를 드러내는 것으로, 말하자면 그의 작품 속 주인공들이 지극히 영국적인 전근대적 유토피아의 거주민임을 밝힌 셈이다.

퓨터를 통해 더욱 리얼하게 시각적으로 재현된 21세기적 〈반지의 제왕〉에 열광하는 것은 이런 이유에서 충분히 수긍할 만한 것이다. 그들은 서사를 통해 달성하지 못했던 것을, 지금 이미지를 통해 다시 위안 받고자 하는 것이다. 어떻게 보면 그들은 저것이 바로 자신들의 상상적 꿈이라는 것을 오늘날 기성 세대가 되어버린 처지에서 애써 확인 받고 싶어하는 것일지도 모른다. 이런 노스탤지어를 모조리 빨아들이면서 자신의 능력을 강화하는 것은 역설적으로 상품화의 논리에 충실한 자본주의다. 톨킨을 통해 상징됐던 1960년대의 저항 문화는 이미 거세되어서 집단적 노스탤지어를 강화하는 촉매제로 활용되고 있을 뿐이다.

이런 마당에 다른 판타지 소설의 선구자들을 제치고 유독 판타지 소설의 비조鼻祖로서 톨킨이 떠받들어지는 것은 아주 복잡한 의미를 내포한다고 볼 수밖에 없다. 극도로 현대 문명을 혐오한 나머지 거의 은둔에 가까운 생활을 유지하며 『반지의 제왕』을 쓴 톨킨이었지만,[10] 정작 그의 작품이 그 혐오스러운 문명을 거부하기는커녕 오히려 그것을 강화하는 데 이바지하고 있다는 것은 분명 아이러니다.

나는 21세기에도 여전히 톨킨이 문화적 아이콘으로 움직일 수 있게 된 현실적 조건으로 이른바 정보기술 혁명을 꼽아야 한다고 본다.[11] 다소 엉뚱하게 들리겠지만, 실제로 1960년대 저항 문화

---

10 톨킨의 작품과 생애에 대한 개략적 논평으로는 다음을 참조하라. Jenny Turner, "Reasons for Liking Tolkien", *London Review of Books*, no. 22, November, 2001.

11 영화 〈반지의 제왕〉을 감독한 피터 잭슨은 다음과 같이 말했다. "테크놀로지가 톨킨의 엄청난 상상력을 붙잡을 수 있는 유일한 수단이었다. 지금이야말로 바로 (톨킨의 작품을 영화화할) 절호의 기회인 것이다." 잭슨의 이 말은 톨킨 소설의 영화화와 테크놀로지 사이의 밀접한 관계를 명확하게 예시한다.

의 상징화에 기여했던 톨킨의 가치를 새롭게 조명한 세력은 첨단 정보기술 산업에 종사하던 신진 계급이었다. 톨킨의 소설은 컴퓨터 기반 산업의 발전과 맞물려 적절하게 컴퓨터 게임 프로그램의 제작을 위한 재료가 됐던 것이다. 이런 맥락에서 톨킨의 원작과 21세기에 귀환한 〈반지의 제왕〉을 동일한 차원에서 해석하는 것은 명백하게 잘못된 평가다. 오히려 오늘날 우리가 대면하는 〈반지의 제왕〉은 톨킨이라는 반문명적이면서 동시에 지극히 윤리적이었던 한 작가와 아무런 상관없이 판타지 소설의 아버지라는 그 텅 빈 이미지를 중심으로 도는 문화적 신드롬에 불과한 것이다.

여기에서 〈반지의 제왕〉은 새로운 현실적 모순을 해결하고 집단적으로 유토피아의 희망을 재확인하기 위한 판타지적 속성을 드러내게 된다. 그것은 바로 정보기술 혁명으로 가속화되는 지구화의 맥락에서 더욱 심화될 수밖에 없는 민족적 정체성의 혼란과 그에 대한 방어다. 결국 〈반지의 제왕〉은 기독교의 도입과 함께 고착화됐던 서구적 로망스에 대한 자기 확인 형식에 불과하기 때문이다. 〈반지의 제왕〉에서 극명하게 대립하는 이미지라고 할 수 있는 선과 악이 명백하게 문명과 야만의 대립 구도로 재현되는 것은 이런 맥락에서 충분히 납득할 수 있다. 게다가 이 문명의 원형적 모습이 서구적 아버지의 재현 체계라고 할 만한 르네상스의 이미지로 드러난다는 점 또한 아주 흥미롭다. 말하자면 오늘날 〈반지의 제왕〉이라는 시각화의 형식을 통해 서구는 무너져가는 정체성의 통합을 다시 한번 욕망하는 것이다.

판타지를 현실적 모순에 대한 상상적 해결책의 일종으로 본다면 오늘날 판타지를 통해 호명되는 것은 민족이라는 아버지의 이름임을 알 수 있다. 민족이라는 이름은 낭만주의의 죽음 이후 새

롭게 부상한 판타지라는 폐허의 서사를 통해 다시 무덤에서 불려
나오는 것이다.

그러나 이 민족이라는 아버지의 이름은 역설적으로 '아버지의
부재'를 증명하는 징후일 뿐이다. 이 사실 때문에 민족을 아버지
로 삼는 집단적 가족 로망스의 비극이 상존하게 되는 것이다. 민
족 로망스의 붕괴는 근대 이후에 낭만주의와 모더니즘을 통해 한
번 봉합된 적이 있었다. 그러나 이제 막강한 자본주의적 리얼리
티의 세속화 앞에서 이런 종교적 예술성이 존재할 근거는 더 이
상 어디에도 없다. 고급 예술의 엘리트주의는 강화된 대중문화의
영향력 아래에서 소통의 코드를 상실하게 된 것이다. 대중문화의
발전은 당연히 산업화와 대중 교육의 산물이기도 하다. 이런 조
건에서 대중은 단절의 코드를 내재한 고급 예술을 외면하게 마련
이며, 당연히 대중문화를 통해 내면적 정체성을 도모하게 된다.
이런 대중문화의 형식 중에서 일정한 시기를 거쳐 다시 코드화됐
던 것이 재즈나 록 또는 히치콕의 영화나 1960년대 프랑스의 작
가주의 영화였던 셈이다. 하나의 형식이 코드화되는 순간 그것은
대중문화의 심층으로 내려가 다른 형식을 위한 발생적 맥락으로
발전한다.

한편 이런 원리에서 〈해리 포터〉나 〈반지의 제왕〉은 서구의 종
족적 영웅담을 변형하는 새로운 민족 로망스라고 할 만하다. 여
기에서 우리는 쉽사리 자본주의적 중간계급의 정태적 산물이기
도 했던 모더니즘과 달리 이런 로망스가 또 다른 차원의 진보성
을 내재한다는 주장을 펼칠 수도 있을 것이다. 그러나 과연 그런
것인가 하는 의문은 이런 현상의 일단을 일종의 현실적 모순 해
결을 위한 상징 행위 또는 우회로 파악했을 때 대답을 얻게 될 것

이다. 엄밀히 말한다면 이런 상징 행위는 현실적 정치성으로 거듭나지 않았을 때 공허한 상실감으로 돌아와서 우리가 안이하게 은거하던 상상적 이미지 자체를 산산조각 나게 만들 공산이 크기 때문이다. 정녕 〈해리 포터〉나 〈반지의 제왕〉이라는 새로운 민족 로망스의 형식이 근거로 삼는 그 민족이라는 아버지의 영토는, 더 이상 이곳에 존재할 수 없는 '네버-네버 랜드'인 것이다.

10. 친일 문학의 미학

우리에게 민족은 사뭇 서구의 그것이나 일본의 근대성 문제와 다른 차원에서 노니는 것처럼 보인다. 한국인에게 민족은 유령 아버지를 상봉하는 아들 햄릿의 심정을 불러일으키기 때문이다. 민족이라는 유령이 아직도 우리의 주체성 주위를 배회하는 까닭은, 이 민족이라는 아버지를 공모 살해한 친일파들의 행위로 인한 것이다. 이런 친일파들의 논리는 친일과 한국 근대화를 동일시했던 초기 친일 문학의 계보를 거쳐 본격적으로 이광수나 서정주 같은 근대 문인들의 텍스트 속에서 명확하게 현시된다. 이런 맥락에서 세상을 뜬 미당 서정주를 둘러싸고 벌어졌던 여러 언설은 한담閒談의 수준을 넘은 일종의 한담恨談에 가까운 것이었다. 그러나 여기에 대응했던 서정주 옹호론의 논리는 궁색하기 이를 데 없었다.

한국의 근대 문학은 곧 친일파의 문학이었다고 해도 과언이 아니다. 이런 과격한 단언은 우리에게 친일 문학의 문제가 단순하게 윤리적 차원이나 정치적 차원에서 해결될 사안이 아님을 어렴풋이 짐작하게 만든다. 이상을 비롯한 몇몇 비非친일파 문인들이 있었지만, 김인환의 지적처럼 반일 문인이 식민지 치하에 존재한다는 것은 사실상 불가능했다. 그러나 그나마 그런 '비친일성'도 일제 통치 기간 내에 허락됐던 약소한 공공 영역이 빚어낸 결과였을 뿐이다. 여타 다른 나라의 사정과 비교해본다 해도, 이들의 처지는 근대 문인의 그것에 걸맞은 수준이 아니었다. 이 말은 결코 문학적 성취나 그들의 가치에 대한 평가가 아니라 그들의 문학과 그것이 수용, 유지되는 문학 제도적 차원에서 그렇다는 뜻이다.

서양에서 근대 문학은 근대 국가, 다시 말해 민족국가 또는 국민국가의 정체성을 위한 일종의 언어적 도구였다. 따라서 이들 서구의 근대 작가들에게 문학이란 곧 민족적 정체성을 확립하는 확실한 이데올로기적 수단이었다. 특히 이들에게 소설은 근대 국가의 신화인 '민족의 단일성'을 증명하는 훌륭한 매체가 됐다. 대혁명 이후의 프랑스나 영국의 빅토리아 시대처럼 서구 부르주아의 약진이 역사적으로 이루어지던 시기에 소설이 담당했던 역할이란 이미 확인된 사실들이다. 물론 이런 흐름에 반발해 보들레르나 플로베르 같은 작가들이 '예술을 위한 예술'을 주창하기도 했다.

미적인 것이 정치적인 것과 무관하다는 의미는 이런 맥락에서 거론됐던 것인데, 좌우간 이런 비정치성은 세계에서 자아를 퇴거시킴으로써 달성되는 미적 성취라는 일정한 퇴행적 정서를 내재한다. 그래서 서정주나 친일 문인 옹호론자들이 들고 나와 자기변명으로 삼은 '순수 문학'은 '말도 안 되는 소리'가 아니며, 분열된 세계에 대해 나름대로 논리를 보유한 주체적 반응이었던 셈이다. 서정주가 말한 것처럼 그들은 일본의 시대가 영원할 것이라는 정태적 세계관을 가지고 세계에 대응하다가 무너진 질서 앞에서 망연자실했던 것이다. 그러므로 이들의 삶이 지닌 일관성은 그들의 지위를 아직까지도 떳떳하게 만들어주는 근거이기도 하다.

여전히 '이광수를 위한 변명'이나 '서정주는 불쌍한 사람이었다.'는 주장이 지식인 사이에 합리란 명목으로 횡행하는 까닭은, 단순히 그들이 친일파에 대해 호의적이기 때문이 아니다. 이런 주장의 밑바닥을 파고 내려가면 사실 계급 투쟁이라고 불릴 만한 현실적 구조가 드리워져 있다. 결과적으로 이 친일파들이 한국적 부르주아의 주류이기도 한 것이며, 이런 역사적 사실이 또한 애국주의로 무장했던 서구 부르주아와 사뭇 다르게 한국 대다수 부르주아의 반민족적 특징을 드러내 보이는 것이기도 하기 때문이다.12 따라서 이런 그들의 주장을 선악의 이분법으로 비판하기보다는 왜 그들이 이런 주장을 할 수밖에 없었는가를 친일파와 연관지어 파악하는 것이 훨씬 유익한 일일 것이다.

문학을 근대적 주체성의 성립과 연관된 것으로 간주한다면 서정주나 이광수 같은 친일 문인들이 결국 한국의 근대성을 식민성으로 몰아넣은 대표 인물이라는 사실은 부정할 수가 없다. 그러나 솔직히 이들을 죄인이니 아니니 하며 티격태격하는 것은 동어 반복만을 양산할 뿐이다. 친일파 문제가 엄연히 계급적 불평등이라는 실재성으로 존속되는 차원에서 이런 윤리적 판단은 현실적 해결책이 거의 될 수 없기 때문이다.

더군다나 "친일파는 '범죄자'"라는 논리를 가능케 하는 민족주의는 지금 한국의 처지에서 전략적으로 옳을 수도 있으나 근본적

---

12 흥미롭게도 한국의 부르주아 계급은 서구의 경우와 달리 국가에 대한 애착을 별로 갖지 않은 것 같다. 이들에게 국가와 민족은 자기 계급의 이익을 위한 이데올로기로서 작동할 뿐이다. 이들은 자신의 계급적 이익을 위해 다양한 적대 관계로 구성된 국가와 민족의 실재성을 억압해왔던 것이겠지만, 다른 측면에서 본다면 이런 현실은 처음부터 '민족'이라는 개념과 무관하게 이 계급이 지배 세력으로 편입됐다는 사실을 증명해주는 것이기도 하다.

으로 옳을 수는 없다. 그도 그럴 것이 이광수나 서정주 역시 친일의 명목을 '민족의 번영'으로 내세웠으며 그들의 입장에서 보자면 정말 그들이 선택한 길이 민족을 위한 길이었기 때문이다. 이런 사실이 지금도 친일파들을 한국에서 당당하게 만들어주는 원인이기도 하다. 한국은 해방 공간에서 다시 얻었던 민족국가 형성의 기회를 미군정의 지배를 용인함으로써 스스로 친일파에게 헌납하는 꼴이 됐다. 이런 맥락에서 한국의 친미파는 본질적으로 친일파의 계보에 있는 것이다.

한국 극우파의 경우를 놓고 보자면 그들이 보여주는 친미적 경향은 궁극적으로 그들이 내재했던 '합리적 친일'의 연장선에 있다고 하겠다. 이들 극우파의 계보는 한국에 '개화파'로 알려졌던 유길준 같은 친일 세력과 『혈의 누』의 작가인 이인직 같은 친일 파시스트 작가로 기원이 거슬러 올라간다. 이들 이른바 개화파가 소유한 의식은 '하루아침에 일본처럼 될 수 없으니, 차라리 일본을 형님으로 모셔서라도 세계 무대에서 역할을 찾자.'는 주장에서 스스럼없이 드러난다. 물론 이런 개화파에서 친일파들이 성장하게 된 배경은 결코 단순한 것이 아닐 것이다. 개화파를 부르주아적 자아를 확립해 나아가던 세력으로 본다면 문제는 전혀 다른 차원으로 해석될 수 있다. 다시 말해 처음에 개화파라는 이름으로 등장했던 이 부르주아 세력은 넓게 보아 반봉건 세력이었다고 할 수 있다. 그런데 이 반봉건 세력의 연합은 서구를 배워서 근대화를 달성하자고 막연하게 생각했던 부류와 일본을 통해 최대한 빠른 근대화를 이룩해야 한다는 부류로 분열됐을 것이다.

이런 가설에 근거해서 본다면 친일파들을 중화주의자들의 변종으로 볼 수 있다. 중국이 무너진 자리를 대체할 중심으로 일본

을 내세우는 것은 영국이나 미국을 들어앉히는 것보다 훨씬 실현
가능성이 높은 일이라고 친일파들은 생각했는지도 모른다. 현재
매국노로 비난받는 친일파들이 대부분 그 당시에 조선 최고의 엘
리트였다는 사실은 이런 가설을 충분히 뒷받침하는 구석이 있다.
그렇다면 이제 하나의 의문이 발생한다. 과연 친일파들이 이런
발상을 할 수 있었던 근거는 무엇이었을까?

　이들이 개인적으로 윤리성이 결여되어 있었다는 관점을 탈피
해서 본다면 혹시 당시 조선 지식인들의 내면에 제국주의나 식민
지라는 개념에 대항할 만한 민족 개념이 없었던 것은 아닐까? 흥
미롭게도 나중에 민족이라는 개념이 집중적으로 조선인들에게
주입되도록 역할을 한 것이 기독교 담론이었다는 사실을 감안한
다면[13] 혹시 친일파들은 기독교나 서구 문명 자체를 걸러줄 어떤
중간 지대로서 일본을 설정했던 것은 아닐까? 물론 친일파의 이
런 행동을 단순히 순진한 것이었다고 공박할 수도 있을 터이다.
그러나 앞서 제기한 차원에서 친일파 문제를 새롭게 고찰하는 순
간, 우리는 친일과 반일의 문제를 윤리적 조망의 단계 너머로 밀
고 갈 수 있을 것이다. 왜냐하면 이런 차원에서야 바야흐로 친일
파는 한국의 근대성 문제와 접속되면서 오늘날 한국 사회를 지배
하는 현실 모순으로 연결될 수 있기 때문이다.

　흥미롭게도 이런 친일의 문제를 근대성의 문제와 연결해서 살
펴볼 근거를 다음과 같은 유길준의 글에서 발견하기란 어렵지 않
다. 유길준은 1907년 순종에게 올린 상소문에서 일본에 대한 경

---

13 한국의 계몽적 담론과 기독교의 관련성에 대한 고찰로는 다음을 참조하라. 고미숙,
　『한국의 근대성, 그 기원을 찾아서』, 책세상, 2001, 제3장.

외와 찬사를 동시에 드러내고 있다.

> 동서로 찾고 고금으로 보아도 저들은 참으로 만국에 뛰어난 점이 있으니 위로 귀인에서부터 아래로 천민에 이르기까지 다만 그 임금이 있는 줄만 알고 제 몸이 있는 줄은 모르며, 다만 그 나라가 있음만 알고 제 집이 있음을 알지 못합니다. 무릇 사농공상과 남녀노소와 빈부현우를 불문하고 임금에게 급한 일이 있으면 죽음을 당연히 여기고, 나라에 어려움이 있으면 사는 것을 욕되게 여기어 이것은 우리 임금을 위하고 우리나라를 위한 것이다라고 말하면서 가재를 털어 바치고 몸과 목숨을 내던지고 달려가 대중의 마음이 일치하니, 그들은 끓는 물과 뜨거운 물도 아랑곳하지 않습니다. 이런 까닭에 2,500년을 지나도록 안으로 역성의 변이 없었고 밖으로 적에게 짓밟힌 수치가 없었던 것입니다.[14]

이런 유길준의 일본에 대한 부러움은 이에 대조되는 한국의 처참한 현실에 대한 비판으로 이어지는데, 위의 글에서도 확인되듯이 이들 친일파들이 근거하고 있던 세계관은 그동안 중국을 '중심'으로 여겨왔던 현실 질서가 파탄나면서 나타난 것으로, 서구 문명을 훌륭히 받아들여서 근대화에 성공한 일본의 '근대적 민족국가'에 대한 경외심을 명백히 내포한다. 일본에 대한 유길준의 찬사가 근본적으로 일본 제국주의의 전체주의나 군국주의에 대한 찬양에 지나지 않는다는 사실은 친일파의 사상적 지형이 어디에서 발원하는 것인지 짐작하게 한다.

---

14 김인환, 『기억의 계단: 현대 문학과 역사에 대한 비평』, 민음사, 2001, 43쪽.

한국 근대소설의 선구자인 이광수의 근대 문학 또한 이런 이데올로기를 명백하게 체현한 것처럼 보인다. 애국계몽주의 문학이라고 정의되는 그의 소설 『흙』 말미에 보면, 만주사변을 일으키러 가는 일본군을 향해 유길준과 흡사한 진술을 하고 있음을 확인할 수 있기 때문이다. 개화파와 이인직의 친일 계보는 서재필이나 윤치호 같은 한국적 계몽주의자들로 이어지는데, 특히 서재필의 『독립신문』은 한국의 근대를 '내선일체'를 통해 달성하려 했던 한국 계몽주의자의 실체를 정확하게 보여준다(물론 이런 친일파에 동화될 수 없었던 개화파 세력은 기독교 담론을 통해 '개인주의'를 받아들이게 됐다.).

김인환은 이런 개화파의 투항 의식을 기술 이데올로기에서 찾는데, 이런 분석은 기존에 일관되었던 친일 문학에 대한 접근 방법을 새롭게 재고하게 해준다고 할 수 있다. 김인환의 지적은 한국의 테크놀로지 숭배가 얼마나 뿌리 깊은 연원을 가진 근대 신화인지를 짐작하게 만든다. 그렇기 때문에 친일 문학에 대한 접근은 기존에 주류를 이루었던 민족 대 반민족이란 이분법적 가치 판단을 벗어나서 친일과 근대성 문제를 연계해서 시도하는 것이 훨씬 더 유익하다고 할 수 있는 것이다. 친일 문학을 한국의 근대를 이해하기 위한 하나의 '재미있는 텍스트'로 볼 줄 아는 자세야말로 진정으로 친일 문학을 제대로 보고 비판할 수 있는 문화적 전환을 이룰 수 있게 해줄 것이다. 물론 일부의 주장처럼 민족주의적 분석틀이 문제의 성격을 명확히 하고 정치적 정당성을 구분하는 중요한 이념적 잣대를 제공하긴 하지만, 궁극적으로 이런 경직성이 수반하는 이분법은 한국의 민족주의가 실패한 기획이라는 역사적 사실에 대해 설득력 있는 통찰을 보여주지 못한다.

정작 중요한 것은 한국의 친일파가 내세웠던 친일의 논리와 그 컨텍스트에 대한 질문이다. 한국의 민족주의가 한국에서 아직 실현되지 않은 '미래형의 이데올로기'라는 가설은 기존의 정치경제적 지형에 대한 분석을 문화 형식적 고찰로 확대함으로써 증명될 수 있다.[15] 내 입장에서 친일 문학인들은 이런 사실에 대한 중요한 증거로 한몫을 하는 것이다.

그러므로 백 번 지당한 말이지만 이광수의 소설이나 서정주의 시는 결코 그들의 친일성이나 친일 행각과 떼어놓고 고찰될 수가 없다. 왜냐하면 그들이 주장한 '순수 문학'은 맥락을 따져 묻자면 결국 이런 '친일파 심판'이라는 민족주의 이데올로기에 대한 반발로 등장한 것이기 때문이다. 서정주나 여타 친일 문학인들이 주장한 또는 동조했던 세계 문학, 보편 문학, 순수 문학은 일본을 영원성으로 파악했던 그들의 정태적 세계 인식이 파탄 나자 그 혼란을 질서화하기 위해 내면으로 시각을 돌림으로써 발생한 것이다. 이미 서구의 문학 이론은 이런 내면적 퇴행 현상이 상징이나 시각 이미지 또는 '문체를 위한 문체'로 나타나는 것임을 밝혀 놓았다. 흥미로운 점은 가라타니 고진이 말했던 '풍경의 발견'이 우리의 경우는 친일 문인들의 '순수 문학'을 통해 발현된다는 사실일 것이다. 특히 서정주를 칭찬하기 위해 곧잘 인용되는 그 '시

---

15 한국의 민족주의가 미완의 이데올로기로 남게 된 것은 전체주의와 개인주의 사이에서 '민족'을 공동체의 분열을 해결하기 위한 수단으로 도입하려 했던 세력의 정치적 패배에서 기인한다. 이런 사실은 '친일파 청산이 없었기에 민족국가 수립이 불가능했다.'는 인식을 뒷받침해 주는 것이기도 하지만, 내가 볼 때 이런 인식은 '민족'이라는 개념 자체가 주류 서사로 기능하지 못했던 당시의 상황을 간과하는 것이기도 하다. 친일파와 한일합방이 증명하듯이 실제로 당시 조선의 지배층은 일본 제국주의를 '적'으로 간주할 어떤 개념적 범주도 가지고 있지 않았다.

적 아름다움'이란 것이 리얼리티를 외면하기 위한 그의 내면화 경향에 지나지 않았다고 본다면 그 아름다움이란 것이 실상은 삶의 색채를 휘발시킨 채 내면의 정서만을 영원성으로 간주하는 도착 증세의 발로라고 해도 지나치지 않을 것이다.

그렇기 때문에 나는 서정주의 『질마재 신화』란 이 도착 증세를 비집고 나온, 탈색되어 가는 역사의 자취에 대한 그 나름의 향수를 반영한 작품이라고 본다. 기본적으로 서정주도 시인이기 때문에 시적 주체의 총체성을 달성하기 위해 필연적으로 역사를 불러들일 수밖에 없었던 셈이다. 그러나 그 역사의 귀환이 서정주의 시에서 '신화'의 형식으로 드러나고 있다는 사실은, 고은이 기회주의로 표현한 현실에 대한 공포심의 일단을 다시 확인시켜 주는 징후라고 볼 수도 있을 것이다.

따라서 서정주의 미학은 일본을 통해 근대를 달성하려고 했던 친일 계몽주의자들의 비극적 운명을 보여주는 것이기도 하다. 이광수의 경우나 지금 한국의 극우파의 경우에서 확인되듯이 해방 이후 친미파로 이어지는 친일파의 계보는 때로 한국의 근대 계몽주의와 겹쳐지면서 파시스트적 극단을 넘보기도 한다. 루카치의 지적처럼 이런 태도는 필연적으로 파멸을 맞이할 수밖에 없는데, 왜냐하면 세계란 결코 일관되지 않은 우연성의 총체이기 때문이다.

과연 이런 친일 문인들을 일러 순진하다고 할 것인가? 파시즘의 해악을 거론할 때마다 단골로 등장하는 히틀러 역시 화가였고 도덕주의자였으며, 대단한 탐미주의자였다. 서정주의 시가 미적이기 때문에 용서 받을 수 있는 것이 아니라 그가 오직 미적인 것의 영원성만을 추구했기에 문제되는 것이다. 결국 서정주의 시는 역사를 불신하고 세계의 우연성을 공포로 인식한 전형적인 자본 주의 중간계급의 패배주의를 보여주는 것이기 때문이다. 그러므 로 한 번도 혁명이 성공하지 못했던 자본주의 한국의 친일파들은 아직 반성할 필요도 이유도 없는 것이다.

11. 축구는 독립운동이다

계급이라는 개념 또는 정의는 19세기 유럽 자본주의를 모델로 해
서 생긴 것이다. 그때 계급은 아주 선명한 대립 전선을 가지고 있
었다. 사르트르의 『변증법적 이성 비판』에서 서술되는 것처럼
19세기에만 해도 계급적 대립은 곧 폭력적 충돌로 눈앞에서 생생
하게 일어나는 사건이었다. 사르트르는 파리 코뮌의 학살에 따른
외상이 여러 세대를 내려오면서 여전히 막강한 무의식으로 노동
자 사이에 각인되어 있음을 논한다.

　과연 그럴 수 있을까? 그러나 사르트르의 말을 증명이나 하듯
이 벤야민은 보들레르에 대한 자신의 글 곳곳에서 이런 흔적들을
추적한다. 특히 보들레르의 '만보자Flâneur'가 프랑스 혁명 당시 식
업적 혁명가를 지칭했던 그 '방랑자Bohème'에서 온 것임을 벤야민
은 밝혀낸다.[16] 게다가 1960년대에 등장한 많은 프랑스 영화가
다루는 이 방랑자에 대한 향수, 그리고 이 향수가 전승되어 미국
의 서부 영화에 나타나는 그 방랑하는 총잡이들, 게다가 미래 사
회를 다룬 〈매드 맥스〉나 〈워터 월드〉에 등장하는 '방랑 투사' 역

16　Walter Benjamin, *Charles Baudelaire: A Lyric Poet in the Era of High Capitalism*, (trans.
　　Harry Zohn) London: Verso, 1997, pp.11~34.

시 이런 무의식이 어떤 문화적 양상으로 여전히 존속되는지를 보여주는 사례로 흥미를 자아낸다. 결국 계급이라는 것이 특정 시기에 설정된 관념이라고 할지라도 이제 이것은 일종의 무의식처럼 우리의 문화 속에 내재해 있는 것은 아닐까?

물론 한국에서 이 계급을 발견할 수는 없다. 앞서 지적했지만 한국에서 이 계급은 식민지 지배 세력이 초래한 극복되어야 할 그 무엇으로 인식되어 왔기 때문이다. 즉 한국에서 '계급성'이란 제국주의 세력이 우리에게 심어놓은 '공동체의 분열'을 상징하는 것으로 인식되어 왔던 것이다. 이런 맥락에서 우리에게 계급은 없다고 말할 수 있겠지만, 그래도 계급적 역할을 하는 사회적 기제는 충분히 있다고 본다. 그 기제가 바로 민족이다. 한국에서 민족은 데리다가 말하는 유령성이나 가라타니 고진이 말하는 풍경과 같은 맥락에서 이해할 수 있는데, 말하자면 기원이 폐쇄된 또는 기원을 알 수가 없는 일종의 신화와 같다. 그러나 신화는 오류라기보다 일종의 재현 체계로서 진실을 폐기하면서도 그 폐기의 흔적을 서사 속에 남겨놓는 법이다.

나는 이 민족이라는 신화 역시 그런 흔적을 남겨놓는다고 보는데, 그 대표 사례가 한·일 축구 대결이다. 물론 축구는 스포츠일 뿐이니 이를 그냥 스포츠로서 즐기라는 말이 가장 합리적 표준에 해당하는 것일 터이다. 그러나 우리는 언제나 이 표준을 넘어가는 현실을 본다. 나는 이 축구전의 양상이 민족이라는 신화가 그동안 억눌려왔던 진실의 얼굴을 드러내 보이는 것이라고 생각한다. 언제나 억압된 것은 귀환하는 법이고, 그 귀환은 전혀 예상치 못했던 끔찍한 얼굴을 하고 있다. 우리에게 축구란 단순한 스포츠가 아니라 '독립운동'이다. 우리는 한·일 축구전이 벌어질 때마다 지난날 제국주의에 고통 받은 공동체의 운명을 다시 한번 상기하면서 애국주의를 불태우게 되는 것이다. 고미숙은 다음과 같은 흥미로운 진술을 한다.

> 그런데 도대체 왜, 나는 그토록 축구에 열광했던가? 곰곰이 따져보면, 그것은 결코 순수한 스포츠 정신의 발로가 아니었다. 그 후 올림픽이나 월드컵 등으로 축구 열기가 온 나라를 휩쓸 때에도 축구 경기를 5분 이상 지켜본 경험이 없는 걸로 보면 확실히 그렇다. 사실 나는 축구에 열광한 게 아니라 축구로 표상되는 제3공화국의 애국주의에 열광했던 것이다.[17]

고미숙이 더 이상 축구에 열광하지 않게 된 것은 애국주의에 대한 그의 열광이 식어버렸기 때문이다. 고미숙의 진술에서 확인할 수 있듯이 우리는 국가 또는 민족과 축구를 분리하는 즉시 축구 자체에 흥미를 잃게 되는 현상을 누구나 쉽게 발견할 수 있다. 이와 같은 현상의 원인을 미숙한 한국의 근대화에서 찾으려고 드는 태도는 상당히 안일한 것이다. 이런 태도는 미숙한 한국의 관전 문화나 대중문화에 대한 도덕적 판단을 쉽사리 불러들이게 마련이다. 그러나 대개 도덕의 담론은 재현의 위기 상황에서 서사의 총체성을 달성하기 위한 하나의 전략일 뿐이다. 리얼리티를 판단할 수 없는 주체는 이데올로기의 힘을 빌려와서 곧장 도덕적 판단이라는 초월적 범주로 직행하기 때문이다.[18]

---

17 고미숙, 『한국의 근대성, 그 기원을 찾아서』, 책세상, 2001, 19쪽.

18 도덕과 이데올로기의 관계 문제를 탁월하게 고찰한 사람은 니체다. 자세한 논의는

비단 한국만이 아니라 우리보다 근대화에 성공적이었다는 선진 자본주의 국가에서도 축구와 애국주의의 자연스런 연결이 발견된다. 한국으로 친다면 동리마다 축구팀이 활약하는 서구에서도 축구는 공동체의 상징성을 확실하게 인정 받을 수 있는 가장 강력한 수단으로 작동하는 것이다. 물론 겉으로 본다면 서구의 축구는 페어플레이에 바탕을 둔 클럽축구 같은 양상을 띠는 것처럼 보인다. 그러므로 이런 서구인들의 '건전한' 관전 문화를 예로 들면서 한국 축구 관객의 후진성을 꼬집는 글들이 심심찮게 발견되는 것도 이상한 일은 아니다.

그러나 서구인들에게 민족이라는 개념은 한국의 경우처럼 '단일 종족'을 뜻하는 것이라기보다 세금 내는 '국민'에 더 가깝다. 과거 서구인들은 다른 '국민'을 차별했기 때문이 아니라 '인종'을 차별해서 문제가 됐던 것이다. 신나치 같은 극우파들처럼 여전히 '종족 순수성'을 공공연하게 정치적 구호로 내세우며 인종주의를 선동하는 세력들도 있긴 하지만, 이는 극히 소수에 불과하다. 말하자면 서구인들에게 민족의 개념은 한국보다 다소 느슨한 형태로 결속되면서 아주 실질적인 '국가'의 차원에서 규정되는 것이다. 사실 이것이 부르주아 민족국가의 건국 이념이기도 했다. 세금을 내는 자는 국가에서 보호하고 국민의 자격과 권리를 보장한다는 것이 바로 이들의 국가관이었다.

그러나 이런 느슨한 결속이 상징적으로 강화되는 순간은 바로 축구와 같은 집단적 스포츠를 통해 다 함께 공동체적 단일성을

다음을 볼 것. Friedrich Nietzsche, *On the Genealogy of Morals*, (trans. Walter Kaufmann and R. J. Hollingdale) New York: Vintage, 1989, pp.57~96.

확인할 때다. 국가는 일상생활 속에 숨어 있다가 축구를 통해 다시 부활하는 것이다. 물론 나는 이런 상황을 유토피아적 충동의 분출로 봐야 한다고 본다. 일치단결의 집단화를 달성하고자 하는 것 자체가 유토피아에 대한 열망 그 자체다. 그러나 명백하게, 자본주의적 현실은 이런 집단화를 가로막고 좌절시킨다. 이와 같은 모순적 관계를 일시적으로 해소해주는 것이 바로 축구 같은 집단 스포츠인 것이다. 내가 볼 때 축구를 통한 이런 상징 행위는 지구화의 가속과 일정 정도 맞물려 있다. 이와 같은 관점에서 본다면 축구를 단순한 스포츠로 볼 것을 역설하는 주장은 당연히 설득력이 떨어진다. 다시 말하자면 축구는 엄연히 합리의 영역 너머에서 작동하는 상징이기 때문이다.

물론 이런 상징은 현실의 기억을 은폐한다. 한국의 경우를 놓고 보자면 축구는 지속적으로 민족주의 교육을 통해 상징화됐다. 일제 시대 나라 잃은 설움을 딛고 축구를 통해 일본인들에게 복수한 에피소드는 공공연하게 교과서에서 민족적 영웅담으로 치장되어 우리의 무의식에 깊이 각인되어 왔던 것이다. 그러나 이런 민족 수난에 대한 기억은 자본주의라는 현실적 체제 앞에서 언제나 억압된다. 모든 것을 교환가치로 재배치하는 자본주의라는 현실은 일본에 대한 한국의 적개심이 무의미함을 역설한다. 현실적으로 보더라도 일본은 한국 경제의 파트너로서 엄연히 기능해왔다. 그러므로 이런 일본의 존재를 실질적으로 제거한다는 것은 불가능한 일이다. 따라서 불가항력적인 현실에 억압 당한 무의식은 대개 문화적으로 변이되어 상상적 해결책을 찾을 수밖에 없다. 일본 교과서 파동이나 독도 논쟁도 이런 억압된 무의식의 실체를 보여준다. 그러나 텔레비전을 보면서 분개했던 사람들도 현실로 돌아와서 회사에 출근하면 결국 다시 그 일본과 사업을 해야 하고, 그 적개심을 억압해야 한다.

이런 맥락에서 한국이 가진 일본에 대한 히스테리는 충분히 문화적으로 이해할 수 있다. 표면적으로 이런 히스테리가 민족 감정이니 민족 정서니 하는 말로 표현되고 있지만, 밑바닥을 파고 내려가 보면 이 히스테리의 기원은 처음부터 제국주의와 식민지의 대립에서 출발한다. 그러나 기본적으로 민족주의 자체가 일종의 근대적 기획에 따른 가족 로망스에 지나지 않았기 때문에 반일이니 극일이니 하는 주장은 기원 없는 이데올로기에 불과할 뿐, 더 이상 현실적 구속력을 갖지 못하는 것이다. 이미 유령이 되어버린 아버지는 시간의 탈구일 뿐이기에 우리는 그 기원을 다시 복원할 수도, 재현할 수도 없기 때문이다.

따라서 한국에서 축구는 실패한 민족 로망스를 보상 받기 위한 '존재의 함성'이라고 하겠는데, 말하자면 억압된 욕망은 리얼리티로 인한 외상을 치유하고자 독립운동이라는 상징적 가면을 쓸 수밖에 없는 셈이다. 유령 아버지에 대한 애절한 그리움은 상실감으로 전환되고, 이런 과정을 통해 한국인의 민족주의는 과거에 존재했던 이상적 공동체에 대한 극렬한 노스탤지어를 함축하게 된다. 내가 볼 때 한국 사회의 근원적 보수성은 이런 이상적 공동체에 대한 노스탤지어에서 유래한다. 여기에 대한 예증으로 우리는 이문열과 이인화의 경우를 들 수 있을 것 같다. 그렇다면 대중적으로 성공한 두 소설가의 내면에 이런 보수성이 어떻게 각인됐는지 이제부터 살펴보도록 하겠다.

12. 이문열과 이인화,
두 보수주의자의 초상

이문열과 이인화에게 주요한 공격을 퍼붓는 비판자들의 입장에서 본다면 이인화를 이문열과 분리해서 생각해야 할 필요에 대한 요청이 괴이쩍게 여겨질지도 모를 일이다. 그러나 이인화는 반드시 이문열과 구분해서 고찰해야 한다. 실제로 이문열과 이인화를 비교해보면 이 둘이 전혀 다른 메커니즘에 따라 사유하고 움직이는 에고를 소유했음을 파악할 수가 있기 때문이다.

이문열의 경우 그는 과거 남로당 간부였던 아버지 때문에 겪어야 했던 숱한 정신적 외상을 가지고 있다. 자신의 어린 시절이 이 외상으로 인한 갈등으로 점철되어 있었다고 이문열이 간간이 술회해왔던 사실을 감안한다면 이 외상과 분리해서 오늘날의 그를 추산한다는 것은 불가능한 일일 것이다. 실제로 이문열이 이 외상에 정면으로 대응하려고 했던 노력이 『영웅시대』였던 셈인데, 여러모로 이 소설은 그의 에고가 작동하는 메커니즘을 확인시켜 주는 흥미로운 글이다. 그러나 이 사안에 대한 자세한 언급은 다음으로 미루고, 여기에서는 이문열이 이 외상에 어떻게 반응했기에 이인화와 다른 에고적 메커니즘을 갖게 됐는가를 알아보자.

이문열은 아버지의 부재라는 유년기의 충격 앞에서 한동안 망연자실했을 것이다. 그러나 으레 그렇듯이 유년의 에고에게 아버지는 긍정적이면서도 동시에 부정적이다. 라캉의 말을 굳이 빌려올 필요도 없이, 아버지는 미성숙한 에고에게 '금지'를 명령하는 존재로 규율적 역할을 담당하기 때문이다. 따라서 당연히 이문열의 에고는 '나'의 정체성을 확립하는 그 시기에 이르러서야 비로소 아버지의 부재를 발견했으리라고 보는 것이 좀더 타당한 추측이라고 말할 수 있다. 프로이트 사후에 독자적인 정신분석학을 수립했던 멜라니 클라인에 따르면 유아의 판타지를 구성하는 최초의 대상은 어머니의 젖가슴이다. 유아는 어머니의 젖가슴에 자신의 리비도를 투사하고 그 욕망의 좌절에 불안해한다. 이 불안을 해결하기 위해 유아는 대상을 에고에 맞게 분열시키는데, 분열splitting, 이상화idealization, 부인denial의 메커니즘이 이 과정에서 형성된다. 이 메커니즘은 당연히 성장한 뒤에도 지속적으로 정신 작용에 영향을 미치게 된다. 물론 여기에서 중요한 것은 이문열의 유아기 결핍과 정신 상태에 대한 과도한 분석이 아닐 것이다. 오히려 클라인의 메커니즘을 알레고리적으로 해석해 현실 분석에 적용함으로써 우리는 새로운 차원의 인식을 획득할 수 있을 뿐이다.

클라인이 제기하는 메커니즘에 준해서 본다면 이상화는 언제나 분열과 밀접하게 연관되어 있다. 욕망의 좌절을 맛본 에고는 그 욕망의 대상을 둘로 분리해서─여기에서 자칭 한국의 보수파들이 잘 사용하는 색깔론의 정체가 드러난다.─'긍정적인 대상'과 '부정적인 대상'을 설정한다. 물론 이 분열의 상像은 리얼리티가 아니라 판타지의 이전 단계로서 상상 속에서 이루어진다. 이제 이 분열된 대상에서 에고는 긍정적 대상의 이미지를 이상화하

고 부정적 대상의 이미지를 부인한다. 중요한 것은 왜 부정적 대
상의 이미지를 거부refuse하거나 부정negate하지 않고, 부인deny하
는가 하는 점이다. 이 부분을 라캉의 방식대로 이해해보면, 이런
부인 행위는 외상에 해당하는 리얼리티를 애써 인식하지 않으려
는 심리적 작용의 결과로 초래되는 것이라고 볼 수 있다. 리얼리
티는 우리가 '거부'하거나 '부정'할 수 있는 것이 아니라 그냥 '모
른 체'하고 있을 수밖에 없기 때문이다.

결국 클라인의 주장은 내면성의 등장을 징후적으로 파악
했던 가라타니 고진이나 이데올로기를 폐쇄의 전략strategies of
containment이라고 읽었던 제임슨의 분석에 맞닿아 있다고 볼 수
있다. 이런 맥락에서 클라인은 긍정적 대상의 이상화가 완료된
상태, 다시 말해 완전히 육체적이고 물질적인 매개가 망각된 그
상태를 판타지라고 부르는데, 이런 판타지 때문에 추억은 '이미'
아름다운 것이고 현실은 '언제나' 불만족스러운 것으로 인식되는
것이다. 그러나 판타지의 메커니즘을 외상의 파괴를 견디기 위한
일종의 치유 노력으로 본다면 이것 자제를 부정적으로만 볼 수는
없을 것이다.

과연 그렇다면 이문열의 '보수성'은 이런 판타지의 긍정성을
통해 옹호될 수 있는 것일까? 물론 판타지를 긍정적으로 옹호하
는 논리도 가능하며, 또한 이런 논리가 '이광수를 위한 변명'과 같
은 주장에 현실적 힘을 실어준다는 것을 부인할 수 없다. 그러나
이런 논리적 옹호는 과도한 범주 전환일 뿐이다. 여기에서 중심
적으로 관심을 기울여야 할 사안은 이 판타지가 일종의 징후라는
사실에 있다. 징후는 에고의 흔적이며, 그 속에 리얼리티는 말소
되어 있는 법이다. 대중문화가 자본주의적 노동의 비인간성을 보

상 받기 위한 상징적 행위의 징후라고 해서 비판을 면제 받을 수는 없는 노릇이다. 중요한 것은 오직 이런 보상 심리가 상징적 행위로만 끝날 때 체제에 대한 메타적 사고는 마비되며, 우리는 현실의 노예로 전락해서 지금 존재하는 체제만을 세상의 전부로 간주하는 정태성에 빠져들 위험이 있기 때문이다.

이문열은 이런 측면에서 개인적 판타지에 불과한 자신의 입장을 '현실'의 법칙으로 강요하는 폭력을 감행한다고 하겠다. 예를 들자면 이문열은 끊임없이 자신을 '시대와 불화不和하는 자'라고 강변하면서 자신이 한 번도 시대의 주류로 나서지 않았음을 강조한다. 실제로 이문열의 유년기와 청년기를 놓고 보자면 이런 불화에 대한 그의 강변은 아예 근거가 없는 말이 아니다. 그러나 그가 아직도 자신을 불화의 존재로 규정하는 것은 흥미로운 일이다. 한마디로 '시대와 불화하는 것'이 이문열의 판타지 또는 자기 정체성이라고 볼 수 있는 것이다.

이런 판타지의 형성을 더듬어 본다면 처음으로 아버지의 부재에 맞닥뜨렸을 때 이문열은 '아버지의 실재'라는 이상과 '아버지의 부재'라는 현실 사이에서 방황했을 법하다. 다시 말해 이문열에게 부정적으로 인식됐던 대상은 '아버지' 자체가 아니라 '아버지의 부재'라는 현실 자체였던 셈이다. 이문열은 아버지를 부정하는 것이 아니라 부인하면서 왜 자신의 아버지가 '허망한 건국 사업'에 뛰어들어 집안을 패가망신시켰는가 하는 비탄에 빠져들었을 것이다. 이런 맥락에서 그는 아버지라는 욕망의 대상을 분열시켜 긍정적 아버지와 부정적 아버지를 분리해냈던 것이다. 그러나 이문열에게 아버지란 체험되지 않는 '부재' 그 자체다. 그렇기 때문에 이문열에게는 부정적 아버지가 '부재하는 아버지'에 해당한다면 긍정적 아버지는 그 반대의 지점에 있는 '실재하는 아버지'가 아니라 '실재해야 하는 아버지'라는 당위적 차원으로 격상되어야만 한다. 그렇게 되어야만 이상적 아버지의 형상에서 자기 정체성을 구성해낼 수 있기 때문이다. 물론 이것이야말로 긍정적 아버지를 이상화하는 것과 마찬가지다.

이런 맥락에서 이문열의 보수성은 아버지의 부재라는 리얼리티의 효과로 초래된 결과물이다. 판타지의 차원에서 보자면 부정적 아버지, 말하자면 아버지의 부재 자체는 망각되며 이제 욕망의 긍정적 대상, 다시 말해 부재하는 아버지 자체는 이상적 이미지로 전도되는 것이다. 그렇기 때문에 이 긍정적 아버지의 이미지로 이문열이 조선 시대 양반 가문의 몇 대 손孫이라고 불렸던 아버지를 겹쳐놓는 것은 지극히 당연한 일이다. 결과적으로 이문열의 판타지는 조선 시대 양반 문화의 이상화에 지나지 않는다.

그러므로 이 양반 문화를 폐기 처분해버린 '오늘'—말하자면 이상적 아버지를 살해한 이 현실은 필연적으로 이문열 자신에게 불화의 대상으로 인식되는 셈이다. 이문열이 부인하며 망각해버린 것은 사회주의 운동에 평생을 바치다 월북한 그 아버지이기에, 이제 이문열의 판타지 속에서 아버지는 양반 가문의 촉망 받던 자제로만 남게 된다. 흥미롭게도 이문열은 1990년대 내내 북으로 넘어간 아버지를 찾아 헤맸고 그를 용서하고자 했다. 원한을 넘어 화해로? 그러나 실제로 이문열이 화해하고자 했던 아버지가 그 망각의 아버지였던가 하는 것은 확신할 수가 없는 일이다.

리얼리티는 언제나 판타지의 가운데를 찢어발기며 출몰한다. 그러나 이 리얼리티의 출몰로 산산이 부서진 판타지를 추스르지 못한다면 그 사람은 편집증-분열증이나 우울증에 빠질 수밖에 없다. 우울증은 리얼리티의 충격이 너무도 압도적이어서 욕망의 긍정적 대상과 부정적 대상을 쉽사리 분열시킬 수 없기에 발생하는 것인데, 클라인에 따르면 이런 우울증은 편집증-분열증을 막기 위한 심리적 방어 작용이다. 따라서 우울증을 통해 편집증-분열증을 방어하지 못하는 사람은 정신적 질병을 앓게 되는 셈이다.

이런 메커니즘을 통해 본다면 이문열의 보수성이 판타지의 불안에서 초래되는 우울증의 일종이 아닐까 의심해볼 만하다. 좌파 사상에 대한 알레르기야 그렇다 치더라도, 이문열이 보여준 페미니즘에 대한 공격은 이런 불안의 실체를 잘 드러내 보여준다. 이문열은 자본주의가 이런 우울증을 조장하는 원인이라는 사실에 별로 주목하지 않고, 언제나 원인을 '홍위병' 탓으로 돌리고 있다. 이문열에게 홍위병이란 용어는 단순하게 '빨갱이'나 '좌파'를 지칭하는 것이 아니다. 『조선일보』에 실린 인터뷰에서 이문열은 나름대로 자신의 용어 사용에 대한 맥락을 다음과 같이 해명한다.

그러잖아도 문화혁명 당시 홍위병이 어떤 존재였던가에 대하여 한번 발언해야 한다고 생각하고 있었다. 다수를 확보하지 못한 정권, 그리고 국가의 공권력을 사용할 수 없는 상황의 권력은 비정규, 비제도적 폭력에 기대고 싶은 유혹을 느낀다. 경찰이나 군대를 동원할 수 없을 때에 이 힘을 빌리고 싶은 충동을 느끼는 것이다. 물론 아직까지 그런 분위기를 우려하고, 걱정한다는 것이지, 홍위병 그 자체라는 것은 아니다.[19]

---

19 김광일, 「인터뷰: "신문없는 정부 원하나" 기고 이문열씨」, 『조선일보』 2001년 7월 12일자.

물론 이문열이 이 용어를 사용하는 것은 '보수주의자=다수를 확보한 정권'은 절대 이런 짓을 저지르지 않는다는 어떤 믿음, 즉 이상화된 아버지의 완벽성에 대한 신뢰에서 기인하는 것이다.

이렇게 이문열이 사용하는 홍위병이라는 말에 내포된 본의는 이문열의 보수성이 어떻게 구성되는 것인지를 해명할 중요한 실마리를 제공한다. 말하자면 이문열에게 '홍위병'이라는 말은 대중 사회의 공포를 지칭하는 코드 언어라고 할 수 있는데, 앞서 인터뷰에서도 언급되었듯이 한마디로 중국 문화혁명 때처럼 군중 심리가 발동해서 소수에게 폭력을 행사하는 현상 자체를 이문열은 홍위병이라는 말로 표현한 것이다. 따라서 이문열의 코드 언어인 홍위병은 실제로 자본주의 사회가 강요하는 불안을 표현하는 상징이라고 할 수 있다. 그러나 말할 것도 없이 이 같은 이문열의 판단은 그 자신의 판타지를 통해 이루어지고 있는 까닭에 리얼리티에 대한 천착이 생략되어 있다.

그가 현실이라고 믿는 것은 사실 현실이 아닌 것이다. 지난 시절 형성된 이문열의 판타지는 이제 그 생명을 다했는데, 그 까닭은 이문열 자신이 더 이상 시대와 불화하지 않고 현실 자체가 되어버렸기 때문이다. 말하자면 이문열의 우울증은 바로 이 사실, 자신의 소설 창작이 근거했던 '불화'라는 기반이 무너진 현실에서 빚어지는 것이라고 할 수 있다. 그렇다면 이문열은 이 판타지를 복원할 근거를 어디에서 찾을까? 물론 현실의 아버지와 화해까지 해버린 이문열에게 남은 과제는 스스로 긍정적 아버지의 이미지를 덮어쓰고 아버지 노릇을 하는 것뿐이다.

이런 아버지 밑에 충량한 아들이 하나 없을 수 없다. 당연히 스스로 아들을 자처하는 인물이 한 명 나타났으니, 그가 바로 이인화다. 대부분의 논자가 이인화를 이문열과 싸잡아서 비판을 많이 하지만, 앞서 말했듯이 나는 이 둘을 반드시 구분해야 한다는 입장이다. 실제로 이인화는 이문열보다 더욱 흥미로운 인물이다. 오늘의 이인화를 있게 한 작가들 가운데 이광수와 이문열이 끼여 있다는 사실은 결코 우연이 아니다. 이인화가 존재함으로써 이문열의 아버지 노릇, 다시 말해 이문열의 보수성이 더욱 강화되어 수구성으로 변질되는 것이기 때문이다.

이문열과 판이하게 이인화는 아주 유복한 가정에서 자라서 출세 가도를 달려왔다. 사실 내가 볼 때 이것이 이인화의 문제점이다. 그 자신이 이상적 존재로 격상되고 싶었던 이인화의 입장에서 본다면 현실이 너무 행복했기 때문에 그의 정신은 불행해진 것이다. 이인화는 이문열처럼 극심한 외상을 초래할 욕망의 현실적 대상을 갖지 못했다. 그 대상은 고작 어린 시절 학교에서 체벌이나 가하던 선생님이거나 대학 시절 도서관 밖을 소란스럽게 만들던 운동권 학생들에 지나지 않았다. 이인화 자신이 이렇게 턱없이 모자란 자신의 불행 지수를 모를 리가 없으니, 이런 인식은 언제나 콤플렉스가 되어 그의 주변을 떠돈다. 예를 들어 '그런 것은 소설 속에서 다 할 수 있다.'는 식으로 말하는 이인화의 반대편을 유심히 보면 '이런 것도 소설 속에서 할 수 없었다.'고 말하는 또 다른 이인화가 악몽처럼 서 있는 것이다. 다시 말해 그 분열의 대상이 아버지였던 이문열과 달리 이인화에게 그 대상은 바로 이인화 자신이다. 이인화는 부정적 이인화와 긍정적 이인화를 분열시켜서 전자를 망각하고 후자를 이상화한다. 특히 데뷔작에 해당하는 『내가 누구인지 말할 수 있는 자는 누구인가』라는 작품에 대한 평문을 자신의 본명인 류철균으로 직접 쓴 치기는 확실히 이런 분열적 자기 인식의 일단을 드러내 보이는 행위였다.

여기에서 이인화의 판타지가 가진 위험성이 드러난다. 그나마 구체적인 아버지의 흉터를 보존한 이문열과 달리 이인화의 상처는 자해의 산물이기 때문이다. 라캉에 따르면 이 자해는 언어의 대체물이다. 언어를 상실한 강박증 환자는 자해를 감행하는데, 이런 행위는 자신의 내부로 투사되는 리비도를 발산하기 위한 수단이다. 즉 자해는 몸 그 자체에 새겨지는 일종의 상징적 '표현'인 셈인데, 이인화의 소설 쓰기가 바로 이런 자해의 모습을 닮아 있다. 그러므로 이인화가 금욕적인 생활을 고집하며 수행의 심정으로 소설을 쓴다는 말은 결코 거짓말이 아니다. 한마디로 이인화의 소설은 지식인의 발언이 무용해진 시대 앞에서 언어의 권위를 세울 수 없게 된 한 영웅주의자의 자해 행위라고 하겠다.

이제 그가 할 수 있는 일은 오직 자신의 판타지를 극대화해서 자기 자신을 숭배하는 일뿐이다. 이런 맥락에서 이인화가 박정희를 숭배하게 되는 과정도 긍정적 이인화를 이상화함으로써 가능했다고 볼 수 있다. 『인간의 길』은 다른 그 무엇도 아닌 긍정적 이인화의 판타지 자체이기 때문이다. 그러나 이런 개인적 차별성을 감안하더라도 이문열과 이인화의 현실을 지탱하는 '보수성'은 자신의 판타지를 보전하려는 편집증-분열증의 산물이라는 점에서 일정한 공통점을 갖는다. 따라서 이들의 입장에서 보자면 그들의 판타지─말하자면 그들의 이상─를 비판하는 시끄러운 목소리는 그들의 고고한 세계를 이해하지 못하는 한낱 싸구려 상술에 불과한 것이다. 물론 이들의 판타지는 그 본래적인 정태성 때문에 항상 위기감에 휩싸일 수밖에 없다.

정작 이들이 느끼는 위기감은 이문열의 표현처럼 무슨 홍위병의 망동 때문에 혹은 이인화의 발언처럼 영웅을 몰라보는 우매한 식자들 때문에 초래되는 것이 아니다. 이 불안은 바로 자본주의의 운동 그 자체에 내재한 비인간성에서 기인하는 것이다. 그러므로 실제로 이문열과 이인화가 자신의 보수성을 본격적으로 강화하고 드러내기 시작했던 때가 자본주의적 합리화가 한국의 문화 판도를 재편하던 시기와 일치함을 상기해볼 필요가 있다. 그렇다면 도대체 그때 무슨 일이 한국에 일어났던 것일까?

1990년대로 접어들면서 특기할 만한 상황은 본격적으로 한국의 출판 사업이 문화산업의 일환으로 재정비된 것이고, 이에 따라 소설이 더 이상 예전처럼 '순수 예술'로서 남아 있을 수 없게 됐다는 점이다. 한국처럼 '순수' 문학과 '상업' 문학의 구분이 애매한 조건에서 출판의 문화산업화는 문단이라는 제도 자체를 문화상품 생산의 공장으로 만드는 급격한 변동을 수반했다. 김진명의 『무궁화꽃이 피었습니다』나 이우혁의 『퇴마록』을 문학도 아니라고 비판하던 작가들과 평론가들이 이에 못지않은 작품을 생산하고 이런 작품들에 자신의 비평문을 선전 문구 삼아 게재하기 시작한 것도 앞서 거론한 변화의 실체를 보여주는 것이다. 물론 이런 변화는 작가 개개인의 타락이나 평론가의 양심 문제와 별반 관련이 없는 것이다. 오히려 상품의 미학화와 미학의 상품화라는 자본주의 고유의 쌍두마차가 이제는 미학의 영역에서 가장 근본적인 '문학'의 영역으로 진입했다는 현실을 이 현상은 웅변할 뿐이다.

현대 소비사회의 특징은 인간의 휴식이나 인격 같은 산업 사회의 기준으로 보자면 개인적 권리나 소양의 문제에 속했던 것들도 상품화해버리는 데 있다고 하겠다. 이미 휴가 산업은 낯선 말이 아니게 됐고, 뚱뚱하면 '추한 사람' 또는 '자기 관리를 못하는 사람'이라는 관념을 유포하는 다이어트 상품처럼 '인격'을 주된 판매 전략으로 삼는 경우도 허다한 실정이다. 하물며 '종교 장사'니 '대학 장사'란 말이 나올 정도가 됐으니, 무엇이라고 한들 상품 전략과 무관하다 할 수 있을 것인가?

아도르노가 비판했던 문화산업은 예술의 산업화와 동시에 산업의 예술화가 진행되는 것을 의미한다. 다시 말해 산업 자체가 예술이 되는 것이다. 백화점이 박물관이나 도서관처럼 되고, 쇼핑몰이 극장이나 공원처럼 되는 현상이 공공연하게 일어난다. 사람들은 이제 백화점이나 쇼핑몰에 단순히 물건을 구매하러 가는 것이 아니라 휴식을 취하거나 오락거리를 얻기 위해서 간다. 이런 상황이 바로 문화적 이상과 관념의 세속화를 부추기게 되는데, 이 같은 세속화의 과정에서 속절없이 스러져 가는 이상과 관념을 유지하고 지키자는 쪽이 당연히 보수의 편에 서는 것이며, 이런 세속화를 변증법적으로 보고 이를 최소한 긍정적 현상으로 파악하는 쪽이 진보의 편에 서게 되는 것이다. 그러나 보수의 편에 선 사람들은 대개 이런 체제 변화의 실체를 인식하지 못한 채 현상적 관찰에만 매달려, 세속화 자체가 변화의 긍정적 속성을 인정하는 사람들 때문에 초래된다는 궤변을 펼치게 되는 것이다.

이런 보수화의 과정을 살펴볼 또 하나의 예를 페미니즘에 대한 이문열의 적대 의식에서 찾아볼 수 있다. 레이첼 보울비는 쇼핑을 '발명'으로 부르면서 백화점의 등장을 현대 문화의 전환적 국면이라고 설명하는데, 이제 사람들은 전례 없이 '소비자'로 불리게 됨으로써 예전과 전혀 다른 차원에서 상품을 대하게 됐다는

것이다.[20] 물론 이런 소비 사회의 등장에 소비자로서 전략적으로
상징화됐던 여성의 이미지가 한몫을 했던 것은 역사적 사실이다.
　보울비의 주장에서 흥미로운 점은 근대 자본주의를 구성했던
이분법적 대립 쌍이 이 과정에서도 남녀에 대한 편견으로 그대
로 나타났다는 것인데, 남성은 노동, 이성, 실용성으로 정의된 반
면, 여성은 휴식, 감성, 본능으로 규정됐다는 사실이 이를 잘 말
해준다는 것이다. 그러나 이런 이분법은 세계대전을 거치며 여
성의 이미지가 현모양처에서 커리어 우먼으로 바뀌면서 전혀 다
른 양상을 보여주게 된다. 전시 체제에서 확대된 여성의 노동력
은 전후 여성의 사회 진출을 가속화했으며, 이런 양상은 서구 페
미니즘 운동을 가능하게 했던 사회적 조건을 형성했던 것이다.
『선택』을 통해 페미니즘에 언성을 높였던 이문열의 시대착오는
좌파적 평가에 따라 규정되는 것이 아니라 이처럼 자본주의 전개
자체에 대한 거부감이 우회적으로 표현된 것이라는 심층적 이해
를 통해 폭로될 수 있다.
　우리는 여기에서 이문열과 이인화의 우울증이 자연스럽게 파
시즘적 판타지로 연결될 가능성을 충분히 확인할 수 있다. 히틀
러가 자본주의에 대한 독일 국민의 불안을 역이용해서 나치즘을
주창했던 그 심리 상태를 이문열과 이인화의 보수성에서 발견하
는 것은 그렇게 어렵지 않다. 천만다행인 것은 이들이 떠받들어
줄 그 '영웅적' 정치가 아직 나타나지 않았다는 정도일 것이다.
그러나 여기에서 또한 이문열과 이인화의 차별성이 강화된다. 이

20　Rachel Bowlby, *Just Looking: Consumer Culture in Dreiser, Gissing and Zola*, London: Methuen, 1985, pp.18~20.

문열이 지키고자 하는 그 무엇은 이미 종적을 감춘 지가 오래지만, 이인화는 사라진 그 무엇을 지키고자 하는 것이 아니라 지켜야 할 그 무엇을 만들려고 하기 때문이다. 이런 그의 뜻이야 그 아버지에 그 아들이라고 불릴 만큼 가상한 것이지만 정작 소설 속에서 모든 것을 할 수 있는 소설가가 소설 밖에서 할 수 있는 일은 거의 없다는 것을 그도 모를 리 없을 것이다. 이런 맥락에서 이문열보다 이인화는 더욱 강박적이며, 그래서 더욱 위험한 인물이라고 하겠다.

클라인의 이론을 원용한 이런 분석은 이문열과 이인화의 판타지에 대한 대안적 비판의 길을 열어준다. 그러나 여기에 머문다면 우리는 이문열과 이인화가 왜 보수주의자를 자처하는가 하는 질문에 대한 근본적 답을 내릴 수가 없다. 중요한 의문은 과연 이런 자본주의적 전개 과정이 어떻게 이들의 보수성을 강화하고 이데올로기적 빌미를 제공하는 것일까 하는 질문이기 때문이다.

라캉의 입장에서 본다면 판타지에 대한 클라인의 고찰은 상상계에 머물러 있다. 라캉에게 판타지는 "의미화의 구조 내에서 작동하는 이미지 세트"[21]로서, 판타지의 이미지들은 영화의 정지 화면처럼 얼어붙어 의식과 무의식에 각인된다. 이런 주장에 따르자면 판타지는 상징계에 속하는 것이다. 그런데 판타지는 언제나 외상에 대한 방어의 성격을 갖는다. 판타지의 위기가 보수성으로 연결될 수 있는 기미를 여기에서 발견할 수가 있다. 방어의 수단이 사라진 채 그대로 상처가 노출됐을 때 개인은 극심한 존재론

---

21 Jacques Lacan, *Ecrits: A Selection*, (trans. Alan Sheridan) London: Routledge, 2001,
    p.272.

적 위기감에 휩싸이게 되기 때문이다. 그렇다면 이런 위기의 과정이 어떻게 자본주의적 합리화와 맞물려 진행될 수 있을까?

라캉은 『개인의 형성에 영향을 미치는 가족 콤플렉스』에서 오이디푸스 콤플렉스의 역사성을 논의하며 부르주아적 핵가족화가 개인의 형성에 미친 영향을 언급하고 있다.22 라캉에 따르면 부르주아적 핵가족화는 서로 분리되어 있던 이상적 에고와 금지적 슈퍼에고를 하나로 통합하는 역할을 했다. 프로이트가 밝힌 대로 이런 이상적 에고는 '토템'으로, 금지적 슈퍼에고는 '금기'로 발현되는 셈인데, 이런 공시성과 통시성의 변증법으로 유지되던 가족 구조를 부르주아적 핵가족화가 파괴해버린 것이다. 라캉은 이런 통합이 부르주아적 개인주의의 창조성과 역동성을 가능하게 만든 원동력인 동시에 일종의 재현 체계라고 할 수 있는 오이디푸스 콤플렉스 자체를 위기에 빠트리는 역할을 했다고 말한다. 내가 앞서 말했던 자본주의의 전개에 의한 재현의 위기란 바로 이런 측면도 명백히 포함하고 있는 것이다. 이상적 에고와 슈퍼에고의 이런 통합은 아버지의 형상으로 이루어진다. 그러나 이미 '토템'의 숭배가 사라진 핵가족의 조건에서 이상적 에고가 현실의 아버지에게서 판타지를 구성해내기는 불가능한 일이다. 이런 방식으로 현대의 핵가족 사회에서 앞서 언급했던 '아버지의 부재'가 현실화된 셈이다.

이런 분석틀을 이문열과 이인화에게 적용해본다면 아주 흥미로운 결과를 얻을 수 있다. 왜냐하면 앞서 살펴본 라캉의 주장은

---

22 Jacques Lacan, *Les complexes familiaux dans la formation de l'individu*(1938), Paris: Navarin, 1984; Slavoj Zizek, *Ticklish Subject: The Absent Centre of Political Ontology*, London: Verso, 2000, p.313. 재인용.

이문열과 이인화에서 공통적으로 드러나는 '가문家門 집착증'을 설명해주는 훌륭한 근거가 되기 때문이다.

위의 분석틀에 근거하자면 이문열과 이인화의 가문 숭배를 단순히 개인적 취향으로 평가할 이유가 없어진다. 이들의 가문 집착증은 나름대로 논리를 갖춘, 위기 상황에 대한 방어적 대책이기 때문이다. 이문열이나 이인화가 함재봉의 보수주의와 나란히 설 수 있는 이유가 바로 이것이다. 이들이 당당하게 자신들을 '진짜' 보수주의자라고 밝힐 수 있는 까닭도 여기에 있다. 간단히 말해 이들의 주장이 상당한 설득력을 가지고 한국 사회의 지식계를 파고들 수 있는 것은 이상적 아버지의 형상을 붕괴시키는 자본주의적 리얼리티가 엄연히 존재하기 때문이다. 이런 현실 자체가 소설 『아버지』를 베스트셀러로 만들고, 전국 각지에 단군상을 건립하게 하고, 무너진 가장의 권위를 다시 세워주자는 캠페인을 벌이도록 했던 것이다. 이런 점에서 이문열이나 이인화가 말하는 가문은 앞서 말한 토템적 숭배의 아버지를 상징하는 것에 지나지 않는다. 그러나 과연 이런 상징의 아버지가 철의 규율에 따라 움직이는 자본주의의 종결 없이 가능한 일이겠는가?

흥미롭게도 이문열이 감히 아버지의 부재를 자본주의의 탓으로 돌릴 수 없는 한계를 이인화는 이미 넘어서 있다. 이인화는 이와 같은 아버지의 죽음을 자본주의의 '만행蠻行'으로 이해하기에 이른바 '동아시아 담론'을 주창하는 것이다. 따라서 '홍위병'이라는 상징을 통해 '군중 심리'를 경계하는 이문열보다 이인화는 더욱 파시즘에 친화적인 인물이라고 할 만하다.

물론 이런 가문 집착증은 이문열과 이인화의 보수성을 증명하는 하나의 사례에 불과하다. 정작 문제는 무엇 때문에 이들이 보수성을 선택하게 되는 것인가에 대한 궁금증이다.

서론에서 언급했던 욕구와 요구 그리고 욕망의 관계를 통해 이들의 보수성을 분석해보면, 기본적으로 이문열과 이인화의 보수성은 요구의 좌절에 따른 욕망의 결과물이라고 볼 수 있을 것 같다. 이들은 "당신이 나를 사랑하니까 젖을 주세요." 하고 말하는 단계를 지나 있는 것처럼 보이지만, 그렇다고 해서 이런 요구의 작동에서 완전히 자유롭지는 않은 것처럼 보인다. 이문열에 비한다면 이인화의 요구는 거의 욕망과 구별이 가지 않는 것처럼 보인다. 그러나 겉으로 보이는 것과 달리 이인화 역시 이 요구의 차원에서 여전히 신호를 보내고 있다.

이인화는 이문열을 옹호하기 위해서 "소설가는 중립의 자리에서 발언한다."고 주장한다. 대개 요구에 사로잡힌 사람은 중립적인 것을 개인적인 것으로 받아들인다. 이른바 '인정認定 투쟁'이나 사회적 질투의 기원은 바로 이런 요구의 차원에서 이뤄진다. 이문열을 옹호하는 이인화의 동기가 여기에서 출발한다는 사실을 우리는 어렵지 않게 깨달을 수가 있는데, 그러므로 이인화의 요구는 이문열의 요구보다 더욱 구체적인 대상을 가지고 있다. 이인화에게 그 대상은 이문열이다. 이문열은 이인화에게 상징계의 '규칙'을 만들어주는 '아버지의 이름'이다.

더욱 재미있는 것은 이인화가 이렇게 요구의 차원에 머물러 있는 자신의 바람을 자각하고, 이 요구의 차원을 욕망으로 넘쳐흐르게 하고자 분투하고 있다는 사실이다. 자신의 연구실에 간이 침대까지 마련해놓고 금욕적 생활을 고수하며 소설을 쓰는 그의 태도가 이런 사실을 증명해준다고 생각할 수 있다. 이인화는 이 요구의 차원을 욕망의 차원으로 '승화'시키기 위한 수단으로 소설을 사용하고 있는 것이다. 그러나 이인화가 발현하는 자기 숭배의 나르시시즘과 보수성은 그의 소설 쓰기에서 서로 상충한다. 왜냐하면 자기 숭배의 나르시시즘은 여전히 요구의 차원에서 제기되는 것이기 때문이다. 이인화가 이문열보다 덜 비극적이면서 훨씬 희극적인 까닭은 이런 딜레마로 인한 것이다.

13. 유승준과 황석영

유령 아버지는 어떻게 아들을 찾아오는가?

유승준은 과연 병역기피를 위해 미국 영주권을 취득했는가? 그러나 이런 질문에 대한 답변의 사실 여부를 떠나서 유승준은 이미 '병역기피를 위해 미국 영주권을 취득했다.'는 결론에 도달해 있다. 유승준을 아끼는 사람들은 이런 결론을 '여론 재판'이라고 생각할 것이다. 실제로 유승준에 대한 대중의 공격은 명백히 '인권'의 위협이며, '프라이버시'의 침해일 수 있다. 여기에 곁들여 정부까지 팔뚝을 걷고 유승준을 '국가의 이익에 반하는 자'로 과감하게 정의해버림으로써 국민을 대신해 복수를 가하는 듯한 인상을 풍겼으니, 개인에 대한 무지막지한 국가의 폭력으로 이 사건을 규정한다고 해도 크게 잘못될 것은 없을 터이다.

그러나 이렇게 명쾌한 결론을 내릴 수 있는 유승준 사건을 두고 우리는 곤혹스러움에 빠져들 수밖에 없다. 민족이나 국가의 입장에서 본다면 유승준은 친일파 못지 않은 파렴치한이다. 그는 자신의 이익을 위해서 국가를 배신한 것이나 마찬가지기 때문이다. 그러나 개인의 입장에서 본다면 유승준은 자신에게 주어진 선택을 한 것밖에 아무런 죄가 없다. 따라서 이 사건은 겉으로 본다면 단순한 국가주의와 개인주의의 대립처럼 보이지만, 결국 그 속내를 들여다보면 더 복잡한 사연들을 숨기고 있음을 깨달을 수가 있다.

이런 맥락에서 유승준 사건은 우리에게 한국 사회의 딜레마를 정확하게 재현해 보여준다. 앞서 말했듯이 이런 딜레마는 한국의 민족주의가 아버지이기는 아버지이지만 오래 전에 살해되어 유령으로만 현신하는 아버지라는 사실에서 기인한다. 유승준을 비판하는 쪽이 이 유령 아버지를 다시 살려내는 것을 정의라고 믿고 있다면, 유승준을 옹호하는 쪽은 유령 같은 것은 빨리 구천으로 되돌려 보내야 현실적으로 이익이라고 믿는 셈이다. 그러나 엄연히 이 유령 아버지의 복수가 유승준이라는 한 가수의 사회적 생명을 끊어버렸다는 사실에서 확인할 수 있듯이 후자의 주장은 별로 실천력을 가질 수 없다. 유령 아버지는 사라지는 것이 아니기 때문이다. 물론 이를 '후진 한국 문화' 탓으로 쉽게 돌려버리고 '조선놈은 역시 안 돼.'라는 주술을 다시 외우는 것도 하나의 해결책이 될 수 있겠지만, 어디까지나 이런 해결책은 유승준 사건을 발생시킨 구조의 뿌리를 들여다볼 수 없다는 점에서 무기력할 뿐이다.

유승준의 실수는 한국 민족주의의 실체를 간과함으로써 일어났다. 한국의 보수주의는 친일파에서 친미파로 이어지는 과정에서 성립된 이분법적 냉전 구도의 산물로서, 서구에서 말하는 '민족적' 보수주의가 아니다. 특이하게도 한국은 보수주의자일수록 반민족적이며 반국가적이다. 게다가 한국의 보수주의는 민족주의보다 '자유주의'에 더욱 집착하는 듯한 양상을 보였다. 물론 이 '자유주의'는 강준만이나 유시민이 주장하는 자유주의와 차원이 다른, 오직 '공산주의'와 대립함으로써만 의미를 획득하는 개념이다. 이런 까닭에 한국의 보수주의자들은 민족주의자들이라기보다 오히려 반공주의자들로 이해되어야 한다. 『조선일보』의 경우에서도 확인되듯이 이들은 적극적으로 미국 중심의 지구화에 동의함으로써 민족주의 자체를 '반공'이라는 상상적 관계로 억압하는 것이다. 민족주의 자체가 좌절된 유토피아적 이데올로기로 잔류하고 있었던 까닭에 반공주의가 민족주의나 애국주의로 혼동됐던 것이다. 말하자면 민족주의의 실패로 비어 있던 집단적 서사의 자리를 반공주의가 차지하고 들어섰던 셈이다. 특히 박정희 정권 시절 이루어진 '압축 근대화'는 선진국이라는 유토피아를 향해 집단적 열망을 투사함으로써 일치단결을 이루어낼 민족 로망스가 필요했다.

이런 집단적 유토피아의 열망을 매개하는 로망스의 역할을 했던 것이 반공주의와 기독교였다. 물론 큰 맥락에서 보자면 한국의 반공주의 담론은 기독교에서 수사적 방법론을 부여 받은 것이기도 하다. 공산주의자들을 '사탄'이나 '악마'로 상징화하는 데 동원됐던 가장 훌륭한 서사가 바로 기독교였기 때문이다. 두말할 나위 없이 반공주의와 기독교의 행복한 화합은 가상의 적을 악으로 규정하기 위한 로망스의 창안을 위해 가능했던 셈이다.

황석영의 소설 『손님』은 반공주의와 기독교의 서사가 어떻게 훌륭한 유토피아적 로망스로 결합할 수 있었던 것인지를 명확히 보여주는 작품이다. 고미숙은 『한국의 근대성, 그 기원을 찾아서』에서 황석영의 소설이 '민족이라는 공통의 기저' 위에서 마르크스주의와 기독교를 '손님'으로 규정하고 있다고 분석한다.[23] 물론 황석영의 소설이 전제하는 '손님'은 명백히 외래 사상에 대한 알

---

23 고미숙, 「한국의 근대성, 그 기원을 찾아서」, 책세상, 2001, 26쪽.

레고리로 볼 수 있기 때문에 고미숙의 문제 제기가 완전히 틀렸다
고는 할 수 없을 것이다. 그러나 황석영이 이 소설에서 설정한 문
제틀은 외세와 민족이라는 이분법적 대립 구도가 아니다.

내가 볼 때 이 소설은 '민족'을 볼모로 서사를 전개하는 것이 아
니라 오히려 역설적으로 그것의 부재를 보여주는 작품이다. 가족
상봉을 돕는 '지도원'은 '우리'의 분열과 대립을 "모두 외세의 탓
이라고 해둡세다."라고 류요섭 목사에게 말한다.24 이 지도원이
설정하는 '우리'는 분명 외세와 대척점에 위치하는 '민족'이다. 그
러나 『손님』에서 '우리'는 '민족'과 겹치기도 하지만, 겹치지 않기
도 한다. 예를 들어 류요섭과 더불어 중립적 인물로 설정된 소메
삼촌의 말은 겹치지 않는 '우리'를 다음과 같이 드러낸다.

> 그때 우리는 양쪽이 모두 어렸다고 생각한다. 더 자라서 사람 사
> 는 일은 좀더 복잡하고 서로 이해할 일이 많다는 걸 깨닫게 되어
> 야만 했다. 지상의 일은 역시 물질에 근거하여 땀 흘려 근로하고
> 그것을 베풀고 남과 나누어 누리는 일이며, 그것이 정의로워야
> 하늘에 떳떳한 신앙을 돌릴 수 있는 법이다. 야소교나 사회주의
> 를 신학문이라고 받아 배운 지 한 세대도 못 되어 서로가 열심당
> 만 되어 있었지 예전부터 살아오던 사람살이의 일은 잊어버리고
> 만 것이다.25

이런 진술은 여기에서 표현되는 '우리'가 단순하게 '민족'이라는

---

24 황석영, 『손님』, 창작과비평사, 2001, 91쪽.

25 황석영, 같은 책, 176쪽.

상상적 공동체를 의미하지 않는다는 것을 증명한다. 『손님』에서 '우리'란 "늘상 코를 맞대고 한 집에서 살기도 하고 들이나 산에서 일두 같이 하구 천렵을 나가 고기 잡아 어죽도 같이 끓여먹구 함께 발가벗구 헤엄도 치구, 하여간에 소싯적부터 사타구니에 거웃이 날 때까지 한마을에서 뒹굴어온 놈들"이다.26 이런 '우리'가 서로를 죽여대는 살육의 '가해자들'이 된다. 소매 삼촌의 말대로 모두가 '가해자들'로서 태를 묻은 고향 땅을 피로 물들이고 죽을 때까지 찾지 못할 곳으로 만들어 놓은 것이다.

단순하게 생각하면 황석영의 『손님』은 종전에 즐비했던 이야기 구조, 즉 이념 때문에 서로에게 총질을 했던 과거사를 반성하고 다시 화해와 상생의 길로 간다는 지극히 단순한 이야기를 차용한 것처럼 보인다. 그래서 모든 잘못을 그 이념이라는 '손님'의 탓으로 돌리고, '우리'는 죄가 없다는 위안을 제공하기 위한 소설로 이해될 수도 있을 것이다.

그러나 과연 그러한가? 이 소설이 차용한 이런 진부한 이야기 구조를 한층 더 깊이 파고 내려가면 우리는 뜻밖의 사실에 직면하게 된다. 만약 이 소설이 이념을 떠나서 우리끼리 잘 살아보자는 지극히 민족주의적 주장을 펼치고 있는 것에 불과하다면 황석영은 굳이 류요섭이나 소매 삼촌을 일종의 '영매'로 내세울 필요가 없었을 것이다. 게다가 이렇게 복잡한 분절적 서사 구조를 도입하지도 않았을 것이다. 진정 황석영이 관심을 가진 것은 민족을 매개로 모든 모순을 상상적으로 해결하는 것이 아니라 오히려 이 유토피아적 상상의 관계 아래 감춰진 균열된 상징의 등록들을 추적

---

26 황석영, 같은 책, 124쪽.

하는 것이었다. 그래서 그는 이 상상적 관계의 균열 위에 위치한 류요섭과 소메 삼촌을 중심적 화자로 설정했던 것이다.

안이한 추측과 달리『손님』은 당원인 동시에 기독교인인 소메 삼촌을 통해 추상성을 떠난 현실의 모순이 어떻게 존재할 수 있는 것인지 역설적으로 보여준다. 황석영은 모든 것을 '외세' 탓으로 돌리는 '지도원'의 말에 동의하지 않는다. 모든 잘못을 '주인'인 우리가 아니라 '손님'인 마르크스주의와 기독교의 탓으로 돌림으로써 현실 모순을 은폐할 수 있는 손쉬운 길을 택하지 않는다.

리얼리스트답게 황석영은 복잡한 리얼리티에 총체적으로 접근할 수 있는 새로운 서사 구조를 창안하기 위해 고군분투했다. 그러므로 황석영이 관심을 가진 것은 '민족'이 아니라 그 아래 감추어진 '진실'이었던 것이다. 이런 까닭에 라캉의 원리에 입각해서 본다면『손님』은 '나'와 '우리' 그리고 '민족'을 잇는 상상적 관계를 해체해서 보여줌으로써 '민족'의 부재 자체를 말해주는 소설이다. 다시 말해『손님』이 우리에게 말하는 것은 오히려 이 모든 것이 '우리'의 탓이라는 '진실'인 것이다. 소메 삼촌이 류요섭에게 이야기하는 것도 바로 이것이다. '외세'나 '이념'으로 잘못의 책임을 돌리지 말고 이런 끔찍한 비극을 저지른 당사자들이 바로 '우리'라는 사실을 인정하자는 것, 그래서 주체의 분열을 인정하고 겸허하게 차이를 받아들이자는 결론을『손님』은 내리고 있다. 따라서 황석영의『손님』은 '우리'를 '민족'의 거울 이미지로 투사하는 것이 아니라 오히려 '민족'이라는 상상적 공동체를 빠져나가는 '우리'라는 분열된 주체를 담담하게 드러내 보이는 것이다. 이 과정을 통해『손님』은 유토피아적 충동과 매개되는 개인적 판타지와 이데올로기의 실체를 그려 보인다. 그러므로 정확하게 이런 맥락에서 이 소설은 선뜻 민족주의 소설이라는 딱지를 붙일 수가 없는 것이라고 하겠다. 『손님』은 오해와 달리 명백하게 민족주의 자체와 대결하는 서사를 만들어 내고 있기 때문이다.

황석영의 『손님』을 통해 우리는 민족주의 담론을 통해 은폐된 '우리'의 분열을 확인할 수가 있는데, 이런 현실이 유승준 사건을 표면으로 솟아오르게 만든 원인을 내포한 셈이다. 유승준 사건은 단순히 '병역 문제'라는 좁은 테두리에서 발생한 것이 아니라 '민족'이라는 허구적 이미지의 정체가 폭로됨으로써 튀어나온 것이다. 즉 이 사건은 '민족'이라는 상상적 이미지에 가려져 있던 흉측한 실재의 얼굴이 드러난 것에 불과하다. 사람들은 유승준을 통해 '민족'이라는 아버지의 존재를 확인 받고 싶었던 것인데, 그는 보기 좋게 이 아버지의 부재를 증명해버린 것이다.

한국인에게 '민족'은 좌절된 유토피아적 희망의 이미지로 고정된 것으로, 쉴 새 없이 이데올로기의 수맥을 타고 아버지의 이름으로 호명되고 있다. 이런 까닭에 사람들은 당연히 분노할 수밖에 없었다. 토템의 아버지를 충실히 숭배했다고 믿었던 사람들은 순간 이 아버지가 이미 오래 전에 살해 당한 채 유령으로 떠돌고 있을 뿐이라는 사실을 깨닫고 일순 혼란에 빠지게 됐던 것이다. 한마디로 유승준은 민족이라는 아버지의 이름을 통해 분열을 수습하고자 했던 한국인들의 유토피아적 희망을 외면한 것이다. 이 혼란을 수습하기 위해 사람들은 아버지의 건재를 확인하는 제의를 올리는 중이라고 할 수 있는데, 이 제의에서 제물은 당연히 유승준이다. 유승준은 이런 운명을 자초했다고 할 수 있다. 처음에 병역 문제가 제기됐을 때 유승준은 떳떳히 자신의 입장을 밝히고 대중과 대결했어야 했다. 그러나 유승준은 오히려 대중의 아버지 숭배를 이용해서 자신의 위치를 더욱 공고화하고자 했다. 이런 태도가 명백한 실수였던 것이다. 최소한 자신이 '상품'이 아니라 '가수'라는 사실을 인식했다면 유승준은 오늘 같은 사태를 막을 수 있었을 것이다. 그러나 유승준은 스스로 상품화의 메커니즘에 안주함으로써 자신의 희생을 준비하고 있었던 셈이다.

황석영의『손님』은 민족 로망스를 중심으로 회전하는 한국 사회의 판타지를 피해 갈 수 있는 하나의 길을 제시한다. 그 길은 바로 '민족'과 겹치지 않는 '우리'를 인식하는 것이다. 따라서『손님』의 '우리'는 분열된 주체의 덩어리를 말한다. 달리 말하자면『손님』의 우리는 매끄러운 표면으로 뭉쳐진 '민족'이라는 이미지가 아니라 각기 다른 주체들의 '총체'인 셈이다.

이 주체의 총체를 황석영은 분절적 서사를 통해 로망스 구조를 해체하면서 보여준다. 작은 서사들이 모여 큰 서사를 이루는 방식을 채택함으로써, 황석영은 판타지를 효과적으로 걷어내고 진실에 육박할 수 있는 길을 증언한다. 이런 길을 알 도리가 없었던 유승준에게 현실은 너무 가혹했던 것일까? 쉽사리 자신을 민족 로망스에 일치시킴으로써 유승준은 스스로 만든 함정에 빠질 수밖에 없었던 것이고, 이제 와서 방향을 선회했지만 이미 늦은 일이 되고 말았다. 대중은 복수를 준비했고, 유승준은 그 복수의 칼을 맞았기 때문이다.

우리는 이 사건을 계기로 다시 한번 한국 문화에서 민족이라는 코드가 유토피아적 집단 이데올로기와 접속되는 순간을 발견할 수 있다. 유승준과 대비되어 훨씬 '남자다운' 인물로 차인표가 부각되는 것에서도 이런 사실을 확인할 수 있다. 남자답다는 것은 두말할 나위 없이 아버지다움을 암시하는 것이므로.

마치 햄릿처럼, 살해된 아버지를 위해 아들이 할 수 있는 일은 한 가지 뿐이다. 바로 아버지의 이미지와 자신을 일치시키며 아버지의 복수를 하는 것. 아버지를 거역한 유승준을 비판함으로써 사람들은 아버지의 부재를 훌륭히 견디는 아들로 자신을 재확인할 수가 있는 셈이다. 유승준은 이런 집단적 일치를 위한 희생양으로서 사용되고 있을 뿐이다. 이런 까닭에 언제나 유토피아적 희망을 동력으로 삼는 민족 로망스는 한국 문화를 움직이는 거대 서사로서 여전히 작동하는 것이다.

제4장

문화는
적대이다

14. 〈친구〉, 현실을 우회하는
한 가지 방법

본질적으로 서사는 리얼리티를 거울처럼 반영하지 않는다. 언어는 리얼리티를 폐쇄함으로써 스스로 거울이 될 뿐이다. 이런 언어의 폐쇄 전략 때문에 리얼리티는 상징적으로 왜곡되어 서사에 기록된다. 서사는 새로운 리얼리티의 충격을 자신의 언어 체계 속에 기록하거나 등록하면서 영역을 확장하는 것이다. 고급 예술과 저급 예술은 보통 이런 상징화의 정도에 따라 운명을 달리한다. 따라서 하나의 작품을 놓고 예술성을 논한다는 것도 그 자체로 의미심장한 일이기는 하겠으나, 이제는 더 이상 예전처럼 예술성 자체가 리얼리티라는 손쉬운 결론에 도달할 수가 없게 되는 것이다.

이런 맥락에서 예술성을 곧 리얼리티로 인식하던 종래의 미학관은 이제 우리를 작품으로 인도하는 올바른 지침이 될 수 없다. 실제로 예술성을 리얼리티로 인식하는 것, 다시 말해 최고의 예술 작품은 현실 그 자체라는 믿음은 모더니즘에서 절정을 이루었다. 그러므로 예술가가 거의 중세의 순교자와 동일하게 취급됐던 당시의 분위기는 충분히 이해되고도 남는 것이다. 물론 이런 동일률적 미학의 한계를 극복하고자 했던 버지니아 울프 같은 모더니스트들도 존재하긴 했지만, 대개 이들은 현실의 언어적 체계를

그대로 서사에 복제함으로써 리얼리티를 인식할 수 있다는 믿음
에서 크게 벗어나지 못했다.

당연히 고급 예술일수록 리얼리티는 더욱 고도로 은폐되어 있
는 것인데, 따라서 이런 상징화가 대체로 느슨한 이른바 B급이라
고 불리는 작품에서 리얼리티는 더욱 거침없이 드러난다. 이런 점
에서 보자면 한때 한국을 풍미했던 '조폭 영화'의 조폭성 자체는
문화비평에서 훌륭한 논의거리가 될 수 있는 셈이다. 한국 영화의
양대 장르에서 한 축을 담당했던 조폭 영화는 나머지 축에 해당하
는 멜로드라마와 더불어 한국 영화산업의 부흥을 위한 견인차 역
할을 했다. 그러나 앞서 언급했듯이 이런 조폭 영화 붐을 조폭 영
화라는 형식 내에서 찾으려고 한다면 오히려 진실을 놓치는 결과
를 초래할 뿐이다. 오히려 조폭 영화는 그 비어 있는 형식 속에 현
실의 흔적을 은폐하고 있다고 말할 수 있다.

조폭 영화의 상징화 논리를 정확하게 드러내고 있는 영화로
곽경택 감독의 〈친구〉를 꼽을 수 있다. 이 영화를 형식적으로 밀
고 가는 힘은 두말할 것도 없이 노스탤지어다. 이런 맥락에서 이
영화를 향해 쏟아졌던 수많은 비판은 이 노스탤지어의 퇴행적 역
사 인식과 무관하지 않다.

나는 이런 비판이 정당하다는 데 이견은 없다. 그러나 이 영화
의 상징적 형식을 해체해서 그 맥락을 역사화해 보면 이 영화의
노스탤지어가 내재한 본질을 인식할 수 있다는 것이 내 생각이
다. 기본적으로 이 영화의 형식은 준석과 동수를 한 축으로 하고,
상태와 중호를 나머지 축으로 하는 형식 논리로 구성되어 있다.
정작 이 영화를 주도하는 진술은 상태를 통해 이루어지지만, 실
제로 이 영화의 중심을 차지하는 인물은 준석이다. 따라서 이 영

화는 상택의 입장에서 서술되는 준석의 삶에 대한 이야기이다. 준석에게 상택은 유토피아적 존재이며, 자신의 삶을 투사하는 욕망의 대상이다. 그렇다면 동수는 무엇일까? 상택과 진숙을 만나게 해준 준석에게 역시 진숙을 좋아하고 있던 동수의 자기 확인적 질문("내가 니 시다바리가?")은 동수의 실체에 대한 단서를 제공한다. 동수는 준석의 현실 자체이다. 준석의 비극은 이 현실을 그가 회피하고 있다는 사실에서 시작된다.

오랜만에 만난 상택에게 준석은 조폭 생활의 장점을 설파하지만, 상택은 건달은 건달일 뿐이라고 빈정댄다. 준석은 이 사실을 누구보다 잘 알고 있다. 그가 상택을 '친구'로 설정한 까닭은 이 때문이다. 준석에게 '친구'는 현실의 논리가 스며들기 이전의 원형적 삶을 상징한다. 그러나 현실은 동수처럼 끊임없이 이 삶을 파괴하고 관계를 무너트린다. 이런 현실에 대한 메타적 관점을 가진 존재는 상택뿐이다. 준석은 상택을 통해 삶을 초월하려고 하지만, 결국 그가 닿을 곳은 미래가 아니라 '친구'라는 과거일 뿐이다. 여기에서 이 영화는 역설적으로 자신의 형식 논리를 지탱하던 노스탤지어의 무기력함을 드러낸다.

그렇다면 과연 이런 노스탤지어라는 징후를 발현시키는 실체는 무엇일까? 이 지점에서 〈친구〉는 조폭 영화의 비밀을 고스란히 드러내는데, 한마디로 이 실체는 은폐된 현실의 논리, 말하자면 '계급'이다. 현실을 외면한 자에게 리얼리티는 언제나 악몽으로 귀환한다. 준석에게 동수는 악몽이다. 동수를 죽인 까닭을 묻는 상택에게 준석은 "쪽팔려서, 건달은 쪽팔리면 안 되거든." 하고 대답한다. 준석은 상택에게 친구끼리 부끄러울 것도 미안해 할 것도 없다는 말을 해온 터였기에, 이 마지막 대사의 의미는 전체 형식의 논리를 성찰하도록 만드는 위력을 내재한다. 준석은 동수를 '친구'로서 죽인 것이 아니라 '건달'로서 죽였다.—〈넘버 3〉와 달리 〈친구〉에서 건달이라는 말은 부정적 의미로 사용되기에, 이 말은 준석에게 동수가 악몽에 지나지 않았음을 간접적으로 시사하는 셈이다. 다시 말해 동수는 준석에게 더 이상 친구가 아니라 상대편 조직의 조직원이었을 뿐이라는 뜻이다.

이제 준석은 노스탤지어의 무력함을 깨닫고 유토피아적 희망을 접는다. 이런 까닭에 〈친구〉는 친구의 현존이 아니라 그 친구의 부재를 드러내는 역설적 영화다. 물론 이 영화가 이 친구의 부재라는 문제를 정면으로 다루고 있는가의 여부를 논외로 한다면.

〈친구〉를 통해 우리는 조폭 영화가 리얼리티를 효과적으로 은폐하기 위한 형식 논리를 어느 장르 못지않게 잘 갖추고 있음을 간파할 수 있다. 조폭 영화는 겉으로만 본다면 폭력과 의리, 그리고 가부장적 위계 구조를 드러내지만, 실제로 그 밑을 파 내려가 본다면 한국 사회에 은폐된 '노동'과 '계급'을 드러내는 영화라고 할 수 있다. 조폭 영화는 노동의 논리에서 자유로운 '건달'을 등장시킴으로써 잔인한 리얼리티의 법칙을 상징적으로 해결하고자 하는 문화 형식인 셈이다. 다시 말해 조폭 영화에 등장하는 '건달'은 노동하지 않고도 돈을 벌 수 있다는 집단적 환상의 투사 대상이다. 물론 이런 상징적 해결 방식을 은폐로 보고 비판할 이유는 충분히 있다. 그러나 형식과 리얼리티의 관계가 거울과 같은 매끄러운 반영이 아님을 상기한다면 이 은폐를 오직 부정적 측면으로만 볼 필요는 없을 것이다. 궁극적으로 서사와 재현 사이에 존재하는 틈은 이렇게 형식이 내포한 은폐의 전략을 해석의 실마리로 전환할 필요성을 요청한다.

물론 이 말은 단순히 조폭 영화를 '계급 영화'로 봐야 한다는 뜻이 아니다. 오히려 우리는 조폭 영화를 통해 노동과 계급이 은폐되고 계급의식 자체가 역사적 악몽으로 내재한 한국 사회의 실체를 읽을 수 있는 것이다.

이런 까닭에 〈친구〉에 쏟아진 비판은 곧 이 같은 한국 사회의 현실 자체에 대한 비판으로 전환해서 읽어야만 컨텍스트를 획득할 수가 있다. 준석이 갈망했던 '친구'는 계급 이전의 현실로서 노동의 자유를 상징하는 것이었지만, 결국 그는 동수라는 리얼리티를 거부할 수 없었던 것이다. 조폭 영화의 역설은 이처럼 현실에 무력한 형식의 한계, 다시 말해 노동의 자유에 대한 갈망이 오직 상징적 행위로 남아 있을 수밖에 없는 이 악몽의 상황에서 발생하는 것이다. 우리는 조폭 영화를 보며 노동에서 벗어난 자유를 만끽하지만, 영화가 끝나는 순간 다시 그 잊고 싶은 리얼리티로 돌아올 수밖에 없다. 이런 의미에서 한국의 조폭 영화는 발병의 징후를 지시하는 부재의 기표들인 것이다.

15. 지극히 해피하지 않은 〈해피엔드〉

1990년대 후반 한국 영화를 끌고 나간 두 장르는 조폭 영화와 멜로드라마였다. 물론 이런 주류 장르에 대항하는 미세한 노력들도 발견할 수가 있는데, 아예 이런 주류에 대한 관심을 끊고 질주했던 김기덕의 영화 같은 경우가 여기에 해당한다. 그러나 내 관심을 끄는 영화는 이렇게 막가는 영화가 아니다. 막가는 영화가 던지는 충격 또한 일정한 효과를 가지지만, 한국의 경우는 '실험'의 의미 자체가 무의미한 곳이라는 특수성이 엄연히 존재한다. 이 특수성을 '촌스러움'이라고 표현할 수 있겠지만 나는 이 같은 쉬운 결론에 별로 동의하고 싶지 않다. 도대체 무엇에 비교해 무엇이 촌스럽다는 말인가? 이런 촌스러움을 강조하는 분위기는 『딴지일보』나 진중권의 비아냥거림 속에서 많이 발견할 수 있는데, 물론 이들이 표현하는 이 '촌스러움'이란 다양한 현실적 의미를 감추고 있다. 그러나 과연 이와 같은 다양한 현실적 의미가 한국에서 구체적인 해석으로 확장되고 있는지 질문하는 순간 새로운 문제가 우리 앞에 나서게 되는 것이다. 앞서 지적했듯이 이런 현상이 야기되는 까닭은 한국 사회가 외형적으로 근대의 모습으로 포장되어 있다고 할지라도 여전히 부재 원인으로 우리를 압박하는 '오지 않은 근대'에 대한 강박 관념이 존재하기 때문이다. 내가 생각할 때 근대란 사상적이고 문화적인 것이지 결코 물질적인 것이 아니다. 말하자면 근대는 우리에게 유토피아의 다른 말이기도 하다.

1990년대 후반의 주류 장르인 조폭 영화와 멜로드라마를 적절하게 비켜 가면서, 오히려 역으로 이 장르들을 개조하고자 했던 영화로 나는 〈해피엔드〉와 〈텔 미 썸딩〉을 꼽고 싶다. 특히 〈해피엔드〉는 어떻게 영화 형식이 현실적 모순에 대한 상징 행위로 작용하는 것인지를 확인할 수 있어서 흥미롭기까지 하다.

정면에 내걸렸던 선전 문구처럼 〈해피엔드〉는 과연 불륜에 얽힌 치정 살인을 다루는 영화였을까? 단순히 그렇다면 '세기말 치정극'은 밋밋한 유사 추리물일 뿐이었다. 결정적으로 최보라가 무능한 남편 서민기를 버리고 김일범에게 갈 수 없는 이유가 석연치 않기 때문이다. 현실적으로 본다면 최보라는 당연히 낡은 관계를 청산하고 새로운 사랑을 찾아갈 것이다(사실 이것이 1990년대 초반의 형식 논리다.). 감독은 누구라도 문제를 제기할 수 있는 이런 뻔한 허점을 알지 못했던 것일까? 감독이 의도했든 의도하지 않았든, 이렇게 빈약한 개연성은 이 영화가 계산된 알레고리적 배치의 결과임을 짐작하게 만든다. 한마디로 이 영화가 말하는 내용은 영화의 형식 논리 저 너머에서 구성되는 것이다. 따라서 이 영화에서 확인되는 리얼리티는 현실의 그것으로 순수하게 치환될 수 있는 것이 아니라 오히려 매개를 통해 이해될 수 있는 것이다.

도대체 1990년대 초반과 후반 사이에 무슨 일이 일어났는가? 바로 1997년의 경제 위기가 있었다. 말할 것도 없이 〈해피엔드〉는 이 경제 위기라는 리얼리티와 매개된 형식 논리를 보여준다.

이런 리얼리티의 강제에 따라 〈해피엔드〉는 개연성을 버리고 알레고리적 의미 확장을 차용한다. 그렇기 때문에 이 영화의 줄거리가 단순한 것은 당연한 일이다. 기존 장르의 형식성을 그대로 도입하는 것은 그 장르의 관습을 전복하려는 영화에서 즐겨 사용되는 방법이다. 〈사무라이 픽션〉이나 〈용서받지 못한 자〉에서 전통적인 사무라이와 총잡이를 발견할 수 없는 것은 이 때문이다.

그러나 〈해피엔드〉는 기존 불륜 드라마의 통념에 운명을 기대고 있으면서도 그것을 전복하려고 하지 않는다. 도리어 〈해피엔드〉는 불륜 드라마의 진실을 해명하려고 한다. 한마디로 〈해피엔드〉는 불량한 멜로드라마라고 할 불륜 드라마의 형식을 통해 멜로드라마를 침식한다. 이 침식의 과정이 바로 불륜 드라마의 진실을 해명하는 방식이다.

최보라의 남편 서민기는 헌책방과 탑골공원을 전전하며 연애소설이나 읽는 실직자다. 그런데 그의 아내인 최보라는 어떠한가? 성공한 학원 경영인으로서 옛 애인이자 웹디자이너인 김일범과 비밀스러운 정사를 즐기고 있나. 징직 이 영화가 엽기적 추리물로 성공하려 했다면 이 비밀스러운 최보라와 김일범의 관계를 더욱 발전시켜야 했을 것이다. 그래야 서민기의 복수가 더욱 가공스럽고 짜릿했을 것이라는 뜻이다. 할리우드의 문법을 충실히 따라서 그렇게 했더라면 새로운 시대에 대한 구시대의 공격 또는 잔인한 세상에 대한 실직 노동자의 저항이라는 단순하지만 강인한 주제 의식에 훌륭하게 도달할 수 있었을지도 모른다. 사실 이 정도의 주제 의식에 〈해피엔드〉가 만족했다면 이 영화는 유사 정치극이 됐을 법하다. 형식적 대칭 구조를 통해 이미 형성된 이데올로기적 구조를 활용하는 방식을 〈해피엔드〉는 충분히 택할 수 있었다.

그렇지만 〈해피엔드〉는 이토록 쉬운 길을 가지 않았다. 정반대로 이 영화는 최보라가 서민기에게 돌아오려고 하는 것으로 묘사한다. 오히려 김일범의 집착에 최보라는 위협을 느낀다. 왜? 여기에서 〈해피엔드〉는 본격적으로 자신의 정체성을 드러낸다. 서민기는 최보라에게 무엇인가? 학원을 경영하며 잘나가는 최보라에 비해 서민기의 위상은 너무도 초라하다. 이런 위상은 김일범과 비교해봐도 마찬가지다. 세련되고 친절하며 로맨틱한 김일범과 견주어 서민기는 얼마나 멋대가리 없고 무기력한 존재인가?

실제로 이런 설정은 김일범이 웹디자이너라는 측면에서 상당히 의미심장하다. 〈해피엔드〉는 경제 위기 이전에 제작된 〈접속〉의 경우와 대조적인 인물 배치를 보여주기 때문이다. 〈접속〉에서 남녀 관계가 자유와 정착의 변증법에서 후자에 방점을 찍어놓았다면, 〈해피엔드〉에서 이 관계는 전자에 더욱 비중을 두기 때문이다. 〈접속〉이 떠도는 자들의 정착에 대한 요구를 다룬 이야기라면, 〈해피엔드〉는 정착한 자들의 자유에 대한 욕망을 드러내는 이야기인 셈이다. 따라서 〈접속〉은 해피엔딩이지만 〈해피엔드〉는 해피엔딩이 될 수가 없다. 〈해피엔드〉가 욕망에 관한 영화라는 것은 멈추어야 할 때 멈추지 못하는 최보라의 행동에서 밝혀진다. 그러나 흥미롭게도 〈해피엔드〉는 이 욕망에 대해 부정적인 태도를 취한다. 그 부정적 태도를 뒷받침하는 논리는 남편 서민기에 대한 관객의 연민에서 발생한다. 이 연민 덕분에 관객은 서민기와 스스로를 일치시킬 수 있다.

부엌에서 밥을 하고 아내가 출근한 뒤 집안 청소를 하며, 퇴근 시간에 맞춰 놀이방에서 딸 서연을 데려오는 서민기의 모습은

'능력 없는 남자'라는 사회적 통념을 그대로 반영한다. 이 능력 없는 남자에 대해 연민을 보였던 사회가 바로 1997년 이후의 한국이었다. 남편 서민기가 최보라를 죽이는 정당성은 이 연민에 기초한다. 서민기는 왜 최보라를 죽이는 것일까? 요구의 차원에서 서민기는 최보라가 자신을 '충분히 사랑하지 않는다'는 사실을 관객에게 전달함으로써 살인의 명분을 획득한다고 볼 수 있다. 자신이 과연 최보라를 사랑하는 것인가 하는 문제는 서민기에게 중요하지 않다. 정작 서민기에게 중요한 것은 최보라가 자신을 사랑하지 않는다는 사실일 뿐이다. 서민기에게 필요한 것은 '사랑'인 것처럼 보이지만, 실질적으로 그 기표를 걷어내고 본다면 그는 '젖'을 요구하고 있다는 사실을 알 수 있다. 이런 해석을 통해 우리는 최보라를 살해하는 서민기의 행동이 현실적 모순에서 무엇인가를 얻지 못했기에 발생한 것이라는 생각에 도달할 수 있다. 이 영화가 겉으로 봤을 때 개연성 없어 보이는 까닭이 바로 이 때문이다. 간단히 말해 이 영화는 표면을 다루는 것이 아니라 무의식을 드러내는 것을 목적으로 하기 때문이다.

  앞서 지적한 것처럼 요구는 객관적인 것을 주관적으로 받아들이도록 하는데, 서민기의 경우를 놓고 봐도 욕구의 이 같은 특이한 면모가 잘 드러난다. 욕망이란 이 요구에서 욕구가 빠진 나머지기에 보편적인 경향을 가진다. 그러나 요구는 욕망보다 다분히 사적인 차원에서 작동한다. 최보라의 불륜은 사실 서민기의 문제가 아니다. 최보라가 김일범을 사랑하는 것은 서민기와 무관한 일이다. 상식적으로 서민기는 최보라가 다른 남자를 사랑할 권리를 간섭할 수 없는 것이다. 명백하게 이런 중립적 영역을 사적인 권리로 전용하는 것은 범죄 행위다. 따라서 이 영화에서 범죄자는 최보라나 김일범이 아니라 바로 서민기다.

그런데 왜 관객은 이 영화를 범죄적인 영화로 보지 않는 것일까? 오히려 관객은 서민기에게 연민을 보내면서 최보라를 저주한다. 이 집단적 요구의 상태에서 최보라의 기표로 덮인 리얼리티는 무엇인가? 이 리얼리티가 바로 경제 위기라는 현실적 모순이다. 이 모순을 상징적으로 해결하기 위해 최보라는 죽어야만 하는 것이다. 최보라의 죽음은 요구를 충족해주지 않는 현실에 대한 서민기와 관객의 상징적 복수다.

이런 최보라의 상징적 죽음을 설명할 또 다른 측면이 있다. 이 측면은 〈해피엔드〉가 가진 정치적 가능성을 보여준다. 여기에서 우리는 해석을 통해 상징 행위를 넘어가는 서사적 구성을 달성할 수 있다. 실제로 〈해피엔드〉를 지배하는 중요한 모티브는 남편 서민기가 없다면 아내 최보라가 존재할 수 없다는 사실이다.

서민기는 최보라의 일상이다. 이런 사실은 최보라가 김일범에게서 벗어나려고 작정했을 때 여느 때와 달리 집에 돌아와 집안 일을 하는 장면에서 확인할 수 있다. 최보라는 결코 서민기라는 일상을 벗어날 수 없다. 비단 최보라뿐이겠는가? 일상의 반복에 자신을 마모시키며 살 수밖에 없는 것이 자본주의 사회의 인간형이다. 반면에 김일범은 최보라의 일탈적 욕망이다. 최보라는 일상에서 감행하는 탈출을 꿈꾸지만, 그렇다고 해서 완전히 일상에서 벗어나려고 하지는 않는다. 이 지점에서 최보라는 도시 소시민의 계급적 허위의식을 드러낸다. 적당한 일탈을 통해 일상을 강화하고자 하는 이중적 태도가 최보라를 지배하는 것이다.

이런 허위의식을 가지고 있는 한 탈주는 불가능하다. 최보라는 일탈적 욕망이 일상을 훼손하려는 순간에 다시 복귀하려고 한다. 일탈은 지속되면 지속될수록 일상을 파괴한다. 마치 지킬 박사와 하이드 씨처럼 일탈과 일상은 서로 자기 보존을 위해 싸운다. 최보라가 딸 서연에게 수면제를 먹이고 다시 김일범을 만나러 나가는 것은 그의 복귀가 불가능함을 보여준다. 최보라를 일상과 맺어주는 고리가 딸 서연이라고 본다면 이 고리를 파괴시킬 정도로 그의 욕망은 이제 정도를 넘어선 것이다. 한번 맛을 들인 일탈은 쉽사리 일상에 자리를 양보하려고 하지 않는다. 영원한 일탈은 일상의 소멸을 통해 가능하다. 일탈한 자에게 일상이 있을 리 만무한 것이다. 그러나 탈주의 방법을 알지 못하는 최보라는 일상의 폭력 앞에 무너질 수밖에 없다.

 따라서 최보라의 죽음은 또 다른 차원에서 소시민적 중간계급의식을 비판하는 상징적 의미를 내포하고 있다. 최보라가 일상으로 돌아올 수 없다는 사실이 확인되는 순간, 일상의 복수는 시작된다. 그러므로 아파트 베란다에서 하늘로 날아오르는 장명등長明燈을 향해 애처롭게 팔을 뻗어보는 최보라의 모습은 일상의 쳇바퀴를 벗어날 수 없는 인간적 운명의 쓸쓸함을 보여주는 것일지도 모른다. 결국 역설적으로 〈해피엔드〉는 일탈에 대한 일상의 승리라는 현실적 '해피엔딩'을 가리키는 것이다. 말하자면 관객은 서민기와 담합해서 최보라를 살해하지만, 결국 그 최보라를 겨눈 칼이 자신의 심장에도 꽂혀 있음을 발견하고 소스라치게 놀라게 된다고 하겠다. 이것이 전혀 해피하지 않은 리얼리티의 '엔딩'인 셈이다. 〈해피엔드〉를 보면서 관객은 요구를 들어주지 않는 최보라에 대해 분노하지만, 이 영화가 끝난 후에 죽어버린 최보라가 곧 자신들의 판타지라는 사실을 깨닫게 되는 것이다.

 이 지점에서 필요한 것이 바로 새로운 서사를 구성해낼 비평이다. 이 비평을 통해 우리는 영화 형식을 넘어서서 이 형식을 간 섭하는 리얼리티에 대한 관심을 촉발할 수 있다.

16. 〈텔 미 썸딩〉,
계급에 대해 말하지 않기

〈텔 미 썸딩〉은 파편으로 존재하는 이야기를 선형線形으로 인식하려는 열망을 내재한다. 이 영화가 전형적인 범죄 영화보다 일종의 탐정 영화에 더 가까운 것은 이런 까닭이다. 형식이 감추고 있는 서사를 찾아가는 것이 기본적으로 탐정 영화를 끌고 가는 힘이다. 이런 까닭에 〈텔 미 썸딩〉은 근원적으로 리얼리티에 대한 궁금증을 내포한 영화라고 할 만하다.

〈텔 미 썸딩〉에서 채수연은 스스로 밝히듯이 '기억이 없는 여자'다. 기억을 지우는 것이 채수연의 삶이다. 이 기억을 따라 그것을 복원하는 존재가 탐정일 것인데, 바로 조 형사가 그 역할을 떠맡고 있다. 따라서 관객은 사건의 기원을 거슬러 가고자 하는 호기심의 존재로서 조 형사의 자리에 위치하게 된다. 기억의 소멸은 현실에서 도피하고자 하는 내면의 확장에 지나지 않는다. 내면의 확립은 곧 고립이며, 첫 눈에 채수연은 이 고립 속에 존재하는 '변방의 고독자'처럼 보이기도 한다.

그렇지만 〈텔 미 썸딩〉의 묘미는 결말에 이르러 이런 관객의 예측을 이 영화가 단번에 배반한다는 데 있다. 영화의 제목이 암시하듯 '무엇인가 말해야 할' 영화는 보기 좋게 '아무것도 말하지 않은 채' 종결되는 것이다.

이런 유형은 〈유주얼 서스펙트〉의 도식을 그대로 따르고 있다. 지금까지 영화를 끌고 온 모든 서사가 '범인'이 지어낸 이야기였다는 사실이 드러남으로써 관객은 일반적 고정 관념을 벗어나서 도망치는 영화의 형식에 혀를 내두르게 되는 것이다. 한때 이 영화를 둘러싸고 벌어졌던 논란들은 주로 이 영화가 '아무것도 말하지 않는다.'는 사실에 초점을 맞추고 있었다. 원성마저 섞인 듯한 이런 투정은 이 영화의 의도를 성의껏 읽지 않았기에 발생하는 것이다. 심지어 어떤 평자는 이 영화에서 채수연이 어린 시절에 아버지에게서 받은 성적 학대 때문에 살인을 저지르는 것이 "세상을 너무 어둡게 보는 보수적 태도"라고 걱정을 했는데, 이 역시 이 영화가 궁극적으로 노리는 목표를 빗겨난 기우에 불과하다. 도대체 이 영화는 우리에게 '무엇'을 말하는가? 아무것도 말하지 않는 것 같은 이 영화가 말하는 것은 무엇인가?

사실 이것을 알고자 한다면 이 영화가 다른 범죄 영화나 탐정 영화를 교묘하게 섞어놓는다는 점에 먼저 주목해야 할 것이다. 〈텔 미 썸딩〉이라는 영화가 가진 독자적 문법은 실제로 존재하지 않는다. 이 영화의 텍스트를 해체하는 순간 우리는 이 영화를 구성하는 수많은 문화적 코드를 발견할 수 있는데, 예를 들어 앞서 거론한 〈유주얼 서스펙트〉와 〈원초적 본능〉 그리고 이성의 추적을 피해 달아나는 리얼리티에 대한 공포를 세기말적 범죄 영화로 끔찍하게 그려낸 〈세븐〉에 이르기까지, 〈텔 미 썸딩〉의 각종 장면은 기존에 존재하는 모범적 영화에 대한 모방으로 가득 채워져 있다. 마치 〈스크림〉을 보는 관객이 예전에 보았던 공포 영화의 법칙을 지속적으로 떠올릴 수밖에 없듯이 〈텔 미 썸딩〉 역시 우리에게 과거의 기억을 불러들이며 영화의 플롯을 따라오도록 설

새 없이 강요한다.

일례로 채수연은 〈유주얼 서스펙트〉와 〈세븐〉의 케빈 스페이시 그리고 〈원초적 본능〉의 샤론 스톤을 섞어놓은 듯한 연기를 펼치며 교묘하게 조 형사를 속여넘긴다. 이런 행위는 관객을 속이는 것이기도 하다. 영화가 끝날 때까지도 우리는 '채수연이 범인이다.'라고 확신할 수가 없다. 그 이유의 상당 부분은 설마 채수연처럼 어린 시절 학대를 받고 자란 불쌍하고 가련한 여성이 살인마일 것인가 하는 연민에서 기인한다. 바로 이 점이 〈텔 미 썸딩〉이 〈원초적 본능〉의 문법을 따르며 노린 것이기도 하다. 그러나 오 형사가 죽으면서 숨겨놓은 사진과 마지막 비행기에서 채수연이 옆자리의 남성에게 '파리는 처음'이라고 말하는 장면에서 우리는 어쩔 수 없이 채수연을 범인으로 지목할 수밖에 없는 곤경에 빠진다.

문제의 사진은 채수연이 영화 내내 진술했던, 과거에 대한 기억이 없다는 주장을 뒤집는 결정적 증거물이다. 이런 반전은 〈유주얼 서스펙트〉를 통해 이미 우리에게도 익숙해진 것인데, 결국 채수연의 모든 진술이 이 사진 한 장으로 거짓임이 드러나게 되는 것이다. 그러나 이 순간 관객은 조 형사와 분리되어 혼란에 빠지게 된다. 조 형사는 영화 속 인물이기에 이 사진 한 장으로 모든 미궁에서 빠져나올 수 있겠지만, 관객은 새로운 미궁 속으로 다시 빠져들기 시작하기 때문이다. 이제 관객은 영화의 처음으로 돌아가서 조각난 이야기의 파편들을 끼워 맞춰야 할 버거운 임무 앞에서 당황하게 된다. 〈텔 미 썸딩〉이 아무것도 말하지 않는 이유가 여기에서 밝혀진다. 해석자에 해당하는 조 형사가 새로운 서사의 구성을 관객에게 떠넘긴 채 무기력하게 쓰러져버리기 때문이다.

결국 우리는 〈텔 미 썸딩〉을 보았지만 조 형사와 달리 채수연에 대해 아는 것이 아무것도 없다. 채수연이 과연 어린 시절부터 아버지에게 학대를 받았는지, 정말 승민의 옆집에 살았는지, 실제로 죽은 남자들의 애인이었는지 하는 사실은 오리무중 속으로 빠져든다. 채수연은 '무엇인가' 말했지만, 우리는 아무것도 모르는 상태로 남겨지게 되는 것이다.

당연히 우리는 채수연이 '왜 시체를 가지고 장난을 치는 것인지' 그 이유를 알 도리가 전혀 없다. 채수연이 어린 시절 아버지로부터 받은 성적 학대 때문에 남성 혐오증을 갖게 되고, 그 때문에 과거에 사귄 남자들을 죽인다는 설정은 마지막 사진을 통해 거짓임이 드러나기 때문이다. 채수연이 사귀다 과거에 헤어졌다고 주장했던 그 남자들은 그 사진 속에서 모두 한자리에 모여 있다. 따라서 이 중요한 증거물은 지금까지 관객이 신뢰해온 채수연이라는 진술 주체를 결정적으로 의심하도록 만든다.

이 영화의 플롯은 형식 구조상 오직 채수연이라는 진술 주체에 의존할 수밖에 없다. 그래서 이 영화는 불확실한 채수연의 서사, 말하자면 그 은폐된 기원을 중심으로 회전한다. 이런 의미에서 채수연이라는 진술 주체를 부정했던 오 형사는 영화의 결말을 위해 당연히 제거될 수밖에 없다. 게다가 우리는 채수연의 말을 사실이라고 확인할 수 있는 어떤 정보도 이 영화의 텍스트를 통해 얻어낼 수가 없다. 문제의 사진을 통해 우리는 돌연 이 영화가 연쇄살인범 영화를 흉내 낸, 그래서 연쇄살인범 영화가 아닌 다른 무엇임을 깨닫게 되기 때문이다. 〈원초적 본능〉이 우리에게 익히 보여주었듯이 숨겨진 플롯을 파헤쳐 범인을 잡아내야 할 탐

정은 오히려 그 범인과 사랑에 빠져서 임무를 수행할 생각조차
하지 않는다. 이런 설정은 바로 계몽의 합리성을 비웃는 혹은 총
체성의 달성을 불가능함으로 인식하는 포스트모더니즘의 고정
테마이기도 하다.

과연 〈텔 미 썸딩〉은 정말 모든 것을 말하고 끝을 맺는 것일까?
이 영화의 내용이 선뜻 이해되지 않는 까닭은 오직 형식적 문제
에서 기인하는 것일까? 〈텔 미 썸딩〉이 실제로 우리에게 말한 것
은 '인간은 잔인하다.'는 표면적 메시지와 '진실은 알 수 없다.'는
심층적 의미다. 이 영화를 본 뒤에 어느 쪽을 결론으로 선택할 것
인가 하는 망설임은 관객의 몫이다. 그러나 〈텔 미 썸딩〉을 압도
하는 것이 '세기말'이라는 문화적 코드라고 했을 때, 이 영화의 발
언 뒤에 감춰진 침묵은 범상치 않게 보인다. 〈해피엔드〉가 세기
말 치정극이었다면 〈텔 미 썸딩〉은 세기말 엽기극이기 때문이다.
내 방식대로 이해하자면 '엽기'는 지난 시절 자유롭게 거론될 수
없었던 '리비도적 욕망'를 나타내는 암호다. 말하자면 엽기는 억
압의 산물이자 억압된 것의 귀환이다. 욕구는 충족됐지만 요구가
대상을 찾지 못하고 흘러넘칠 때 엽기가 발생하는 것이다. 엽기
는 지난 시절 억압 당해온 욕망을 표현하는 새로운 언어다.

이런 맥락에서 〈텔 미 썸딩〉은 〈해피엔드〉보다 더욱 반反해석
적인 성격을 갖는다고 하겠다. 이렇게 교묘하게 엽기를 욕망의
자리에 세워놓는 역할에 지대한 공을 세운 매체가 『딴지일보』였
다. 강준만의 경우처럼 『딴지일보』가 공격하는 '성역과 금기'는
바로 기존의 담론이 건드리지 못했던 그 성역과 금기를 말한다.
이것을 건드리는 행위가 엽기인 셈이다. 『딴지일보』의 엽기는 백
민석 같은 소설가들의 글쓰기에도 영향을 미쳤다. 백민석의 경우

는 아예 『목화밭 엽기전』이라는 제목을 달고 소설을 출간하기까
지 했다. 한때 문화에서 주류 담론을 형성하던 문학이 이제 마이
너 담론을 적극적으로 수용할 수밖에 없는 상황이 벌어진 것이
다. 이런 변화는 긍정적이면서도 동시에 부정적인 측면을 내포한
다. 이런 마이너 담론의 수용에 따라 문학은 해석적 '깊이depth'를
잃게 되는데, 이 때문에 궁극적으로 문학은 자기 해체를 통해서
만 의미를 획득할 수 있게 되는 것이라고 하겠다.[1]

이런 맥락에서 〈텔 미 썸딩〉은 엽기의 유행을 따랐지만, 실제
로 이 영화가 그렇게 엽기적이었다고 믿을 사람은 없을 것이다.
이 영화는 엽기적이라고 하기에는 너무 우울했다. 말하자면 이
영화는 겉으로 드러난 외양과 달리 속으로 깊은 좌절의 그늘을
드리우고 있었던 셈이다. 나는 〈텔 미 썸딩〉에서 드러나는 이 '그
늘'이 형식을 통해 억압된 그 무엇에서 발생하는 것이라고 본다.
즉 이 영화의 난해성은 단순히 형식적 측면에서 발생하는 것이
아니다. 나는 이 난해성의 기원이 리얼리티의 억압에서 시작되는
것이라고 말하고 싶다. 무엇인가를 말하는 〈텔 미 썸딩〉이 유일
하게 말하지 않는 것이 바로 이 리얼리티인 셈이다. 채수연의 과
거라는 리얼리티는 끝내 드러나지 않는다. 〈텔 미 썸딩〉은 교묘
하게 현실을 위장하지만, 사실 이 영화에서 그려지는 현실은 리
얼리티가 아니다. 이 위장술을 들통나지 않게 하기 위해서 〈텔 미

---

1 프레드릭 제임슨은 포스트모던 텍스트의 '깊이 없음'을 설득력 있게 논의한 바 있다.
  제임슨에게 포스트모던 텍스트의 반해석성은 포스트모던 공간의 깊이 없음과 연관이
  있다. 제임슨은 공간 논의를 통해 재현의 위기 문제에 개입을 하고 있는 셈이다. 자세한
  논의로는 다음을 참조하라. Fredric Jameson, *Postmodernism, or, The Cultural Logic of
  Late Capitalism*, Durham: Duke University, 1991, pp.37~38.

썸딩〉은 리얼리티에 대한 발언을 억압하는 것이다.

서사의 추적자인 형사들을 제외하고 〈텔 미 썸딩〉에 등장하는 모든 인물이 자유 직종에 종사하는 사람들이라는 사실은 노동의 자유를 갈망하는 관객의 욕망을 사로잡을 수 있는 요소다. 과거를 보존하는 박물관에 과거가 없는 채수연이 근무한다는 상징성은 구체적 현실성에 대한 은폐이기도 한 것이다. 이런 까닭에 영화의 초반에 뇌물 수수 혐의로 취조를 당하는 조 형사의 에피소드는 의미심장하다고 하겠다. 결국 조 형사를 옥죄고 들어오는 것은 살인 사건이라는 상징이지만, 사실 그 아래 놓인 것은 경제적 문제인 것이다. 그러나 〈텔 미 썸딩〉은 시종일관 이 에피소드에서 계급을 탈색시키고, 채수연에 대한 판타지로 리얼리티를 억압한다. 이 판타지 자체가 〈텔 미 썸딩〉의 형식 논리이기에 이 영화의 운명은 처음부터 이렇게 정해져 있었던 것이라고 볼 수 있다.

이렇게 리얼리티를 억압하면서 〈텔 미 썸딩〉은 계급적 현실을 '가족 판타지'로 대체한다. 이 가족 판타지를 구성하는 중심에 채수연이 서 있지만, 역설적으로 채수연에게 과거는 존재하지 않기에 이 영화가 구성하는 이야기는 중심이 빈 꼴이다. 간단히 말해서 〈텔 미 썸딩〉은 채수연의 가족 판타지를 리얼리티라고 들이밀지만, 그 거짓 리얼리티의 중심은 진짜 리얼리티의 흔적만을 남기는 것이다. 계급의 자리를 가족으로 채워놓음으로써 〈텔 미 썸딩〉이 얻는 것은 탈정치성이다. 그러나 이를 통해 이 영화가 잃는 것은 서사라고 하겠다. 〈텔 미 썸딩〉은 계급에 대해 말하지 않음으로써 역사에서 탈주할 수 있었지만, 관객은 정작 무엇인가 말하는 이 영화에서 아무것도 들을 수가 없었던 것이다.

17. 〈죽거나 혹은 나쁘거나〉

아버지의 이름이 계급을 만날 때

류승완 감독의 〈죽거나 혹은 나쁘거나〉는 계급을 가족 판타지로 은폐하는 〈텔 미 썸딩〉의 한계를 적절하게 극복한 영화다. 앞서 밝혔듯이 이 영화는 〈초록 물고기〉와 비슷한 맥락에서 아버지의 이름이 구체적으로 어떻게 계급과 만나는지를 잘 보여주고 있다. 물론 이 영화에서 어른거리는 쿠엔틴 타란티노와 기타노 다케시, 그리고 오우삼 등의 그림자를 발견하기란 그리 어렵지 않다. 그 러나 이 영화는 의도하지 않았을지언정 심리와 현실의 관계를 보 기 좋게 해명해 보이는 흥미로운 작품이다.

우리는 종종 영화에 비치는 화면을 통해 감독이 보여주려는 '무엇'을 확인한다고 생각한다. 그러나 그 화면 밖의 감독은 전혀 엉뚱한 '무엇'을 영화 속에 숨겨두기 십상이다. 류승완 역시 영화 가 이런 숨은그림 찾기의 일종이라는 사실을 잘 알고 있다. 그는 홍상수의 〈오! 수정〉과 전혀 다른 자리에서 삶을 보여준다. 아니, 더 정확히 말해 여기에서 전혀 다르다는 말은 완전히 같을 수도 있다는 말의 다른 표현일 뿐이다. 마침내 도달하는 곳, 진실은 현 실 그 자체에 숨겨져 있다는 두 영화의 목적지는 동일한 곳이니 까.

여타의 조폭 영화와 달리 〈죽거나 혹은 나쁘거나〉는 가족과 계급의 문제를 정면으로 제기하면서 폭력 영화의 단순 모방이라는 한계를 넘어선다. 타란티노의 주제 의식에 다케시와 오우삼의 쓸쓸한 폭력을 적절하게 버무린 이 영화는 폭력을 모든 삶의 관계로 파악하는 비관주의에서 출발한다.

폭력을 일으키는 원인은 남보다 더 크고 강하게 되기 위한 '힘을 향한 의지'다. 그러나 불행한 주인공들을 지배하는 것은 마침내 자신의 의지를 벗어난 '운명'이라는 외부의 힘이다. 그렇지만 주인공들은 자신들의 운명을 자각하지 못한다. 그들은 그냥 치고받고 싸울 뿐이다. 주어진 운명을 벗어나고 싶은 욕망의 실현은 오히려 상대방에 대한 적대감으로 표출된다. 실수로 살인을 저지른 성민에게 나타나는 죽은 자의 악령은 억압된 것의 귀환이다. 유령은 사라진 리얼리티의 흔적만을 보유한 껍질이다. 그러나 성민에게 이 억압된 진실은 죄의식으로 남아 있다. 무릇 폭력에 대한 숭배는 무의식 속에 잠재해 있다가 그 죄의식을 뚫고서 다시 돌아오기 마련이다. 성민이 태훈을 구하는 까닭은 이런 이유 때문이다.

흥미롭게도 이 영화는 다른 조폭 영화와 달리 폭력에 대한 숭배가 개인의 성격 탓이 아니라 사회의 구조적 부조리 탓임을 보여준다. 〈죽거나 혹은 나쁘거나〉를 타란티노에게서 벗어나게 해주는 미덕이 여기에 있다. 한국에서 돈도 없고 빽도 없는 밑바닥 인생들이 권력을 행사할 수 있는 가장 손쉬운 길은 주먹을 쓰는 일뿐이다. 대립 항으로 어김없이 등장하는 형사들 역시 마찬가지다. 〈현대인〉이라는 에피소드에서 이루어지는 석환의 진술도 이 사실을 뒷받침한다. 성민과 다를 것이 없는 석환이 경찰을 선택한 이유는 안정된 직장이면서도 남한테 꿀리지 않기 때문이다.

반면 성민은 석환 때문에 인생을 망쳤음에도 아무런 보상도 받지 못한다.

그러나 성민과 석환의 싸움은 더 이상 선이 악을 이기는 성전 聖戰이 아니다. 도리어 삶 그 자체의 본질로서 발생하는 투쟁일 뿐이다. 이 투쟁을 극단으로 몰고 가는 것은 성민과 석환의 무의식이자 이 둘을 서로 대립시키는 계급적 현실이다. 성민은 스스로 인정하지 않지만 석환에 대한 복수심이 있으며, 석환은 성민에 대한 죄책감이 있다. 이들의 희생양은 석환의 동생 상환이다. 성민은 상환을 사지로 유도해서 복수를 시도한다. 조직폭력배들의 싸움과 서로 교차되는 격투에서 성민은 석환의 눈을 뽑고 석환은 마침내 성민의 목을 졸라 살해한다.

눈을 잃은 석환은 10년 전 사이좋게 당구를 치던 성민의 모습을 순간적으로 떠올린다. 현실의 눈을 잃음으로써 마음의 눈을 뜨는 오이디푸스. 석환은 명백하게 오이디푸스이다. 오이디푸스에게 눈의 상실은 '거세'와 동일한 것이다. 돌아온 아버지 또는 스핑크스의 수수께끼가 결국 그의 눈을 멀게 만든다. 그러고 보면 석환이 경찰이 되도록 만든 결정적 요인은 아버지의 충고였다. 안티 오이디푸스에서 오이디푸스로 안착한 석환에게 억압된 아버지 살해의 욕망이 다시 돌아와 성민의 목을 조르게 만든다.

시종일관 선혈이 낭자한 겉모습을 하고 있으면서도 〈죽거나 혹은 나쁘거나〉는 가감 없이 타란티노의 금기를 따르는 것처럼 보인다. '피로서 흥한 자, 피로서 망한다.'라는 게임의 법칙을 통해서 이 영화는 도리어 비폭력을 말한다. 그러나 고작 비폭력적 삶의 정당성을 주장하기 위해 이 영화가 죽어가는 상환의 마지막 호흡 소리를 그토록 길게 들려주는 것 같지는 않다. 오히려 그의 마지막 숨결은 〈초록 물고기〉에서 들을 수 있었던 막동이의 숨결처럼 자본주의적 가부장 체제의 정점을 차지한 폭력적 '아버지'을 향한 슬픈 항의다. 만약 그렇다면 이 영화는 다시 우리에게 돌아올 수밖에 없다. 또 다른 아버지이기도 한 당구장 주인의 말처럼 어쩌면 이 영화가 보여준 폭력은 우리와 상관없는 일처럼 보일지도 모른다. 나름대로 열심히 비판하고 충고도 하지만, 결국 그런 행위는 자기 보존을 위한 면죄부일 뿐이다.

이 지점에서 〈죽거나 혹은 나쁘거나〉는 계급의 은폐를 드러낸다. 이 구조를 양산하는 '아버지'와 이 아버지의 이름으로 충실한 오이디푸스가 되는 가련한 운명에 대해 이 영화는 말하고 있는 것이다. 결과적으로 〈죽거나 혹은 나쁘거나〉는 리얼리티에 대한 질문을 통해 우리에게 마지막 해답을 준비해준다. 지칠 줄 모르는 폭력을 통해 이 영화는 〈텔 미 썸딩〉이 아버지의 이름으로 은폐하고자 했던 계급의 실체를 보여주는 것이다.

18. 리얼리티는
상징적 표면을 가지고 있다

2001년 9월 11일은 진정한 폭력의 문제가 어디에서 발생하는지를 우리에게 명확히 각인해준 날이었다. 영화 〈킹콩〉에서 킹콩이 전투기의 총알 세례를 받고 떨어져 죽었던 바로 그 쌍둥이 건물이 민간 항공기를 이용한 테러로 무너져 내린 것이다. 테러가 일어난 뒤 우왕좌왕했던 담론들이 차차 갈피를 잡아갈 무렵, 슬라보예 지젝이 인터넷에 올린 글은 상당히 흥미로운 논란거리를 던져줬다.[2] 간단히 말해 지젝은 "역사로부터 휴가를 즐기던 미국은 이제 휴가가 끝났다는 사실을 직시해야 한다."고 주장했다. 지젝은 "어떻게 이런 일이 우리에게 일어났는가?"하고 한탄했던 한 뉴욕 시민의 말을 재치 있게 해석하면서 이런 일이 '여기에서' 일어나면 안 된다고 소리치는 것이 아니라 이런 일이 '세상에서' 일어나면 안 된다고 말해야 하는 것이라고 미국 시민들에게 충고한다. 지젝의 말은 기본적으로 미국이 중간계급의 판타지에 의해

---

2 지젝은 9월 11일 테러 사건이 발생한 후 9월 17일, 독일의 좌파 웹진 『독일 인디메디아 Germany Indymedia』에 「실재의 사막에 오신 걸 환영합니다!Welcome to the Desert of the Real!」라는 제목의 글을 기고했다. 이 글은 미국의 정신분석학 잡지 『문화·사회 정신분석학Psychoanalysis of Culture & Society』에 영역되어 많은 논란을 가져왔고, 이 점을 의식한 지젝은 두 차례에 걸쳐 글을 수정·보완한 뒤에 10월 7일, 라캉학파의 웹진인 '라캉닷컴 Lacan.Com—http://www.lacan.com/reflections.htm—에 재수록했다.

움직이는 국가라는 분석에 근거한다. 다시 말하자면 이런 미국의
판타지가 가능하도록 역사가 깨끗이 소거 당해왔다는 것이다.

　아주 놀랍게도 수많은 미국의 지식인은 지젝의 이 말에 크게
동의하지 않았다. 테러 이후에 길거리에 나부끼는 성조기의 물결
이나 〈신이시여, 미국을 축복하소서!〉라는 노래를 불러대는 광경
은 그렇다 치더라도 국회의 상하원이 총출동해서 〈성조기여, 영
원하라!〉를 부르며 세계 최악의 빈곤 국가를 세계 최강의 군대가
공격할 수 있도록 기꺼이 군사 예산을 비준해주는 모습은 가히
나치당원의 일체감을 느끼게 할 만했다. 이런 와중에 아프가니스
탄을 상대로 전쟁이 시작됐고, 곳곳에서 반전 시위가 벌어졌다.
한때 이슬람을 비난했다는 이유로 이란의 지도자에게 생명의 위
협을 받던 샐먼 루시디 같은 작가는 빈번히 신문에 글을 기고해
서 "이슬람 자체가 근본주의적 종교"라는 원색적인 증언을 서슴
지 않았다. 그의 말이 전하는 메시지는 한마디로 근본주의와 이
슬람을 갈라놓으려는 미국의 작전은 실패하게 될 것이라는 예언
이다.[3]

　루시디만큼 극적이지는 않지만 이른바 미국의 양심적 소리들
또한 끊임없이 미국의 오만과 침략 전쟁을 비판했다. 특히 노암
촘스키는 평소 강도 높게 미국의 대외 정책을 비판해온 지식인답
게 이번에도 가장 돋보이는 목소리를 냈다.

　야만의 상징이기도 한 킹콩이 세계무역센터 위로 기어 올라갔
던 것은 단순히 영화적 장치에 불과했을까? 실제로 이 건물이 무

---

3 Salman Rushdie, "A War That Presents Us All with a Crisis of Faith: Salman Rushdie
　on Islam versus Islamism", *The Guardian*, (Saturday November 3), 2001.

너졌을 때 콜린 파월은 텔레비전에 나와 "문명 전체에 대한 야만의 도전"이라는 표현을 사용했다. 졸지에 세계무역센터는 문명의 상징으로 격상됐던 셈이다. 그러나 조금만 정신을 가다듬고 본다면 이 건물을 '미국'의 상징이 아니라 '문명'의 상징으로 봤다는 사실에서 앞서 지젝이 지적한 판타지의 실체를 감지할 수 있다. 파월의 말을 액면 그대로 해석하자면 미국은 문명의 중심으로 자연스럽게 인식되는 것이니까. 간단히 말해 미국 자체가 곧 세계인 것이다. 이런 논리에 따르면 미국 이외의 지역은 문명에서 이탈해 있는 야만이다. 최소한 미국의 편에 서 있는 곳이라야 문명의 세례를 받을 수 있는 것이다.

이처럼 흥미로운 인식 논리는 도대체 어디에서 유래한 것일까? 내가 생각할 때 미국의 중간계급으로 하여금 자신의 조국을 곧 세계의 전부로 생각하도록 만든 조건은 다름 아니라 수십 년간 지속됐던 '냉전'이다. 미국의 중간계급은 냉전을 통과하면서 미국을 절대적으로 이상화했고, 당연히 이런 심리적 메커니즘 속에서 미국에 적대하는 세력을 망각해왔다. 이런 이상화의 과정을 통해 미국은 '자유'로 표현되는 자신의 이미지를 상징화하고, 리얼리티 자체를 깨끗하게 기억과 경험에서 말소해버린 것이다. 지젝의 지적이 현실성을 획득하는 지점이 바로 이 부분이다.

전쟁과 반전을 둘러싸고 지식인 사이에서 벌어진 공방을 살펴보면 상당히 의아하게도 이 전쟁을 계급적 갈등이나 경제적 문제의 해결책이라는 관점에서 바라보는 사람들이 아주 드물다는 사실을 깨닫게 된다. 국가 간의 전쟁이기 때문에 계급을 초월해 벌어지는 사건이라고 본 것일까? 심지어 정신분석학을 들이대며 미국의 지도자가 '아주 잘하고 있다.'는 주장을 펼치기까지 한 진보적 서구 지식인도 있었다. 그러나 일전의 유고 공습 때와 동일하게, 이번 전쟁을 '인도주의적 분쟁'이라고 부르는 부류나 정반대로 이 인도주의적 입장에서 전쟁을 반대하는 부류나 모두 근본적 구조를 변환시킬 필요성을 인식하지 못하기는 마찬가지다.

나는 이런 '인도주의'를 서구인들의 판타지라고 부르고 싶다. 이들의 '인도주의'에 포함될 그 '인간들'은 철저히 서구적 입장에서 판단될 뿐이기 때문이다. 처음부터 공정한 규칙을 정할 수 없는 이런 상황은 명백히 도착적이다. 물론 이 같은 상황에 윤리적 판단만을 일삼는다는 건 무의미하다. 모든 전쟁은 경제적 모순을 해결하기 위한 상징 행위에 지나지 않는다. 탈레반이 미국에 복종해서 오사마 빈 라덴을 넘겨줬다고 할지라도 전쟁은 일어나게 되어 있었다. 단지 명분이 필요했기에 지연됐을 뿐 전쟁은 언젠가 일어날 수밖에 없었다는 말이다.

1990년대 내내 호황을 누려온 미국 경제의 연착륙이 논의되던 시점에서 전쟁은 경제 긴축을 위한 최적의 호기다. 테러 때문에 소비 심리는 위축되고, 처치 곤란하게 불어난 돈은 군수산업으로 흘러 들어간다. 소비재 생산을 억제함으로써 다양한 차원에서 자본 축적을 조절할 수 있다는 것은 상식이다. 그렇기 때문에 위험 부담이 있다고 할지라도 미국에게는 전쟁을 포기할 이유가 원천적으로 없었던 것이다. 미국은 아프가니스탄에 친미 정권을 세움으로써 이라크전에서 확보한 중동 지역의 주도권을 더욱 강화하고자 할 것이 뻔하며, 이 지역의 석유 공급을 통제하기 위해 유리한 입지를 확보하고자 할 것이다. 이를 위한 절차로서 미국은 '동맹'을 요청하는데, 실제적으로 이는 단순한 군사적 동맹이 아니라고 하겠다. 그러므로 전쟁은 인도주의적 입장만으로 접근

했을 때 가장 중요한 본질적 요소를 놓칠 위험을 항상 준비해놓고 있는 셈이다. 아무리 인도주의적 목소리가 높아도 경제적 문제 앞에서 이 목소리는 움츠러들 수밖에 없다.

지젝이 테러 이후 보수화로 치달을 이데올로기를 걱정하면서 레닌에 대한 자신의 원고가 출판을 거부 당한 사실을 거론한 것은 이런 현실의 일부만을 강조한 것에 불과하다. 정작 문제는 이런 이데올로기의 운명을 바꿀 만큼 리얼리티의 귀환이 무지막지하다는 사실이다. 세계무역센터에 민간 항공기가 날아가서 들이박는 광경은 할리우드 재난 영화의 한 장면이 아니다. 그 광경은 오랫동안 판타지에 빠져 잠들어 있던 미국인의 의식을 흔들어 깨우는 리얼리티의 반란이었던 셈이다.

언제나 계급은 이렇게 숨어 있다가 '우리는 하나'라는 환상을 비웃으며 나타난다. 이제 계급의 문제는 일국적 차원을 넘어 지구적 차원으로 확대됐다. 소련의 붕괴 이후 미국의 주도 아래 진행된 지구적 차원의 무역 협정은 국가 간 상품의 이동에 대한 규제를 철폐하는 한편 노동력의 이동을 금지하는 것이었다. 깨놓고 얘기해서 빈국의 노동자는 결코 부국에 가서 취업을 할 수가 없는 셈이다. 이런 현실에서 가난한 나라는 더욱 가난해지고 부유한 나라는 더욱 부유해지는 상황이 신자유주의라는 이름으로 묶인되어 왔다. 인도주의란 자본주의에는 원래 무기력한 것이어서, 이런 상황이 10년이 넘게 지속되도록 아무런 조처를 취할 수가 없었다. 다시 말하자면 계급적 차원에서 이 문제를 보지 않고 오직 난민 문제나 기아 문제로 이런 상황을 분해해 형식화함으로써 근본적 모순에 대한 총체적 접근을 불가능하게 만들었던 것이다.

문화 형식에서 계급을 발견해야 한다는 주장은 이런 측면에서도 이해될 수 있다. 기본적으로 문화 형식의 변화를 추적하고 이런 문제를 총체적으로 분석하기 위해서라도 우리는 문화 형식을 경제적 차원과 연계해서 파악해야만 하는 것이다. 물론 수차례 강조했듯이 나는 문화 형식이 계급적이라는 지극히 상식적인 결론을 얻어내기 위해 경제적 차원을 문화비평에 도입해야 한다고 주장하는 것이 아니다. 내가 말하는 문화정치학은 단순한 문화 형식에 대한 이데올로기 비평이 아니다. 오히려 나는 문화를 사회적 표면으로 읽을 것을 주장하는 것뿐이다. 아프가니스탄에 대한 미국의 전쟁에서 확인할 수 있듯이 리얼리티는 항상 상징적 표면을 가지고 우리 앞에 드러난다. 이 상징적 표면을 파고 들어가는 노력과 결기가 바로 내가 말하는 문화비평의 핵심이다.

제5장

우리가
섹슈얼리티와
'그짓'을 하는
몇 가지 방법

19. 섹슈얼리티와의 음란한 탱고

나는 잠깐 기억을 더듬어 영화감독 장선우의 〈거짓말〉과 탤런트 서갑숙의 『나도 때론 포르노그라피의 주인공이고 싶다』를 둘러싸고 벌어졌던 소동을 통해 한국 사회와 섹슈얼리티의 밀회를 살펴보고 싶다. 사실 이 밀회를 감상하는 것이 장선우의 영화나 서갑숙의 책보다 더 재미있을지도 모를 일이다. 언뜻 보아 장선우와 서갑숙은 동일선상에서 출발하고 있는 것처럼 보인다. 그들이 형성하는 전선도 하나인 것 같다. 이들은 공윤과 검찰, 등급 보류 판정과 음란성 수사로부터 성적 욕망이나 개인의 자유로 연결되는 하나의 선을 맞잡은 것처럼 보인다. 두 사람 모두 한국적 엄숙주의의 희생양이거나, 그보다 더 적극적인 의미로 성 해방을 위해 기꺼이 살신성인한 순교자로 비쳤던 것도 사실이다. 그리고 이들보다 앞서 한국의 성 해방 제단에 순교했던 성인들로 마광수와 장정일이 있었다. 이들의 목에서 쏟아진 것이 하얀 피는 아니었을지언정, 최소한 그 단두斷頭의 행위 자체만은 장관이었다. 그러나 아무리 지금 적의 힘이 강대하다고 해도 승리는 확정적이다. 역사는 언제나 말해왔지 않은가? 진리는 시간의 딸Veritas, filia temporis이라고. 건전한 상식을 가진 건전한 시민이라면 공윤과 검찰이 자신의 행위를 정당화하기 위해 내거는 논리가 얼마나 허술하고 구태의연한지 단번에 알아차릴 수 있을 테니까. 역시 이런 예측에 화답하듯 건전한 시민들은 장선우의 영화를 매진시키고, 서갑숙의 책을 5만 부나 사줌으로써 국가 권력의 권위주의에 항의하고 있는 것처럼 보였다. 이런 의미에서 한국 사회에서 섹슈얼리티는 여전히 민주주의의 문제이다. 국가 권력이 개인의 자유를 억압하고, 개인은 자유를 확보하기 위해 권력과 싸운다는 고전적 정식은 1999년 당시의 한국에서는 여전히 유효했는지도 모른다. 그러나 모든 문제가 이처럼 상식적으로 단순하다면 얼마나 좋겠는가? 비슷한 것만 같던 장선우와 서갑숙은, 그들의 문제가 단순성에 포획되지 않고 복잡성의 탈주를 감행하는 지점에서 서로 다른 길을 걷기 시작한다.

먼저 우리가 주목해야 할 점은 1990년대 성 담론이 대부분 '고백'의 형식을 차용하고 있다는 것이다. 이런 담론들은 끊임없이 개인의 성적 욕망이나 체험에 솔직해질 것을 역설한다. 이런 주장들은 섹스 그 자체의 리얼리티를 하나씩 드러냄으로써 내면 속에 억압 당해 왔던 성적 욕망을 해방시켜야 한다는 논리를 펼친다. 억압의 가설은 언제나 성적 담론을 떠받친다. 프로이트는 그 억압을 문명이라고 보았다. 성적 욕망의 해방을 부르짖는 사람이나 이를 목청 높여 반대하는 사람 모두 프로이트에서 출발하기는 마찬가지다. 이런 사실을 놓고 볼 때 장선우와 서갑숙을 동일선상에서 파악하는 인식의 토대가 어디에서 비롯되는 것인지를 짐작할 만하다. 그러나 여기에서 명백한 것은 서갑숙이 가장 전형적인 고백의 형식으로 자신의 성적 체험을 기술한다면, 장선우는 전혀 그렇지 않다는 점이다. 두 사람 모두 '성 표현의 노골성'으로 논란을 불러일으켰기 때문에 이 차이는 근소한 것으로 취급받기가 쉽다. 그러나 내가 볼 때 이런 차이는 장선우를 서갑숙과 분리해주는 본질적인 차이다. 육중한 교회의 옷을 벗어 던진 고백 행위는 부르주아 시대의 성을 기술하는 하나의 문화적 서술 체계다. 문화적 서술 체계로서의 성에 대한 재해석은 자유로운 성욕과 그에 대한 문명의 억압이라는 프로이트 이래의 가설을 부정하는 것이다. 푸코는 『성의 역사』에서 다음과 같이 주장한다.

> 성이 억압되어 있는 것이 아니라는 주장은 전혀 새로운 것이 아니다. 정신분석학자들은 오랫동안 그런 사실을 주장해 왔다. 그들은 억압에 대해 말할 때 사람들이 상정하는 선입견들에 도전해 왔다. 억압되어 있는 저항적 에너지라는 관념은 그들에게는 권력과 욕망의 결합 방식을 해독하는 데 적절치 않았다. 근원적이고 본성적으로 살아 있는 에너지가 상승하고 선행 질서는 이를 가로막으려 한다는 식의 인식보다도, 그들은 훨씬 복잡하고 중요한 방식에 주목했다. 그러므로 욕망과 그것이 서술되는 결핍 모두가 그런 복합적인 법칙으로 구성되기 때문에 욕망이 억압되어 있다는 식으로 생각할 필요도 없다. 욕망이 있는 곳에 권력 관계는 이미 존재하는 것이다. 따라서 나중에 작용하는 억압 때문에 이런 관계를 비난한다는 것도 환상이고, 권력을 벗어난 욕망을 추구한다는 것도 헛된 일이다.[1]

1990년대 한국 사회를 관통해온 '성 체험 고백서'들은 그동안 담

---

1 Michel Foucault, *The History of Sexuality*, Vol.1 An introduction, (trans. by Robert Hurley) New York: Pantheon Books, 1978, pp.81~82.

론화되지 못했던 성 지식의 거처를 찾아내고자 하는 노력이었다
는 점에서 긍정적 측면을 겸비하지만, 궁극적으로 욕망과 권력
에 대한 심오한 성찰들이 결여되어 있었다는 점에서 일정한 한계
또한 내포한다. 고백은 개인의 자기 확인 욕망이라는 점에서 필
수적으로 권력화를 동반한다. 탄압을 무릅쓰고 고백을 강행한 개
인은 선각자로서, 자신을 그렇지 못한 대중들과 필연적으로 구
별 짓는다. 이런 과정은 개인이 중세 서양에서 교회가 했던 역할
을 자임하고 나서는 것으로서 계몽의 의지를 구현하지 않을 수
없다. 한국적 성 담론의 거처가 종종 대중적 선정주의나 이를 외
화하는 상업주의를 통해 마련되어 왔다는 점에서 이런 의심에는
근거가 있다. 지금까지 한국에서 풍미해온 성 담론들은 한국 사
회의 전근대성을 제물로 삼아 자신의 영역을 확장해왔다. 그러나
그것 역시 자본주의적 대중 사회가 만들어낸 하나의 신화였고 환
상이었음을 제대로 지적한 목소리는 참으로 드물었다.

　이런 맥락에서 장선우는 서갑숙보다 현명하다. 왜냐하면 〈거
짓말〉은 바로 이런 계몽석 성 담론 자체와 대결하고자 했기 때문
이다. 그는 이 영화를 그냥 심심해서 재미 삼아 만들었다고 했다.
재미치고는 참으로 기괴하기에 그의 말은 단순한 농담으로 들리
지 않는다. 그의 말대로 한다면 이 영화는 유희일 뿐이다. 유희로
서의 〈거짓말〉은 지금까지 진지하게 논의되어 왔던 성적 욕망의
실체에 도전한다. 영화 속에서 성은 말 그대로 발가벗겨진다. 눈
부신 담론의 의상을 벗어버린 살덩어리들이 서로 엉겨드는 영화
를 보면서 관객들은 치를 떤다. 보고 싶으면 실컷 봐라? 장선우는
영화를 영화가 아닌 것과 구별 짓는 그 차이에 〈거짓말〉을 멈춰
세운다. 이제 이것을 영화라고 평가하거나, 반대로 영화가 아니

라고 평가할 책임은 장선우를 벗어난다. 그렇게 함으로써 영화가 예술이 되기 위해 소외시켜야 할 것들을 〈거짓말〉은 유보해버린다. 따라서 이 영화를 놓고 외설이냐 예술이냐 논쟁하는 것은 너무나도 자연스러운 일이다. 처음부터 장선우가 노린 것도 그것이니까.

김규항처럼 이런 장선우를 비겁하다고 비난할 수도 있을 것이다. 그러나 장선우는 이런 전략을 차용해서 서갑숙을 넘어선다. 〈거짓말〉이 장정일보다 도리어 마광수에 더 가깝게 서 있는 경우가 이 때문이다. 진정 지금 한국 사회에 필요한 것은 고백적 성 담론이 아니라 성적 욕망 그 자체에 대한 질문이라는 사실을 장선우는 서갑숙에게 빙긋이 말해주고 있는지도 모를 일이다. 그러나 이런 장선우의 방식이 적절한지에 대해 논란이 있을 수는 있다. 달리 생각해보면 그는 대중을 믿지 않았기에 서갑숙을 넘어설 수 있었지만, 동시에 그 때문에 자신이 만든 감옥에 스스로를 잡아 가둔 결과를 낳았기 때문이다. 마치 유태인의 신화에 나오는 신처럼 장선우의 〈거짓말〉은 보고 들을 수는 있어도 입이 없어서 말을 할 수가 없는 것 같다. 그렇기 때문에 이 영화는 '거짓말'이라기보다는 진실을 말할 수 없는 절망의 침묵인지도 모를 일이다. 그 말하지 않는 신을 향해 관객들은 지루한 기도를 올릴 수밖에 없었다. 장선우가 요즘 들어 도사처럼 구는 까닭이 이런 연유일 터이다.

당시에 이뤄졌던 서갑숙의 책에 대한 경찰의 무혐의 처분이 한국 사회의 성숙도를 보여주는 긍정적인 것이었다는 점에서 대체적으로 의견이 일치했던 것 같다. 물론 그 성숙의 실체에 대한 의문과 별도로 당시에 전격적으로 취해진 검찰의 수사 종결은 우리

에게 다시 한번 검열의 실체를 고민하도록 만든다. 결국 검열이
란 국가 권력이 자신의 이해관계를 관철하기 위해 직접적으로 사
용하는 도구가 아니라 대중에 내재하는 검열적 코드를 통해 합의
되는 마녀사냥이 아닐까? 이런 소동이 있을 때마다 확인되듯이
검열의 절대적 원칙이나 규정은 존재하지 않는다. 국가의 검열
기관은 어떤 것이 음란물이고, 어떤 것이 아니라는 것을 구분해
줄 뿐이다. 린 헌트는 포르노그래피의 역사를 추적하면서 실제로
포르노그래피가 "인쇄물에 대한 통제와 인쇄물을 위한 시장 모두
에 의해 형성된 범주"2라고 주장한다. 저작물을 통제, 검열, 금지
하려는 종교와 정치 당국의 시도는 포르노그래피의 정의를 내리
는 것을 도왔고, 한편으로 책을 사려는 독자들의 욕구와 그 책을
만들려는 작가들의 욕구 역시 포르노그래피라는 범주를 만드는
데 기여했던 것이다. 따라서 검열은 파시즘처럼 자유와 통제를
동시에 요구하는 은밀한 대중적 욕망의 창작품일지도 모른다.

　이런 점에서 한국 사회의 성숙 문제는 전혀 색다른 사유를 필
요로 한다는 점을 알 수 있다. 성 해방을 찬성하는 사람이나 이를
경계하는 사람이나 모두 성에 대한 억압 가설을 내세우기는 마찬
가지다. 다시 말해 성은 억압되어 있기 때문에 해방되어야 한다
거나, 문명적 성숙을 위해서는 성욕에 대한 적절한 통제가 있어
야 한다는 식으로 생각하는 것이다. 이런 사실은 비단 성이나 성
욕에 대한 견해에 국한된 것은 아니다. 욕망이 억압되고 있다는
생각은 이미 여러 가지 신화를 만들어냈다. 억압됐기에 성은 해
방되어야 한다는 결의나 방종한 성적 유희를 질타하는 준엄한 훈

2 린 헌트, 조한욱 옮김, 『포르노그라피의 발명』, 책세상, 1996, 24쪽.

계를 편들기는 쉽다. 그러나 이런 종류의 판단을 유보하고, 성욕 자체에 대한 사유를 진행하는 것이 더욱 중요한 것은 아닐까?

김정란의 입장에서 볼 때 성을 둘러싸고 소란을 일으킨다는 것은 한국이 아직도 성숙되지 못한 사회를 가지고 있다는 반증이 다.[3] 성은 자연스러운 인간의 현상인데도 한국에서 그것은 한편 으로는 극단적으로 억압되고, 다른 한편으로는 철저하게 신비화 되기 때문이다. 그러나 김정란이 말하는 성숙은 일제 시대의 개 조론자들과 어딘가 닮은 구석이 있다. 1920년대를 전후해서 등 장한 한국의 문화운동론자들은 현대 문화의 기저를 개인의 성숙 에서 찾았고, 그 개인주의의 완성을 위해 '심성과 정신의 개조'를 주창했다. 그러나 이광수는 이런 자유주의적 경향을 비판하면서 '민족 개조론'과 '개조 동맹론'을 제기한다. 흥미로운 점은 이광수 의 주장이 '개인'보다는 '민족'과 '동맹'에 더 초점을 맞추고 있다 는 사실이다. 그러나 나는 이런 이광수의 변화는 성숙한 개인들 의 동맹을 통해 민족을 개조해야 한다는 어떤 소명 의식에 사로 잡힌 결과였다고 생각한다. 그래서 그는 앞서 있는 성숙한 개인 으로서 아무런 죄의식 없이 '민족을 위해' 친일의 길을 걸어갈 수 있었던 것이다. 나는 문화주의적 개조론과 이광수의 개조론을 하 나의 필연성으로 파악한다. 성숙의 문제는 개인과 집단의 관계에 서 언제나 제기되기 때문이다. 사회 변혁의 문제는 결코 보이지 않는 개인의 성숙을 통해 드러나는 것이 아니라 항상 집단적 힘 을 통해 제기된다. 변혁을 꿈꾸는 세력은 당연히 개인을 비판하 고 집단을 옹호하게 마련이다. 김정란의 글에서 끊임없이 주장되

---

3 김정란, 『거품 아래 깊이』, 생각의 나무, 1998, 158쪽.

는 성숙이 과연 이런 개조론의 한계를 벗어날 수 있을지 자못 궁금하다.

나는 김정란의 말을 가치 판단의 영역 너머에 있는 욕망의 문제로 확대해서 보고 싶다. 욕망은 옳고 그름의 판단을 떠나 니체식 표현으로 '남보다 더 크고 강하게 되기 위한 의지'를 내재한다. 그런데 이런 욕망의 본질을 감추고 있는 것이 성욕에 대한 담론들이다. 이런 담론들은 스스로 하나의 문화적 서술 체계에 불과함에도 성에 대한 체험적 진리로 통용되는 것이 엄연한 현실이다. 어둠 속에 있는 성을 밝은 곳으로 끌어낸다는 논리는 자유주의 운동이 자본주의적 상업주의와 동거할 수 있는 길을 열어준다. 이렇게 한국에 풍미하는 성 담론들은 그 자체에 내재한 인식과 권력의 공모 관계를, 억압과 해방의 문제로 은폐해버린다.

성욕과 담론의 관계를 자세히 들여다보면 성 담론의 문제는 결국 개인적 성욕이나 성 체험에 대한 글쓰기의 본질에 맞닿아 있다고 볼 수 있다. 다시 말해 이들은 무엇 때문에 자신의 체험을 재료로 글을 쓰는가 하는 의문이 발생하는 것이다. 당시 서갑숙의 책에 대해 많은 사람이 상업적 목적을 근거로 들며 그 진의를 의심했다. 돈 문제가 서갑숙에게 글을 쓰게 했다는 것이다. 그런데 과연 이런 비판은 설득력을 지닌 것일까? 최소한 대필의 과정을 거치지 않았다면 서갑숙이 돈을 목적으로 글을 썼든 안 썼든 그 사실은 도덕적으로 별 문제가 되지 않는다. 어차피 자본주의 사회에서 상품의 범주를 벗어날 수 있는 것이 얼마나 있는가? 물론 이런 논리에도 함정은 숨어 있다. 예를 들어 장정일처럼 돈을 위해 글을 쓰면 수준이 떨어진다는 편견을 반박하는 논리 뒤에는 글쓰기가 내포하는 권력화의 욕망을 상업적 선정주의와 결합시키는 것을 정당화하는 뻔뻔스러움이 숨어 있다. 마치 영화 〈래리 플랜트〉처럼 장정일이 설파하는 성 해방론은 복잡하게 얽힌 현실을 일의적一義的 의미로 환원하는 자본주의의 폭력성을 정당화 하는 것일 수도 있다. 결국 욕망의 해방을 주장하는 세력은 욕망 이 억압되어 있다는 신화를 유포함으로써 도리어 자본의 세력 재 편에 복무하고 있는 것은 아닌가? 들뢰즈와 가타리가 지적하듯 이 자본주의는 모든 사회적 관계를 등가성의 상품 관계로 환원한 다.4 그 과정에서 자본주의는 친족 체계, 계급 구조, 종교적 신념, 관습과 전통 같은 욕망을 통제하는 코드들을 전복한다. 그들의 용어로 보자면 욕망의 탈영토화이다. 그러나 이런 탈영토화는 모 든 욕망을 등가성의 상품 관계라는 좁은 통로를 통해 재영토화하 는 것을 예비한다.

김정란은 우리 사회가 전근대와 근대, 그리고 탈근대가 혼재 하는 독특한 사회라고 지적했지만5 원래 자본주의 문화 자체가 이런 특성을 가지고 있는 것이고, 그가 지적하는 현상이 자본주 의가 한국에서 제대로 뿌리를 내리지 않아서 나타나는 것도 아니 다. 자본주의의 문화는 양파와 같아서 껍질 하나 하나가 모여 전 체를 이룬다. 본질을 찾기 위해서 껍질을 벗기면 벗길수록 아무 것도 남지 않는다. 자본주의 사회를 구성하는 문화적 층위는 그 자체로 개체들을 이루면서 서로에게 맞닿아 있다. 각 층위들 간 의 구분은 확연하며, 서로에게 침범의 길을 열어주지 않는다. 다 만 섞여 있을 뿐 결코 융합되지 않는 수많은 층위를 갈라놓는 것

---

4 Ronald Bogue, *Deleuze and Guattari*, New York: Routledge, 1994, p.88.

5 김정란, 『거품 아래 깊이』, 160쪽.

이 바로 틈이다. 가끔 이 틈은 짧은 순간 욕망으로 채워지면서 층위들을 통합하는 것처럼 보이지만, 곧 그 통합의 희열은 휘발되고 만다. 〈파리에서의 마지막 탱고〉에서 확인할 수 있는 것처럼 욕망은 때때로 스스로 획책한 고립 속에서 자유를 만끽하지만 그 결과는 얼마나 참혹한가? 이런 의미에서 장선우의 〈거짓말〉은 서갑숙의 고백을 넘어서긴 했지만 베르톨루치에 대한 서툰 모방에 그쳤던 셈이다. 그러나 무엇보다 중요한 것은 장선우와 서갑숙 사건은 섹슈얼리티를 중심으로 회전하는 개인적 판타지가 어떻게 집단화되는지를 선명하게 보여주는 것이기도 하다. 실제로 장선우의 영화와 서갑숙의 책을 은밀히 즐겼던 개인적 차원과 별도로, 이들에 대한 담론은 모종의 이데올로기적 장치를 통해 집단적 차원으로 전환되어 소용돌이쳤기 때문이다.

20. 황수정, 억압된 것은
어떻게 귀환하는가?

세간의 관심으로 떠오른 황수정 마약 복용 사건은 지금까지 한국 사회에서 줄곧 목격해 온 성 관련 스캔들의 연속에 지나지 않는 것처럼 보인다. 겉으로 본다면 황수정 사건은 오현경이나 백지영 사건에 뒤이은 또 하나의 관음증적 광란처럼 인식되기 때문이다. 물론 황수정은 실정법 위반자이며 재판까지 받고 있다는 측면에서 앞서 발생한 두 연예인의 경우와 확연히 구분될 수도 있을 것이다. 그러나 공통적으로 황수정에 대한 대중적 시선 역시 성적 방종과 타락이라는 윤리적 판단 원칙에서 크게 벗어나 있지 못하다.[6] 앞서 발생했던 사건들과 마찬가지로 황수정 사건이라는 리얼리티를 중심으로 회전하는 논리는 크게 보아 두 가지다. 공인으로서 지켜야 할 본분을 황수정이 저버렸다는 논리와, 범법 사실은

---

6 성적 방종과 타락에 대한 질타는 다분히 기독교적 색채를 띤다. 흥미롭게도 이런 기독교적 윤리에 근거한 도덕 담론은 본질적으로 근대적 기획의 선험적 전제라고 할 민족주의와 연관되어 있다. 한마디로 성 문제에 대한 과민 반응은 '오지 않은 근대'라는 한국적 상실감과 연관된 것으로, 자연스럽게 한국 사회의 구성원들은 근대(또는 민족)의 부재에 대한 보상으로 개별적인 성적 판타지를 활용하게 되는 것이다.

인정하더라도 여성 연예인의 인권을 존중해야 한다는 논리가 그것이다. 실제로 대립적으로 보이는 이 논리들은 이데올로기의 생산 구조를 이루는 대표적인 범주 전환의 일종에 불과하다. 오히려 우리는 이런 이분법적 논리의 한쪽 편을 들어주기보다 이 같은 대립 구조를 해체함으로써 한국 문화의 기저를 장악한 흥미로운 욕망을 읽어내는 것이 더욱 합당할 것이다.

실질적으로 마약 복용이라는 범법 혐의로 인신 구속이 됐지만, 황수정 사건에서 현상적으로 부각되는 것은 그의 도덕적 타락과 위선이다. 내가 말했던 범주 전환이 바로 이런 측면에서 발생한다. 사건의 본질이 엄연히 황수정의 의도적 마약 복용 여부에 있음에도 정작 황수정의 '문란한' 성생활이 집중적으로 십자포화를 받는다는 사실은 이 문제가 명백히 다른 욕망의 우회적 표현으로 출몰한 것이라는 추측을 가능하게 한다. 모든 이데올로기는 이런 범주 전환을 통해 발생한다. 나는 이런 이데올로기를 일종의 판타지로 본다. 물론 그렇다고 해서 이데올로기가 판타지 자체인 것은 아니다. 판타지가 지극히 개인적인 것이라면 이데올로기는 오히려 집단적인 것이다. 이데올로기는 판타지로부터 형성되지만 종국적으로 판타지를 지배하게 된다. 실질적으로 이데올로기는 서사의 폐쇄와 연관이 있기에 이를 해체하려면 그에 내장된 서사의 흔적을 추적해야만 한다는 것이 내 주장이다. 앞서 말했듯이 서사의 폐쇄는 서사의 위기와 연관되며, 이데올로기의 고착을 유도하게 되는 셈이다. 따라서 황수정을 중심으로 회전하는 텍스트들은 이런 이데올로기의 산물이라고 할 수가 있는데, 이런 소용돌이 속에서 우리는 개인의 판타지와 집단적 이데올로기가 서로 매개되는 지점들을 발견할 수가 있다.

'문화개혁시민연대' 같은 시민 단체들과 몇몇 자유주의적 페미니스트들을 통해 제기되는 주장은 황수정이 '여성' 연예인이기 때문에 황색 저널리즘의 희생양이 됐다는 논리를 펼친다. 이들이 공격하는 주 대상은 당연히 황색 저널리즘과 이를 양산하는 스포츠 신문사의 기자들이다. 근대적 주체의 형성이 불가능했던 한국적 상황에서 프라이버시는 쉽게 침해 당할 수밖에 없는 것이고, 이것이 바로 인권 문제로 직결된다는 것이 이들의 논리이다. 이런 공격은 한국의 근대성 문제와 연관해서 볼 때 나름대로 타당성을 확보한다. 그러나 이 같은 논리는 선명한 문제 의식을 부각해 쉽사리 대립 전선을 형성할 수 있는 반면, 그만큼 심각한 맹점도 노출시킨다. 명백한 이데올로기 전선은 그 이데올로기의 발생적 차원을 간과하는 것이 다반사다. 황수정과 여성 문제를 연결 짓는 것은 충분한 근거를 가질 수 있지만 동시에 이 문제가 황수정 사건을 평면적으로 인식하도록 함으로써 그의 마약 복용이라는 다른 문제를 방기하는 결과를 초래한다. 결국 논리적 정당성이 있음에도 그들 역시 개인의 도덕성이 자유의지에 달려 있다는 자유주의적 신념을 고스란히 반복하는 모습을 보여주고 있는 것이다. 이런 한계는 황수정을 지지하는 논리 역시 그에 대한 비판의 논리에서 발견되는 윤리적 판단을 고스란히 전제하기 때문에 발생한다. 이런 점에서 이런 논리는 대립적 논리에 대한 정당성을 확보하기 위해 황수정의 범법 행위와 그의 인권 또는 여권女權을 형식적으로 분리할 수밖에 없게 된다. 그러나 실제로 이들의 주장은 황수정이 명백하게 '청순 가련한 이미지'를 팔아서 지금의 인기 구조를 구축했다는 사실을 애써 외면하려는 것처럼 보인다. 따라서 당연히 이들의 논리에서 이 부분은 약한 고리를 형성하게 마련이다. 이런 주장의 반대편에 서 있는 입장들이 이 약한 고리를 집중 공략하는 것은 어쩌면 필연적인 일이다. 황수정은 부와 명예를 거머쥐기 위해서 그 험난한 '공인'의 길을 자처한 것이니, 당연히 공인으로서 발생한 문제에 대해 도덕적으로 책임을 져야 한다는 논리가 이것이다. 결국 서로 다른 것으로 보였던 두 입장이 하나의 원칙 위에서 옥신각신하는 것일 뿐이라는 사실을 우리는 이 지점에서 깨달을 수 있다. 내가 말했던 범주 전환은 바로 이런 거짓 문제의 설정에서 시작된다. 거짓 문제는 거짓의 답을 마련해놓을 뿐이다.

내가 볼 때 황수정 사건의 비밀은 현재 거론되는 현실적 맥락을 따라 과거로 거슬러 올라가야만 밝혀낼 수가 있다. 궁극적으로 황수정이 이 같은 스캔들에 휘말리게 된 근본적 원인은 바로 황수정 자신을 톱스타의 반열에 올려놓았던 〈허준〉이라는 드라마를 빼놓고 말할 수가 없기 때문이다. 황수정을 이제껏 지탱해준 '예진 아씨'라는 이미지는 여전히 〈허준〉이라는 과거에 못 박혀 있다. 이번 사건은 이런 과거의 이미지를 지속적으로 확대 재생산해 온 황수정의 행적에서 이미 예고됐던 셈이다. 이런 사실은 황수정이 자기 정체성을 확립하고 자율적으로 행동하는 배우였다기보다는, 오히려 문화 산업의 메커니즘에서 자본 축적의 도구로 복무하는 기계에 불과했다는 것을 증명하는 것이다. 황수정의 인기는 예진 아씨의 이미지를 판타지로 고정하고자 했던 대중의 자기 동일화에 황수정 자신이 타협했기 때문에 가능했다고 하겠다. 극중 인물과 실제 인물은 다르다는 논리로 이 사실에 반론을 강변하는 것은 형식주의적 태도에 지나지 않는다. 문화산업 구조에서 창조적 배우와 예술가가 항상 자본과 마찰을 일으켜 왔다는 사실을 인정한다면 이런 주장은 별로 설득력이 없다. 황수정을 주체적 인격으로 보는 것은 전혀 다른 범주의 문제다. 여기에서 중요한 것은 황수정이 문화산업 구조 내에서 각광 받던 하나의 문화 상품이었다는 사실 자체다. 대중은 기꺼이 이 상품을 구매했고, 이제 그 제품이 불량품이라는 것이 판명 나자 항의를 하고 있을 뿐이다.

정작 우리가 비판해야 할 대상은 극중 인물과 실제 인물을 구분하지 못하는 우매한 대중이 아니다. 솔직히 '대중'이란 자본주의 사회가 만들어낸 도깨비에 불과하다. 대중은 실제로 존재하지 않는 이데올로기일 뿐이다. 존재하는 것은 오직 모든 사물을 화폐 가치로 환원해서 생각하도록 만드는 생산과 소비의 메커니즘이다. 자본주의 문화산업 구조가 생산한 하나의 문화 상품을 기호에 따라 소비하도록 틀 지워졌던 자본주의적 주체에게 황수정이라고 해서 인격적으로 보일 하등의 이유는 없다. 이미 생산과 소비라는 메커니즘을 따라 상품으로 포장됐던 황수정이라는 개체의 용도는 소진된 것이다. 이제 그를 기다리는 것은 생산의 논리에 따른 폐기 처분일 뿐이다. 그러므로 일부에서 항의하는 것과 달리 황수정 사건을 계기로 그에게 취해진 방송 출연 금지나 광고 금지는 도덕적 차원에서 해결될 문제가 아니다. 자본 시장의 논리로 본다면 이런 조치는 당연한 결과다. 이런 논리는 어떤 윤리적 판단도 불허하는 것이다. 이것이 바로 마르크스가 지적했던, 상품 관계로 모든 것을 환원하는 자본주의 자체의 구조적 문제다. 자본주의 문화산업의 상품에게 인권이나 여권이 있을 리 만무하다. 황수정이라는 상품은 이윤 극대화의 도구로 활용됐을 뿐이기 때문이다. 그러나 이런 고찰을 토대로 황수정 문제를 간단히 구조적 병폐 탓으로 돌리면서 비인간적인 문화산업 구조를 뜯어고치면 문제가 개선될 수 있다는 정도에서 만족하는 것은 또 다른 함정이다. 여기에서 중요한 것은 이런 구조에 타협했던 황수정의 선택이 엄연히 존재한다는 사실이다. 따라서 황수정을 잘 못된 구조의 희생양으로만 보는 동정적 시선도 이런 측면에서 다소 문제가 있다. 황수정 사건으로 빚어진 갖가지 논란은 황수정 개인이나 문화산업 구조라는 양자의 차원에서 '익명의 소비자'라는 다른 범주로 넘어갈 때 새로운 실마리를 드러내 보인다. 이 실마리를 통해 우리는 판타지와 이데올로기, 그리고 서사가 어떻게 매개될 수 있는가 하는 흥미로운 문제에 접근할 수 있다. 이 문제에 바짝 다가서기 위해 우리는 이런 질문을 던져볼 수가 있다. 무슨 이유로 한국의 구성원들은 황수정과 예진 아씨를 동일시했던 것일까?

이 물음에 대한 답을 알아내기 위해 우리는 〈허준〉이라는 드라마의 정체를 먼저 밝혀봐야 한다. 도대체 〈허준〉은 무엇이었던 가? 당시 상한가를 쳤던 〈허준〉의 인기를 설명할 수 있는 말은 많을 것이다. 이 드라마가 역사극과 코미디, 그리고 멜로와 탐정극의 장르적 혼합이라는 지적은 〈허준〉의 인기 비결을 설명하기 위해 종종 신문지상을 오르내리던 말이었다. 그러나 무엇보다도 〈허준〉의 대중적 인기는 한때 '의인義人'에 대한 목마름이라고 표현되기도 했던 '정의로운 사회'에 대한 집단적 소망의 산물이었다. 〈허준〉을 보고 삶의 희망을 되찾았다는 중년 남성으로부터 나중에 허준 같은 한의사가 되겠다는 초등학생까지, 이 드라마가 실제적 삶에 끼친 영향은 놀라운 것이었다. 허준과 유도지라는 선과 악의 대결이 최종적으로 해소되고 새로운 공동체가 탄생한다는 〈허준〉의 서사 구조는 전형적인 로맨스를 답습한다. 이런 로맨스는 한국적 상황에서 다소 계몽주의적 요소가 첨가되기도 했지만 근본적인 원리에서 동일하게 작동했다. 흥미롭게도 절대 악과 절대 선이 등장해서 절대 선의 승리로 폐막되는 서구의 로맨스와 달리 〈허준〉은 절대 악을 등장시키지 않는다. 이 드라마에서 악역을 맡은 유도지는 '악인'이라기보다는 인격적으로 덜된 인물로 그려진다. 궁극적으로 조화로운 공동체의 복원이라는 대단원을 위해 이 한국적 로맨스는 '악인'이 아닌 '못된 놈'을 등장시키는 것이다.[7] 다시 말해 인격적으로 완성이 덜 된 인물과 인격적으로 완성된 인물을 대비시킴으로써 나중에 복원될 혹은 새롭게 건설될 공동체에서 모두 하나 될 수 있는 가능성을 열어두는 것이다. 여기에서 〈허준〉이라는 드라마의 정체가 드러난다.

흥미롭게도 정작 이 드라마에서 묘사되는 유도지의 '못된 점'은 근대적 개인의 양상을 암시하고 있다. 유도지의 입장에서 볼 때 공동체는 자신의 이익과 대립될 때 무시될 수도 있는 그 어떤 것이다. 또한 허준과 유도지를 대립시키는 매개는 그 무엇도 아닌 '아버지'다. 이런 맥락에서 이 드라마는 일종의 가족 로맨스라고 할 만하지만, 흥미롭게도 이런 전제는 허준과 유도지의 대립을 '상상적 아버지(토템의 아버지)'와 '실재적 아버지(터부의 아

---

7 1960~1970년대에 관변으로 제작됐던 계몽주의적 문예 영화에서도 이런 양상을 확인할 수 있다. 가난한 민중을 교화해서 인간답게 살도록 만들려는 의인의 분투와 이 의인의 태도에 냉담하던 민중, 그리고 이 의인의 삶을 방해하는 인격적으로 '덜된' 인물이 이런 로맨스의 갈등을 형성한다. 흥미롭게도 이 같은 모습은 이른바 '당 문학'이라고 부름직한 북한의 소설에서도 어렵지 않게 발견할 수가 있다. 이 사실에서 우리는 적대적 이데올로기마저도 공유할 수밖에 없는 근대적 기획 또는 계몽주의의 위력을 새삼 실감할 수 있는 것이다.

버지)'에 대한 아들의 분열적 대응으로 읽을 수 있는 가능성을 열어준다. 실제로 허준이 상상적 아버지를 찬미하는 아들이라면, 유도지는 실재적 아버지를 거부하는 아들이기 때문이다. 따라서 허준과 유도지는 서로 다른 인물로 설정되어 있지만 결국 하나의 주체를 표현하는 이중에 불과하다. 아버지에게 복종하지 않는 아들은 탕아이기에, 유도지가 도덕적 결손을 내포한 인물로 그려진 것은 당연한 이치이다. 이 결손은 바로 토템의 아버지를 숭배하지 않는 탕아의 태도에서 드러난다. 탕아는 아버지의 이름으로 강제되는 집단성을 거부하고 홀로 떠돈다. 이런 의미에서 유도지는 부권적 로망스를 거부하고 형제적 로망스를 실현하고자 했던 근대적 개인주의를 고스란히 드러내 보인다. 그렇다면 오늘날 한국의 현실에서 긍정적인 것으로 받아들여지는 근대적 개인주의가 〈허준〉이라는 드라마에서 인격적 결함으로 표현됐던 까닭은 무엇일까? 도대체 왜 이런 전도가 〈허준〉에서 일어났던 것일까?

어떻게 보면 이 전도 현상은 로망스라는 서사에 고유한 성격이기도 하다. 〈허준〉이라는 로망스에서 진도를 통해 억압되는 것은 현실의 한국을 지배하는 자본주의적 리얼리티다. 1997년의 경제 위기 이후 신자유주의적 정책에 따른 사회적 변동은 자본의 합리화를 가속하면서 근대적 개인주의를 더욱 확대해나갔다고 하겠다. 특히 부실 기업 정리라는 명목으로 행해진 폐사 조치와 정리 해고, 그리고 성과급 연봉제의 전면적인 도입은 중산층을 몰락시키고 빈부의 격차를 심화시켜 계급적 차별성을 더욱 강화했다. 이런 와중에 한국의 대중은 무의식적으로 계급적 문제를 개인주의적 분열과 동일시하게 되는 것이다. 왜냐하면 기본적으로 계급이란 집단적 차원에서 작동하는 총체성인 관계로 개인적 차원에서는 경험적으로 포착되지 않기 때문이다.[8] 이런 맥락에서 〈허준〉은 자본주의적 합리화의 두 축이라고 할 계급적 위계화와 개인주의에 대한 공포를 해결하고자 했던 일종의 상상적 해결책이었다고 할 수 있다. 허준과 유도지라는 백기사와 흑기사의 팽팽한 대립과 이 기사들의 대결을 장식하는 여인들은, 이 드라마를 한국적 로망스로 인식하게 할 근거를 충분히 제공했다. 그래서 〈허준〉은 정당한 노력의 대가를 받지 못하는 한국 사회의 현실에 대한 대중의 비판적 공감을 불러일으킴과 동시에 과거에 잃어버린 공동체 또는 토템적 아버지의 복원이라는 향수를 자극할 수 있었던 것이다.

말할 것도 없이 이 같은 로망스의 대장정에서 황수정은 한국 남성의 성적 판타지를 위해 장엄하게 바쳐진 전리품이었다. 정의의 기사에 해당하는 허준을 거울 이미지로 인식했던 한국의 남성에게 황수정은 이상적 파트너로 자연스럽게 자리 잡았던 것이다. 한국 미혼 남성들을 대상으로 한 설문조사에서 황수정이 가장 결혼하고 싶은 여성 연예인으로 뽑혔다는 사실은 이 판타지의 실체를 확인케 한다. 이들이 황수정 사건을 일종의 '배신'으로 받아들이는 것은 이런 동일화의 맥락에서 가능한 것이다. 기본적으로

---

8 계급성의 표출을 개인주의적 분열과 동일시하는 시각은 노동자들의 파업에 대한
   반응에서도 여실히 드러난다. 지하철 노조나 철도 노조의 파업이 있을 때마다 언론과
   대중은 노동자의 파업 행위 자체를 집단 이기주의로 몰고 가면서, 국가(또는 민족)에
   심대한 불이익을 초래한다고 몰아치기 일쑤다. 나는 이런 양상을 실패한 근대 기획에
   따른 징후로 읽어야 한다고 본다. '계급=개인=분열'이 바로 민족의 적이라는 관념은,
   근대 계몽기부터 뿌리 깊게 각인된 코드다. 친일파를 위시한 근대 계몽주의자들이
   전근대성의 원인을 (백성-민족의) 분열에 기인한 것으로 인식했다는 점은 아주
   흥미롭다. 계급 범주와 이 문제를 직접적으로 연결 짓고 있지는 않지만, 고미숙의
   논의에서 이와 유사한 관점을 발견할 수 있다. 고미숙, 『한국의 근대성, 그 기원을
   찾아서』, 41~42쪽.

〈허준〉이라는 로망스에 동의했던 사람들이 남녀를 불문하고 가부장 체제와 합의함으로써 개별적 판타지를 형성했다고 한다면 황수정에 대한 여성들의 반발을 굳이 '여성들'의 것이라고 볼 까닭은 없을 것 같다. 이런 로망스에서 여성의 젠더는 '백마의 기사를 기다리는 아름다운 여인'이라는 판타지를 통해 소멸되어 버리기 때문이다.

한국의 대중은 남녀를 불문하고 〈허준〉이라는 로망스를 통해 더욱 강화되는 자본주의적 합리화와 계급적 분열에 대항하는 상상적 공동체의 이미지를 안타깝게 붙잡으려고 했던 셈인데, 여기에서 황수정은 이 집단적 로망스와 개인적 판타지를 매개하는 역할을 했던 것이다. 이런 관점에서 보자면 이 개인적 판타지가 깨어지자 사람들이 공격성을 띠게 됐다고 할 수 있다. 이 공격성을 다스리는 하나의 방법이 바로 시각화의 은폐로서 작동하는 이데올로기의 활용이기 때문에 황수정을 향해 가해지는 도덕적 비난은 엄밀히 말해 윤리적 차원을 넘어서서 이데올로기적 차원에서 작동하는 것이다. 이와 유사한 사건이 있을 때마다 발생하는 '이상한 가역 반응'을 우리는 이런 맥락에서 충분히 이해할 수 있다. 이데올로기는 해석을 불허한다. 한마디로 이데올로기는 그 어떤 서사의 개입도 허락하지 않는 것이다. 따라서 역설적이지만 황수정에 대한 윤리적 옹호나 비난은 이런 이데올로기의 작동 상황에서 아무런 의미가 없는 셈이다. 이런 상황은 윤리가 전제하는 그어떤 합리성도 받아들이지 않기 때문이다.

결국 황수정은 자본주의의 리얼리티를 억압하던 일종의 상상적 판타지로서 한국 사회 구성원 개개인에게 거울 이미지의 동일성으로 인식되어 왔던 것이다. 이 판타지를 가능하게 한 것이 바로 자본주의적 리얼리티―경제 위기, 정리 해고, 가족 해체, 위험 사회 같은 외상―를 견디기 위한 일종의 방어 심리였다. 즉 이 판타지를 통해 우리는 가혹한 리얼리티의 생채기를 망각할 수가 있었던 것이다. 그러므로 황수정 사건은 이토록 고통스러운 상처를 다시 직시하도록 만든 리얼리티의 귀환인 셈인데, 개인은 이런 외상을 있는 그대로 직시할 수 없기에 집단적 차원에서 이데올로기적 장치를 활용하게 된 것이다. 다시 말하자면 황수정의 이미지가 억압하던 리얼리티는 이제 이데올로기의 단계에서 다시 황급히 봉합되고 있다고 하겠다. 황수정 사건을 통해 우리가 확인할 수 있는 것은 이런 비합리적 반응의 원인이 지속적으로 로맨스의 붕괴라는 재현적 위기와 맞물려 있다는 사실이다. 그렇지만 이 위기를 해결하고자 하는 집단적 노력이 역설적이게도 언제나 또 다른 폭력으로 작동하게 된다는 것은 한국 사회를 지배하는 아이러니일지 모른다.

21. 정양의 누드

가벼운 일별만으로 보자면 정양은 황수정의 반대편에 서 있는 것처럼 보인다. 황수정의 일탈에 그렇게 가혹했던 여론도 정양의 벌거벗은 육체 앞에 이르러 꼬리를 내린 것처럼 보이기 때문이다. 그러나 겉으로 보이는 이런 대조적 광경과 달리 오히려 정양의 누드 앞에서 황수정 사건은 다시 한번 그 속내를 드러낸다. 도대체 무엇 때문에 이런 불공평함이 벌어지는 것일까? 세간의 비판처럼 오직 스포츠 신문 기자들의 황색 저널리즘 때문일까? 만약 그렇다면 해당 기자들의 도덕적 이중성을 바로 잡으면 모든 문제는 해결될 것이나. 그러니 문제는 이렇게 간단하지 않다. 더욱 중요한 문제의 본질은 현상 너머에 있는 것이 아니라 현상 자체에 내재한다. 물론 이런 불공평함을 일차적으로 유발하는 것은 섹슈얼리티에 대한 기자들의 이중 잣대다. 그러나 이런 이중 잣대는 명백히 시장성과 연관되어 있다. 다시 말하자면 기자들의 이중성은 대중적 판단의 이중성을 코드화하는 동시에 상호 영향을 미치는 것이다. 즉 황수정의 '최음제' 소동은 정양의 누드를 호의적으로 평가하는 기자들의 단순한 괴벽에 의한 것이 아니라고 하겠다.

우리는 이렇게 선명히 대립하는 사례를 통해 자본주의적 문화산업의 일면을 어느 정도 파악할 수 있다. 보드리야르는 자본주의 문화의 작동 원리가 '폭로'에 있다는 의견을 피력했는데, 이 진술은 황수정과 정양의 상호 관련성을 분석하기 위한 근거로 상당한 설득력을 갖는다. 말콤 불이 지적하듯이 상품화 자체는 신비화와 탈신비화를 병행한다.9 동일한 관점으로 파악한다면 황수정 사건은 신비화된 여성성 또는 섹슈얼리티에 대한 자본주의적 공격이었던 반면, 정양의 누드는 이와 대조적으로 섹슈얼리티 자체를 탈신비화하는 자본의 논리에 충실한 경우였다. 결국 본성적으로 파괴적인 자본의 논리가 '은폐'의 전략에 따라 신비화됐던 황수정을 탈신비화하며 그 정체를 폭로한 것이다. 이런 이중성은 부르주아적 계몽주의와 혼거하면서 탄생했던 자본주의의 기원적 맥락에 내재한다. 따라서 귀족의 문란한 사생활을 폭로하기 위해 포르노그래피를 사용했던 과거의 계몽주의자들처럼 오늘날 황수정에 대한 담론에서 지극한 도덕적 색채를 발견하는 것은 놀라운 일이 아니다. 막스 베버가 『프로테스탄트 윤리와 자본주의 정신』에서 고찰했던 기독교적 금욕주의와 자본주의의 관계에서 우리는 여기에 대한 발생적 근거를 확인할 수 있다.10

이처럼 자본주의는 궁극적으로 도덕적 가치와 함께 작동하는 것인데, 이 도덕이란 부르주아의 시선에 따라 정돈된 세계의 질서를 반영하는 것이다. 푸코의 지적처럼 계몽의 시대에 이르러 섹슈얼리티와 육체는 돌연 도덕적 진실의 격전장이 됐다. 성적인

---

9 Malcolm Bull, "Between the Cultures of Capital", *New Left Review*, second series, no. 11, 2001, pp.111~112.

10 베버는 이 책에서 프로테스탄트적 윤리에 근거해 자본주의의 축적을 설명하는데, 내가 볼 때 이런 측면은 넓게 보아 계몽주의와 자본주의의 접합을 형성하는 것이다. Max Weber, *The Protestant Ethic and the Spirit of Capitalism*, (trans. Talcott Parsons) London: Routledge, 1992, pp.155~183.

것은 병리적 차원에서 체계화됐으며, 정상과 비정상을 가르는 기준으로 제시됐다. 특히 매독 같은 성병이나 동성애는 용납될 수 없는 반국가적 질병이었다. 이런 전제는 오늘날에도 되풀이된다. 에이즈와 동성애를 자연스럽게 연결 짓는 자본주의적 도덕 담론이 여전히 판을 치면서 '건전한 성생활'만이 에이즈를 예방할 수 있다는 주장이 아무런 거부감 없이 유포되고 있기 때문이다. 그러나 여기에서 표현되는 건전한 성생활은 당연히 '정상적 성생활=이성애=부부 관계'라는 공식에 근거하는 것이다.

한때 가수 박진영이 제기했던 '즐거운 섹스' 역시 이런 측면에서 아주 도덕적인 경계선 위에서 진행되는 것이라고 볼 수 있다. 그가 언급했던 것은 욕구일 뿐이지, 실제로 욕망은 아니었다. 욕망은 쉽사리 이데올로기와 결합해서 실재의 흔적을 깨끗이 지워버린다. 박진영이 말하는 '즐거운 섹스'는 명백히 중간계급의 안위 위에서 진행되는 허약한 것에 불과하다. 정작 우리가 성욕을 다룰 때 관심을 기울여야 할 것은 바로 이런 허약성 자체일 뿐이다. 이런 까닭에 우리는 박진영의 '쾌락'에서 어떤 계급적이거나 성차적인 차별도 발견할 수 없는 것이다. 다시 말하자면 한국에서 섹스가 즐겁지 않은 것은 단순히 그 당사자들이 섹스를 '금기'로 삼기 때문만은 아니라는 것이다.

두말할 나위 없이, 남성이 지닌 성적 판타지의 시선에서 구성되는 도덕의 공식에서 욕망의 반대편에 서 있는 여성은 대상화되고 배제될 수밖에 없다. 다양한 상업적 포르노그래피에서 여성의 동성애 장면은 빈번한 반면 남성의 동성애 장면은 없는 것이 이런 까닭이다. 원칙적으로 본다면 포르노는 남성의 성적 판타지를 위한 극장에 불과하기 때문이다. 이런 포르노를 보고 여성이 성적 흥분을 느낀다고 해도 이는 다분히 남성적 시선의 검열을 통해 가능할 뿐이다.[11] 이런 측면에서 황수정은 본인의 의사와 상관없이 일부일처제를 중심으로 회전하는 가족중심주의에 복무했던 것으로 볼 수 있다. 그런데 이런 황수정이 배신을 한 것이다. 당연히 결과는 참혹한 복수밖에 남지 않게 된다. 흥미롭게도 권명아는 이런 복수 행각을 '집단적 원한'에서 찾을 것을 권한다. 그에 따르면 이런 집단적 원한은 '가족'이라는 단위를 신성시하고 신비화하는 결과를 초래하는 것인데, 그러므로 "가족의 경계 바깥에 어떠한 안전지대도 마련하지 않는 사회"가 바로 파시즘을 불러오는 원인이라는 것이다.[12] 이 지점에서 가족은 외부적 상처를 방어하기 위한 판타지로 전환된다. 오직 가족만이 유토피아의 표상으로 남을 때 사람들은 사회를 거부하게 된다. 그러나 여기에서 권명아의 지적은 더욱 세밀히 검토되어야 한다. 권명아가 설정한 가족은 실제로 세계의 분열에 대응하는 개인적 판타지로서 상상적 이미지에 불과하기 때문이다. 이 개인적 판타지가 집단적 상징 행위로 확대된 것이 민족이다.[13] 개인적 판타지를 집단

---

11 이런 까닭에 포르노를 예찬하는 자칭 페미니스트들을 볼 때마다 나는 씁쓸함을 느낀다.
어떻게 보면 이들은 '가부장적 페미니즘'을 주장하고 있는 것인지도 모르기 때문이다.
'남성의 시선으로 강요되는 페미니즘'이란 말은 상당히 역설적이지만, 자본주의가
활용하는 페미니스트 담론은 이런 왜곡의 형식을 띨 수밖에 없다. 실제로 수많은 상업
광고가 전달하는 '여성 해방'의 이미지(이런 이미지는 항상 성 해방의 논리와 함께
진행된다.)는 바로 자본주의와 교합하는 페미니즘의 현실을 잘 보여주는 것이기도 하다.

12 권명아, 『가족이야기는 어떻게 만들어지는가』, 책세상, 2000, 62쪽.

13 정신분석학을 사회 분석에 적용하는 많은 논자가 개인적 판타지에서 집단적 상징
행위로 넘어가는 과정의 매개를 종종 누락시킨다. 프레드릭 제임슨이나 슬라보예
지젝도 예외가 아니다. 그들에게 개인적 판타지는 집단적 판타지와 자주 혼용된다.
물론 제임슨은 마르크스주의적 모델과 정신분석학적 모델이 아주 유사하긴 하지만,
결코 같은 차원에서 작동하지는 않는다고 말한다. 그렇지만 이런 지적과 달리 제임슨은
서사와 생산양식의 관계를 너무 매끄럽게 연결한다.

적 차원으로 전환시키는 매개는 서사다. 여기에서 다시 한번 서사의 문제가 중요하게 제기되는데, '서사의 위기'는 이런 개인적 판타지를 적절하게 사회적 차원으로 환원할 수 있는 '매개의 위기'를 의미하기도 하는 셈이다. 위기에 따른 서사의 폐쇄는 이데올로기와 개인적 판타지가 직접적으로 연결되는 길을 열어준다. 이 지점에서 파시즘은 개인적 판타지를 따라 호명된다. 알튀세르가 말하듯이 이데올로기가 주체를 불러들이는 방식은 이렇게 진행되는 것이다. 이런 경로를 통해 개인의 결단은 집단화되는 동시에 이데올로기화된다. 말하자면 결정은 내 차원에서 이루어졌지만 행동은 우리의 차원에서 진행되는 것이다. 이런 맥락에서 이데올로기는 반드시 부정적인 것만이 아니라 긍정적 측면도 갖는다. 왜냐하면 모든 이데올로기는 유토피아적 이상에 대한 집단적 기획을 내재하기 때문이다. 이런 이데올로기의 작동에서 가족은 개인적 차원에서 현실적 모순에 대응하는 상상적 해결책이다. 그러나 자본주의는 가족 이미지를 끊임없이 붕괴시킨다. 상상의 가족은 실재의 가족과 지속적으로 충돌한다. 따라서 권명아가 말한 원한은 상상의 가족 이미지가 실재의 가족이 붕괴됨에 따라 훼손되는 바로 이 지점에서 발생한다고 할 수 있다. 그러므로 황수정 사건은 상상적 가족 이미지의 붕괴와 관련 있다고 볼 수 있다. 그는 어떠한 환난 중에도 사랑하는 사람을 버리지 않는 의리의 연인이자 끝까지 사랑을 위해 정조를 지킨 열녀이기 때문이다. 그를 중심으로 회전했던 판타지가 명백히 섹슈얼리티에 대한 남성적 시선의 결과였음을 여기에서 다시 한번 확인할 수 있다.

이런 사실에 비춰 본다면 정양의 누드는 지극히 남성중심주의적 시선에 영합하는 경우다. 정양의 전철이라고 할 이승희의 경우를 놓고 보더라도 이 사실은 명확해진다. 당시 진보적이라 평가 받던 어느 시사 프로그램에서 전격 취재했던 이승희의 모습은 『플레이보이』 표지 모델에 대한 도덕적 경계심을 말끔히 해소해주면서, 급기야 그를 여성 해방의 기수로까지 부각시켰던 것이다. 물론 이런 호의는 다분히 남성중심주의적 징후로서 드러나는 것이다. 역설적으로 이들의 누드는 '알몸'이 아니라 남성의 성적 판타지를 자극하기 위한 일종의 '옷'으로 볼 수 있다. 겉으로 실재하는 것 같은 이들의 몸은 실제로 남성적 취향에 맞게 포장을 두른 이미지인 셈이다. 따라서 황수정을 비난하는 목소리와 이들의 누드를 찬미하는 목소리를 한 입에서 나온 두 소리가 아니라 오히려 한 입에서 나오는 한 목소리로 들어야 하는 것이다.

이런 사실은 공개적 도덕주의를 배반하며 날로 번창하는 음성적 섹스산업과 이를 확대 재생산하는 남성 위주의 성적 판타지와 무관하지 않지만, 더욱 우려할 만한 일은 자본주의적이며 남성중심주의적인 이런 성적 판타지에 한국 여성들 자신이 적극적으로 길들여지고 있다는 사실일 것이다. 정양의 당당한 목소리를 욕망의 해방으로 이해하거나, 그들의 주장에 동조하는 여성들이 존재한다는 사실 자체가 이런 현실을 증명해준다. 정양의 누드를 성해방으로 착각하는 것은 명백히 부르주아적 계몽주의에 대한 노스탤지어 덕분이다. 이 노스탤지어는 민족의 상실감과 더불어 한시바삐 우리가 포기해야 할 그 무엇이다. 원한과 상실, 그리고 비애를 넘어선 뒤에야 우리는 비로소 질투 없이 미래를 준비할 수 있을 것이기 때문이다. 분명히 그 미래는 근대적이면서도 더 이상 근대적인 것이 아닐 터이다.

제6장

한국 문화의 새로운 지형도

22. 386세대의 불행

숱한 논란을 감안하더라도 이른바 '386세대'만큼 자기 세대의 이미지를 확실히 상징화한 집단은 없을 것이다. 4·19세대와 6·3세대가 앞선 세대로서 386세대와 비견될 만하지만, 세대 자체가 상징화됨으로써 문화적 현상의 일부가 될 수 있었던 행운을 이들 세대는 전혀 누리지 못했다.

그렇지만 386세대는 그들 스스로 역사를 재구성함으로써 문화적 상징으로 전환됐다기보다는, 스스로 '부재 원인'이 됨으로써 문화적 소비 대상의 일종으로 출현하게 된 것이다. 즉 386세대는 실제로 존재하지 않았음에도 1980년대 대학 문턱을 넘은 모든 사람은 이제 누구나 이 세대를 자신의 세대로 받아들일 수밖에 없게 된 것이다. 그러므로 386세대라는 말은 이제 시대적 정체성을 의미하는 것이 아니라 하나의 문화적 기호로 전락했다고 할 수 있다.

역설적이게도 386세대를 '문화적'으로 만든 장본인들은 1980년대에 이 세대로부터 적으로 인식됐던 세력이었다. 대표적으로 『조선일보』가 기획한 특집은 386세대라는 말이 그나마 가지고 있던 정체성을 결정적으로 흐려놓는 역할을 했다. 『조선일보』의 이 특집이 '1980년대에 대학을 다니며 학생운동이나 기타

민주화운동에 관여했던 대학생'을 지칭하던 이 386세대라는 말을, '1980년대 대학을 다닌 모든 대학생'이라는 일반적 의미로 전환해버렸던 것이다. 원래 이 386세대란 말은 1990년대 중반에 학생운동권의 주도 세력이 되는 90년대 초반 학번들이 구세대 학생운동권을 비판하기 위해 만들어낸 조어였다. 당시 시기별로 업그레이드되던 컴퓨터의 기종을 빗대어 80년대 학번들의 수구성을 질타했던 이 말은, 졸지에 본뜻과 상관없이 세대론으로 둔갑해 1990년대를 풍미하게 된 것이다.

그러나 본뜻을 벗어나는 것이 모든 기표의 원리인 까닭에, 흐르는 현실을 향해 아무리 멈추라고 한들 공연한 외침이 될 뿐이다. 결국 모든 문화적 현상에 대한 태도가 그러하듯 이 386세대론 자체도 역사를 이루는 하나의 형식으로 인정하고 이를 가능하게 한 물질적 기반과 매개해서 적극적으로 사유해보는 것이 문화연구의 정당한 방법일 것이다. 따라서 386세대론은 그 담론의 진위에 대한 논란을 넘어서서 그 실체를 인정하고 학문적으로 접근할 때 비로소 정당한 면모를 드러낼 수 있다고 하겠다.

386세대라는 상징의 등장은 1990년대 초중반의 경제적 거품 현상과 무관하지 않다. 1992년 대통령 선거를 기점으로 한국의 변혁운동 세력이 자신의 역량으로 민주화를 견인할 수 있는 마지막 기회를 잃게 됨으로써, 1980년대를 거치며 이데올로기적으로 급진화됐던 한국의 사회운동은 종말을 고하게 된다. 물론 현실 사회주의권의 붕괴라는 요인도 이런 변화에 일조를 했겠지만, 모든 혁명운동은 자체 역사의 내적 에너지에 의존하는 경우가 다분하기 때문에 나는 이 사건이 한국 급진 운동의 종언에 결정적인 역할을 했다고 생각하지 않는다. 더군다나 서구 유럽의 급진적 지식인들이 이미 1960년대부터 소련의 스탈린주의와 결별을 선언함으로써 독자적 노선을 추구하고 있었기 때문에 1990년 초반에 이루어진 현실 사회주의권의 붕괴를 사회주의에 대한 자본주의의 승리라는 식으로 성급히 결론 내리는 것은 역사적 맥락을 무시한 단순 논리에 지나지 않는다. 마찬가지로 제3세계적 운동의 성격이 다분했던 1980년대 한국의 급진 운동 역시 소련의 스탈린주의에 대해 일정 정도 비판적 거리를 유지했다는 것을 부정할 수가 없다.

나는 1990년대를 1980년대와 결별시키는 가장 결정적 요인을 경제적 호황과 그에 따른 문화의 과잉이라고 본다. 이른바 '문민 정부'가 등장한 1992년부터 IMF로 상징되는 경제적 파국의 1997년까지를 아우르는 5년의 짧은 기간은 한국이 서구 유럽의 1960년대가 거쳐 갔던 그 문화 과잉의 시대를 고스란히 재연한 시기였다. 게다가 1970년대의 경제개발 과정과 동일한 성장기를 거쳐온 1990년대 학번 대학생들의 성향은 1980년대의 대학생들보다 후기 자본주의의 문화적 특성인 '소비주의'에 적절히 부합하는 것이었다.

그렇기 때문에 나는 1980년대의 종언과 지식인의 우경화를 현실 사회주의권의 붕괴와 그에 따른 사상적 공허감에서 찾는 태도를 무책임한 관조자의 자기 변명으로 생각한다. 현실적으로 사회주의권의 붕괴는 한국의 운동 세력에게 별다른 영향을 미치지 못했다. 도리어 사회주의에 적대적이었던 세력이 이 붕괴를 패배로 선전하면서 자신들의 이데올로기를 강화했을 뿐이었다.

서태지의 랩과 언더그라운드 록밴드에 대한 찬사가 민중 가요의 구태의연함에 싫증이 난 1990년대 대학생들의 '혁명성'을 대변하기 시작한 현실은, 더 이상 '사노맹' 같은 전위적 사회주의 혁명 조직도, 박노해나 백무산 같은 노동자 시인도 존재할 수 없게 만들었다. 사실 이 노동자 시인들은 그 누구보다 변화된 현실을 재빨리 깨닫고, 자신들의 명성을 가능하게 했던 1980년대의 노동계급성을 1990년대의 정보기술성과 적절하게 타협시켰다. 또한 각 정파에서 지도적 위치를 점했던 지식인들은 운동을 포기하거나 시민운동과 생태운동으로 전향했다. 더불어 1980년대를 풍미했던 경제 이론과 사회과학 담론은 순식간에 오류나 환원주의로 치부됐으며, 그 이론들의 목소리가 다소 잦아든 공간을 비집고 이른바 문화 담론이 제 존재를 알리기 시작했다.

그러나 이런 문화 담론을 생산해낸 주역들은 결코 '신세대'가 아니었으며, 도리어 구세대에서 이론적 수혈을 받고 있었다. 다시 말해 이런 담론은 1990년대 문화의 소비 주체로부터 생산된 것이 아니라 그 소비 주체들과 때로 융합되면서도 변별되는 관조적 주체들을 통해 등장한 것이었다. 이 사실은 한국의 1980년대가 단순히 하나의 사상이나 노선으로 설명될 수 없는 복잡한 이데올로기적 중층 구조로 구성되어 있었음을 증명하는 것이기도 하다.

역사적 맥락이라는 다소 거시적 차원에서 1980년대를 들여다본다면 이 시기는 일반적인 인식처럼 진보의 시대라기보다는 '퇴행의 시대'에 더 가까웠다. 1970년대 말까지 동시대적으로 수용됐던 급진적인 서구 이론들이 유독 1980년대에 이르면 1930년대의 사상적 지평으로 복귀하는 양상을 보여주기 때문이다.

백낙청은 『창작과 비평』 창간호에 게재했던 「시민 문학론」에서 동시대적인 서구 문학이론의 흐름을 면밀히 검토한 바 있거니와, 당시에 이미 일련의 논문에서 '포스트구조주의'에 대한 언급과 비판을 수행하고 있음을 확인할 수 있다. 게다가 1960년대 김수영이 제기한 '참여 문학' 역시 사르트르 식의 문학 이론 위에서 진행됐다는 것은 익히 알려진 사실이다. 또한 사회주의 리얼리즘에 반대하는 후기 루카치의 이론과 아도르노를 비롯한 프랑크푸르트 학파의 이론들이 1960년대부터 소극적이나마 수용되어 왔던 사실을 감안한다면 1980년대는 도리어 파시즘이 창궐하던 유럽의 '인민전선'이 부활한 느낌을 지울 수 없게 한다.

흥미롭게도 정치적 파당성을 불문하고 모든 운동 정파가 자신의 정체성을 원전에서 찾으려고 한 행위는 놀라운 일치를 이룬다. 주체사상과 마르크스, 엥겔스, 그리고 레닌의 원전들이 기성세대의 수정주의 이론들을 전복하기 위한 기준으로 인용됐고, 문화운동 역시 과거 공동체의 복원과 전통 문화의 복권을 향한 기조를 일관되게 유지했다. 결국 이런 시대적 역행 현상은 운동권의 고립성과 폐쇄성을 낳았으며, 이런 경향에 동반한 엘리트주의는 자신을 둘러싼 당대의 모든 현실을 가상으로 받아들이게 함으로써 지금은 부재하는 과거의 이상향을 복구되어야 할 본질로 인식하는 플라톤주의적 극단을 강요했던 것이다.

이런 상황에서 과거에 대한 향수는 현실 비판의 동인動因이 되는 동시에 자신의 삶과 현실적 기반을 부정하는 허무주의적 태도에 원인을 제공하기도 했다. 1980년대 학생운동이 1980년 광주의 희생을 본보기로 성장하면서 '과학적 현실 인식'을 강조했던 상황은 1987년 6월을 거치면서 이론 자체를 곧 과학성으로 오해하는 상태로 급속히 변질되고 만다. 이런 퇴행성은 결국 현실에서 이론을 생산하려 하지 않고 오히려 이론에 현실을 억지로 끼위 맞추려는 교조적 태도를 초래할 수밖에 없었다.

　퇴행적인 것이 진보적인 것으로 착각됐던 역설은 결국 미학적
으로도 리얼리즘이 아닌 낭만주의나 자연주의를 혁명적인 것으
로 오인하게 만든다. 마치 스탈린의 사회주의 리얼리즘이 전혀
리얼리즘적이지 않고 도리어 낭만주의적 전통 위에 서 있었듯이
1980년대의 문학예술 역시 일반적인 선입견과 달리 그렇게 리
얼리즘적이지 않았다. 1980년대의 문학이 기존의 문학적 전통
을 적절하게 계승하지도 극복하지도 못한 것은 이런 사정에서 연
유하는 것이다. 이는 또한 386세대가 자기 세대의 예술가를 갖지
못한 불행의 이유이기도 할 것이다.

23. 김영민, 잡된 글쓰기의 모티브

1980년대의 어두운 동굴을 지나온 사람들에게 1990년대는 화려한 자유주의의 향연을 마련해놓고 있었다. 교조적 이념 논쟁에 지친 이들에게 청량음료처럼 와닿았던 수많은 자유주의 지식인의 미문美文과 담론들은 역사적 맥락으로 보자면 결코 무시되거나 폄하될 수 없는 중요성을 갖는다. 그도 그럴 것이 이들 덕분에 대학 내에만 밀폐되어 있던 이론적 문제들이 마침내 시장이라는 광야로 나설 수 있었기 때문이다. 이들에게는 1980년대를 주도했던 이론과 실천의 통일성에 대한 강박 관념이 없었지만, 도리어 그 덕분에 이론(형식)을 통해 실천(내용)을 달성하는 성과를 올리게 됐다.

이와 같은 '역설적인' 성취가 가능했던 까닭은 이들 자유주의적 논객들에 이르러 비로소 이론이 곧 실천인 상황, 다시 말하자면 형식이 곧 내용이 되는 '문화의 시대'가 개막됐기 때문이다. 이런 흐름에서 결코 소홀히 취급될 수 없는 한 논객이 있으니, 그가바로 철학자 김영민이다.

다소 엉뚱하게 비치겠지만 나는 김영민을 인문학계의 강산에정도로 생각한다. 한때 음악평론가 강헌은 강산에를 일컬어 "한국 록 전통의 바깥에서 출현했으면서도, 생래적으로 록 정신 자체를 체현하고 있는 가수"로 평가한 적이 있었는데, 이 정의는 별다른 가감 없이 김영민에게도 그대로 적용될 수 있을 것 같기 때문이다. 강산에는 1980년대의 들국화가 노골적으로 드러냈던 1960년대 서구 저항문화에 대한 향수나 1990년대의 신해철이 펼쳐 보였던 화려한 실험 정신에서 자유로우면서도 동시에 이 모두를 내재한 가수였다고 하겠다. 도리어 강산에 음악의 진수는 '한국적 로커'라는 수식어에 걸맞게 도처에서 출몰했던 그의 음악적 진실성에 있었다. 김영민 역시 강산에가 소유한 이런 면모를 유감없이 발휘하는데, 이런 면모 덕분에 마치 강산에가 윤도현이나 신해철과 구분되듯이 김영민도 비슷한 체질의 지식인들과 차별된다. 그의 자전적 글쓰기를 통해 공개된 사실이지만, 그에게 공부란 '적빈赤貧의 환경'을 넘어서기 위한 투쟁이었다. 그가 염두에 뒀던 공부란 이처럼 일반적인 '학교 공부'의 차원이 아니었기에 남다른 것일 수밖에 없었다.

흥미로운 점은 그가 말하는 공부가 어릴 적부터 그가 침잠했던 '읽기'와 '쓰기'에 다름 아니라는 것이다. 다시 말해 일찍부터 김영민은 공부를 '읽기-쓰기'의 중첩적 매개로 인식했던 것 같다. 그러므로 그가 지금에 이르러 이 중첩적 쌍에 '걷기'를 첨가한 것은 결코 낯선 결론이 아니다. 내가 보기에 결국 김영민은 이제 '학문하기' 또는 '공부'의 순환적 구조를 나름대로 수립하게 된 것인데, 이것이 바로 '읽기-쓰기-걷기'로 드러난 것이다. '읽기-쓰기'에서 '읽기-쓰기-걷기'로 넘어감은 마치 사르트르가 『존재와 무』에서 『변증법적 이성 비판』으로 전환한 사건이나, 쿠르베가 〈오르낭의 매장〉이라는 알레고리를 통해 자신의 낭만주의를 매장해버린 사건을 연상시킨다.

이전의 문제 의식을 유지하면서 도리어 매개의 심화를 통해 이를 더욱 확장하는 것은 김영민이 가진 장점이자 전략이다. 무릇 큰 사유의 폭을 가진 사상가들이 그러하듯이 그 역시 작은 사유에서 큰 사유를 길러내는 방식을 체득했다. 이런 방식은 아마 그가 보유한 현상학적 학문 이력과 무관하지 않을 것이다. 내용을 괄호 치고, 그 형식에 대한 사유를 통해 그 내용의 진위를 따져 묻는 현상학적 방식의 특징을 그의 글쓰기에서 발견하기란 그렇게 어렵지 않기 때문이다. 현상학적 천착이 되지 않은 논객들에게 그의 방식이 주요 공격의 표적이 되기도 했지만, '걷기'에 대한 그의 발언은 그런 종류의 공격이 순전한 오해에서 초래됐음을 강변하는 것처럼 보인다. 내용을 괄호 쳤을 때 남는 문제는 결국 형식이다. 그러므로 초기에 김영민이 차용했던 몇 가지 이론적 모델은 형식의 관점에서 새롭게 조명되는 것이 타당하다.

이런 사실은 강산에의 음악적 형식이 보유했던 리얼리티가 단순한 실험의 차원이 아니었다는 것을 통해서도 그 타당성이 증명된다. 강산에의 음악적 형식은 그가 산발적으로 언급해왔던 '외침'과 관련되어 있다. 이 '외침'은 1980년대처럼 분노의 산물이 아니라 도리어 《삐따기》에서 드러나듯이 세상을 향해 '삐딱하게' 존재할 수밖에 없는 자신의 존재론적 처지 또는 '숙명'에서 발생한다. 강산에의 '외침'은 〈돈〉이나 〈노란 바나나〉에서도 드러나듯이 자신의 존재와 세상 사이에서 필연적으로 삐걱거릴 수밖에 없는 '삐딱한 몸'의 소리와 같다는 것이다. 이런 강산에의 경우에 비춰본다면 초기에 보여줬던 김영민의 행보는 이미 이론과 실천의 괴리가 전경화前景化된 1990년대에 진실성을 확보하기 위한 '이론적 우회'로 평가될 수 있는 것이다. 즉 그에게 필요했던 것은 자신의 삐걱거림을 설명해줄 '이야기'였다.

그러나 김영민 스스로 밝히고 있듯이 그 이야기도, 그 이야기의 방식을 가르쳐줄 사람도 '여기'에 없었다. 강산에와 마찬가지로 그 역시 아무도 자신의 이름을 불러주지 않는 '고아'였던 셈이다. 결국 고아는 자신의 이름을 자기 자신이 지어야 할 운명을 지녔을 뿐이다. 이 운명은 김영민 혼자만의 것이 아니라 한국 지식인 모두의 것이기도 하다. 그럼 그토록 많은 한국의 고아는 무엇을 했던가? 김영민의 목소리는 여기에서 '외침'을 얻는다.

김영민과 강산에가 증명하는 것은 정작 한국에서 중요한 문제는 '보수와 진보'의 이항 대립이 아니라는 점이다. 이는 마치 강준만이 '우파와 좌파'를 가르는 이분법적 진영론이 한국에서 무의미함을 폭로하고 있는 것과 같다. 오직 중요한 것은 '여기'에서 출발하는 '우리의 이야기'다. '여기'에서 출발하는 지식인과 '저기'에서 출발하는 지식인의 차이가 형식적 진실성의 유무를 결정하기 때문이다. 사상적으로 좌파라고 하더라도 '여기'를 무시하고 '저기'만을 염두에 둔다면 그 지식인의 이야기는 현실과 괴리될 수밖에 없다. 현실과 괴리된 담론은 내용을 상실한 빈약한 형식에 불과하다. 이런 까닭에 한국에서 좌우 대립은 무의미할 수밖에 없다. 실천적 힘을 갖지 못한, 다시 말해 현실(내용)을 주도하지 못하는 담론(형식)은 자족적 관념의 유희일 뿐이다.

그렇다면 과연 우리의 이야기만 한다고 해서 세상을 변하게 할 수 있을 것인가? 나는 포르노 옹호론자들처럼 순진하지도 않지만, 그렇다고 해서 포르노 반대론자의 자리에 서 있는 것도 물론 아니다. 오래된 서고를 뒤져 낡아빠진 빨간 표지의 책을 꺼내본다면 거기에 이런 말이 적혀 있을 것이다. '이론 없는 혁명도 혁명 없는 이론도 없다.' 이 명언을 했던 사람들이 만들어낸 끔찍한 현실 사회주의를 생각할 때, 과연 우리에게 김영민과 강산에는 무엇을 말해주는 것일까? 반복하건대 모든 형식이 내용을 변화시키는 것은 아니다. 오직 그 시대적 진실성과 매개된 형식만이 내용을 주도한다. 그 진실성의 획득은 앵무새처럼 남의 목소리를 흉내내는 맹목이 아니라 스스로 몸을 울려 자신의 목소리를 내는 득음得音을 통해 가능하다. 김영민과 강산에가 증명해주는 것이 바로 이것이다.

1990년대의 문화적 상황에서 김영민의 주장이 내포하는 의미는 생각보다 지대한 것이다. 물론 그의 담론이 '탈식민성'이라는 외피를 두른 관계로 몇몇 선입견이 내적 진실을 향한 접근을 미리 결정 짓는 듯한 느낌을 풍기고 있지만, 사실 이런 기우는 게으른 평자들과 독자들에게나 해당되는 사항일 뿐이다. 진정으로 그의 '쓰기'가 지향했던 것은 표피적 예측에서 한참 내려간 인문학의 근본 문제에 뿌리를 내리고 있었다.

그가 주장했던 '쓰기'로서의 철학하기는 결국 '읽기'로서의 철학하기를 전제하는 것으로, 마치 소쉬르의 언어 이론이 제기한 언어에 대한 정의처럼 이 두 종류의 철학은 한쪽 면을 자르면 다른 면도 동시에 잘리는 동일성을 구성한다. 김영민이 '쓰기'와 '읽기'를 통해 진정으로 주장했던 것은 더도 말고 덜도 말고 철학이 홀로 서서 존재를 발언할 수 있었던 서구 형이상학의 종언이었다. 무릇 역사적 사실은 일정한 인식 체계의 붕괴가 빚어내는 다기多岐한 해석의 장관을 연출해 보이거니와 김영민이 말하는 철학 역시 '쓰기'와 동시에 '읽기'가 진행되어야만 하는 비밀을 내장한다고 하겠다.

이처럼 김영민의 철학은 두 종류의 철학으로 구성된 것으로서, 그의 글쓰기는 역설적으로 철학을 말하고 있음에도 스스로 철학의 와해를 증명하는 자기 해체성을 궁극적인 기반으로 삼는다. 이런 의미에서 김영민은 1990년대의 실체를 규명해줄 중요한 시대적 모티브를 우리에게 제공한다. 김영민은 자신의 글쓰기에 대해 다음과 같이 말한 적이 있다.

> 복잡성을 드러내는 글쓰기(나는 이를 '잡雜된 글쓰기'라고 부르는데)는 사용하는 낱말을 명석하게 만들고, 말끔하게 문법 구조를 다듬고, 또 적절한 수사를 구사함으로써 이루어지지 않는다. 복잡성의 원천이 되는 우리 삶의 지형과 그 중층이 명석하고 말끔한 구조를 지니고 있지 않을 뿐 아니라 묘연杳然한 불립 문자의 경지를 들먹이지 않더라도 언표 자체에는 이미 생활 세계의 구체성에 이르지 못하는 원천적 결핍이 있음을 쉽게 간파할 수 있기 때문이다.[1]

미학적으로 말하자면 그의 '잡된 글쓰기'는 문학적 모더니즘의 폐막을 알리는 것이며, 사회경제적으로 보자면 권위적 관 주도 경제의 퇴조와 자유주의적 시장의 팽창을 의미하는 것이다. 바꾸어 말한다면 이제 어떤 세력도 시장을 무시하고 발언할 수 없는 시대가 도래했다는 사실을 김영민 역시 증언하고 있는 것이다. 이는 1980년대의 좌파 엘리트주의가 더 이상 현실 적응력을 발

---

1 김영민, 『탈식민성과 우리 인문학의 글쓰기』, 민음사, 1998, 158쪽.

휘할 수 없음을 보여주는 것이기도 하다.[2]

담론이나 이론은 결코 그 자체로 진실성을 보유할 수 없다. 문화적 형식들 그 자체도 마찬가지로 진실성이나 본래성을 내재적으로 소유한 것은 아니다. 그렇기 때문에 가령 어떤 영화가 '예술적'이기 때문에 가치가 있다는 식의 주장은 무의미한 동어반복에 불과하다. 이와 반대로 자본주의에서 상품 아닌 것이 없다는 이유로 예술 자체가 불가능하다는 식의 주장 역시 부질없는 말이다. 예술은 제도적 정착의 산물이 아니라 마르크스의 지적처럼 '계급 투쟁'의 상황에서 발생한다. 속류적 해석과 달리 마르크스의 '계급 투쟁'은 니체의 입장에서 보자면 진정한 강자의 저항과 약자의 복종, 하이데거의 입장에서 보자면 본래성과 비본래성 사이의 긴장이 내재된 상황 자체다. 인식론적으로 보자면 자본주의의 물질성이 객관이라면 계급 투쟁은 이 객관에 대한 주관적 작용을 의미한다. 이런 맥락에서 계급 투쟁과 계급성이라는 개념은 형이상학이나 사변철학으로 설명할 수 없는 것들을 담론의 영역으로 끌어들이는 역할을 한다.

담론과 형식만으로 진실성을 찾지 않는 태도는 "악화가 양화를 구축"하는 현실에 대한 정당한 분석을 가능케 한다. 윤리와 미적 가치에 대한 기준이 역사적으로 거듭 변해왔음을 통해 증명되듯이 선악의 기준은 결국 상대적인 것이다. 그래서 과거의 형식이나 담론을 이상으로 규정하고 이에 현실을 끼워 맞추려는 태도는 부질없는 짓이다. 이런 정태적 태도는 상황과 행동의 담론이

---

2 이런 좌파 엘리트주의의 위기를 선명하게 폭로한 존재가 바로 강준만이다. 따라서 강준만을 둘러싸고 벌어진 『조선일보』 논쟁은 언론 운동이나 학문적 문제와 별도로, 역사적 측면에서 좌파 엘리트주의의 한계를 증명해 보인다.

어야 할 인문학을 싸늘한 정물로 얼어붙게 만드는 결정적 원인으로 작용한다. 이런 태도를 거부함으로써 우리는 역사적 허무주의와 비관주의를 극복할 수 있는데, 정태적 태도를 통해 우리가 역사 속에서 직면할 수 있는 문제는 끊임없이 '왜 정의는 항상 패배해왔는가'에 불과하기 때문이다. 다시 말해 정태적 태도의 관점에서 보자면 과거의 어떤 역사적 순간 또는 그 순간을 통해 생성된 담론의 지침이 '정의'인 것인데, 이 '정의'는 시간이 지날수록 쇠퇴하고 소멸하는 것이고, 그 뒤를 잇는 세대의 입장에서 보자면 이런 쇠퇴와 소멸은 당연히 타락으로 비칠 수밖에 없다.

　서구 형이상학과 기독교의 몰락을 야기한 주된 원인이 바로 이런 현실을 설명해낼 수 없는 이론적 한계였다는 사실은 새삼스러운 언급이 아니다. 토인비나 슈펭글러처럼 역사 자체에 참여하기보다는 역사 이론을 통해 이 위기를 극복하려 했던 모든 서구적 시도는 사실 '이론'이 갖는 정태적 성격 때문에 실패할 수밖에 없었다. 이론이란 항상 재이론화되어야 하는 것인 만큼, 이론이 갖는 체계성 자체에 대한 집착은 필연적으로 현실에 대한 무지를 방관하게 만듦으로써 역사적 상황에서 완전히 자폐된 '이론을 위한 이론'만을 반복 생산한다. 일부 좌파 지식인들의 『조선일보』 옹호론은 강준만의 지적처럼 '역사적 허무주의'에 정서적 뿌리를 대고 있는 측면도 무시할 수 없겠지만, 본질적으로 정태적 이론을 통해 역사적 상황을 인식하려고 하는 무모한 시도에서 초래되는 것이다. 이런 위험성에 대한 경고를 우리는 '논문중심주의'와 '원전중심주의'에 대한 김영민의 공박에서도 확인할 수 있거니와, 이런 맥락에서 그가 제기하는 해석적 모티브는 1990년대의 상황을 이해할 수 있는 수많은 실마리를 제공한다.

이런 점에서 김영민이 제시한 '진리, 일리, 무리'라는 알레고리
는 그의 해석학이 지닌 의미와 맥락을 정확하게 드러내 보여준
다. 해석학의 입장에서 보자면 모든 개념과 이론은 알레고리적이
다. 알레고리는 재현할 수 없는 것을 재현해야만 할 때 발생하는
것이다. 다시 말해 서사가 보유한 재현적 불구를 익히 잘 알고 있
음에도 끊임없이 서사를 지어내야 하는 작가의 운명이 바로 알레
고리를 만들어내는 것이다. 그렇기 때문에 낭만주의적 해석학이
위기에 봉착했던 근대는 알레고리의 시대였다고 해도 과언이 아
니다. 심지어 마르크스의 『자본』조차 거대한 문학적 알레고리의
덩어리로 구성되어 있다는 사실은 이 시대가 당면했던 재현의 위
기를 이해하고 나면 놀라운 일도 아니다.[3]

이렇듯 진리, 일리, 무리라는 김영민의 알레고리는 해석적 차
원에서 구성되는데, 흥미로운 것은 이 알레고리가 한편으로 텍스
트에 대한 공시적 접근을 의미하면서도 다른 측면으로 보자면 컨
텍스트에 대한 통시적 천착을 전제한다는 사실이다. 결국 김영민
이 말하는 해석적 경지의 최고봉은 철학을 넘어선 철학, 다시 말
해 철학이라는 체계를 넘어선 사유를 의미한다고 볼 수 있다. 김
영민은 이를 '합리를 넘어선 합리'라는 말로 표현했는데, 여기서
그가 언급한 '합리'란 결국 하이데거가 '서구 백인의 이데올로기'
라고 했던 그 '철학'을 지칭한다고 보아도 크게 무리가 없을 것이
다. 그러나 정작 김영민의 행보에서 중요하게 대두되는 것은 이

---

3 우리가 결코 '자본'을 있는 그대로 인식할 수 없다는 사실을 주장한다는 점이야말로
  마르크스의 『자본』이 내장한 해석학적 아이러니다. 다시 말해 '자본'은 『자본』의
  텍스트 속에 '재현'되어 있지 않다. 이런 까닭에 텍스트로서 『자본』은 '자본주의'라는
  컨텍스트를 유비喩比하는 '알레고리적인' 글인 것이다.

런 해석적 패러다임의 전환만이 아니다. 즉 그의 시선을 끊임없이 붙잡았던 것은 책장의 책들만은 아니었던 것이다.

텍스트 안에서 텍스트 밖으로 나서는 길을 '길 없는 길'이라고 표현했던 김영민에게 1990년대는 '상황'으로 다가왔을 것이다. 따라서 이 지점에 등장한 그의 '걷기'는 철학이 불가능한 시대의 사유 또는 재현이 불가능한 시대의 서사에 대한 책략으로서, '행동'을 통해 철학의 종언과 서사의 불안을 넘어서서 끊임없이 이야기하기 위한 방편인 것이다.

그렇기 때문에 김영민의 '성숙'은 일종의 유토피아적 희망으로 인식되어야 한다. 왜냐하면 그가 말하는 '성숙'은 개인주의의 완성을 통해 사회를 성숙시킨다는 엘리트주의에서 출발하기보다는 '심층 근대화'라는 집단적 프로젝트와 맞물려 있기 때문이다. 그러므로 김영민이 디딘 아슬아슬한 현실성은 그가 말하는 것들이 아직 미완성인 채로 남아 있다는 사실에서 기인한다. 이제 우리는 1990년대가 어떻게 현실에 대해 발언하고 있는지 김영민이라는 집점을 통해 알 수 있게 된 것이다.

24. 강준만은 옳은가?

1990년대 한국에서 '실명 비판'을 통해 지식인 사회에서 '뜨거운 감자' 노릇을 톡톡히 했던 강준만은 자신의 서울대 비판을 비서울대 출신의 '원한'으로 치부하는 일부 반론에 대해 '그래서 어떻다는 말이냐' 하면서 되받아친다. 강준만의 논리는 어떤 체제에서 잘나가는 사람은 결코 그 체제를 비판할 수 없고, 언제나 그 체제에서 불이익을 당한 자가 그 체제의 부당성을 공격하게 되어 있는 것이 아닌가 하는 인식에 근거하고 있다. 강준만의 주장을 액면 그대로 받아들인다면 '좌파는 사회불만 세력'이라는 등식을 아무런 저항 없이 수용하는 꼴이 되고 만다. 그러나 강준만의 말은 풍자적 수사학을 통해 교묘하게 본질적 리얼리티를 감추고 있는 것으로, 이런 은폐는 일정 정도 강준만의 자유주의가 내포하는 한계이기도 하다.

물론 강준만은 이런 은폐의 전략을 의식적으로 사용하지 않았을 것이다. 강준만의 장점은 은폐에 있는 것이 아니라 폭로에 있기 때문에, 굳이 그가 의도적으로 이런 수사학을 사용했으리라고 확신하기는 힘들다. 실제로 강준만이 원한으로 표현하는 것의 실체는 우리가 1990년대를 지나면서 까맣게 잊어버렸거나 일찌감치 용도폐기 해버린 그 무엇이다. 나는 강준만의 '원한'이 '계급'을 암시하는 것이 아닐까 하는 생각을 해본다.

　강준만의 말을 형식주의적으로 해석했을 때 우리는 '보수는 인격자이고 진보는 인격 파탄자'라는 익숙한 선동에 대해 속수무책일 수밖에 없다. 할리우드 영화 〈포레스트 검프〉에서 한국의 이인화에 이르기까지, 이렇게 인격과 윤리를 내세운 보수주의의 공격은 일관된 것이다. 사정이 이러하니 강준만을 '사회불만 세력' 내지는 '인격 파탄자'로 몰고 가는 것은 사회적 우위성을 확보한 기득권층의 당연한 전술인 셈이다.

　앞서 언급했던 클라인의 정신분석학을 원용해서 본다면 이런 태도는 자아가 리얼리티의 충격을 이겨내기 위해 욕망의 대상을 긍정적인 것과 부정적인 것으로 분열시켜, 긍정적인 것을 이상화하고 부정적인 것을 망각해버리는 과정을 통해 발생하는 것이다. 이런 이상화 자체는 마치 프로이트의 오이디푸스 콤플렉스나 알튀세르의 이데올로기가 그랬듯이 잘못된 것이 아니다. 오히려 이런 이상화는 '정상화'의 과정이기도 하기 때문이다.

　그러나 이런 이상화는 그 욕망의 대상 자체를 자기 자신으로 설정함으로써 '비정상적' 이상화에 빠져들게 되는 것이다. 다시 말해 부정적 측면을 망각한 긍정적 자기 자신의 이상화를 통해 타자를 배제함으로써 이들은 스스로 도덕적 우월성을 확보했다는 착각을 일삼게 된다고 하겠다. 실제로 히틀러나 무솔리니가 인격 파탄자나 '또라이'가 아니었다는 역사적 사실이 이런 분석을 정당화해 준다. 따라서 이런 파시스트들에게서 공통적으로 자기 숭배적 나르시시즘을 발견하는 것은 그렇게 놀라운 일이 아니다. 모든 우파적 사유의 메커니즘은 바로 이런 자기 이상화를 통한 숭배적 나르시시즘으로 규정될 수 있다.

강준만은 『인물과 사상』을 통해 새로운 '실천'의 차원을 열어 놓았다고 말할 수 있다. 나는 이런 차원을 '좌우의 이분법'을 넘어서는 것이라고 본다. 실제로 강준만은 끊임없이 자신이 '시장 자유주의자'임을 밝힘으로써 질기게 진보주의자의 발목을 잡아왔던 '색깔론'을 무력화해왔다. 강준만이 반북 이데올로기를 이념적 기조로 삼는 『조선일보』를 공격하면서도 색깔 시비에 별로 걸려들지 않을 수 있었던 것은 이렇게 자기 주장의 선을 선명하게 그어놓는 한편으로 암묵적 동의를 받아오던 금기의 선을 과감히 넘어갔기 때문일 것이다.

강준만에 따르면 그의 글쓰기는 합리적 사고에 위배되는 비합리적 사고에 대한 '분노'에서 시작된다. 강준만에게 공격을 받은 많은 사람이 그가 '규칙'을 지키지 않는다고 불평을 늘어놓지만, 가만히 강준만을 분석해보면 이런 불평은 표적을 잘못 설정하는 것이라고 하겠다. 강준만이 공격하는 것은 한마디로 '아버지의 이름으로' 자행되는 모든 규칙과 명령이다. 강준만이 볼 때 한국에서 남용되는 아버지의 이름은 '짜고 치는 고스톱판'을 위한 도깨비일 뿐이다. 강준만은 이런 도깨비의 담합을 '침묵의 카르텔'이라고 맹렬하게 공격했던 것이다. 그는 아비지의 옅은 그림자조차 자신에게 비치도록 허락하지 않는다. 이런 맥락에서 강준만은 틀림없이 '자본주의'도 잘만 운영하면 이로운 체제라고 인식하는 자유주의자이다. 제도 자체를 공격하는 것이 아니라 제도의 합법적 사용을 문제 삼는다는 점에서 강준만은 이미 비판자들의 판단 기준을 넘어서 있다. 오히려 강준만은 이 판단의 기준을 보수성으로 보고 비판한다. 강준만의 입장에서 본다면 그들이 내세우는 판단 기준이라는 것은 제도의 비합법성을 합법화하려는 음모로 간주될 수밖에 없는 것이기 때문이다. 이런 까닭에 강준만은 좌우 대립의 이분법에 사로잡혀 있던 진보적 지식인들이 감히 건드리지 못했던 지점을 아프게 찌를 수 있었던 셈이다.

그렇다면 과연 강준만에게는 문제가 없을까? 하기야 문제가 없는 논객이 어디 있으며, 흠집 없는 이론이 어디 있겠는가? 기존의 규칙을 지키지 않기 때문에 강준만은 이제 스스로 규칙이 되어야 하는 부담을 안게 된다. 강준만이 애써 안티조선과 거리를 유지하려고 하는 이유도 바로 이런 부담감 때문일 것이다. 대체로 강준만을 비롯한 자유주의 논객들에게서 발견할 수 있는 딜레마가 이런 종류의 것이다. 기본적으로 이들이 제출하는 문제는 집단적 차원에서 해결되어야 할 현실적 모순에 닿아 있는 반면, 그 집단성 자체는 이들 자신의 존재 근거와 배치되는 것이다.

이런 역설은 강준만의 한계를 드러내는 것이면서도 그와 동시에 지식인의 존재 방식에 내재한 불일치를 말해준다. 즉 이런 불일치는 강준만 개인의 문제가 아니라 자본주의적 물화로 초래되는 이론과 실천의 괴리를 증명해주는 것이다. 이제는 폐허로 남아버린 모더니즘과 사회주의의 불가능성이 바로 이런 불일치에서 배태됐다. 클락처럼 모더니즘과 사회주의를 '덜 성숙된 시간의 산물'로 인식하는 것은 유토피아적 희망을 보존하고자 하는 서사적 노력이다.[4] 내가 볼 때 지금 우리에게 중요한 것은 이런 서사의 구성을 위한 노력을 멈추지 않는 것이다. 앞서 언급했던 벤야민의 말처럼 이런 노력은 필연적으로 알레고리적 서사를 탄생시킨다. 나선형 계단을 내려가듯이 우리는 최후의 리얼리티로

---

4 T. J. Clark, *Farewell to an Idea*, New Haven: Yale University Press, 1999, pp.1~3.

천천히 회전하며 접근해갈 수밖에 없다.

흥미롭게도 강준만은 이런 '최후의 리얼리티'에 대해 끊임없이 발언해왔는데, 우리는 이를 다름 아닌 '경제'라고 볼 수 있을 것이다. 『조선일보』의 문제에 대해서도 강준만은 '안보 상업주의'라는 말을 사용해서 이 문제가 경제와 밀접하게 연관되어 있음을 밝힌다. 게다가 그는 백낙청과 『창작과 비평』을 공격하면서 이론의 형식 논리보다 그 이론의 이름으로 위장한 리얼리티를 정면으로 파고 들어가는 모습을 보인다.

좌파들의 변명이 옹색해지는 것은 이 때문이다. 실제로 좌파가 담당해야 할 영역을 자유주의자가 종횡무진하는 이런 광경이 엄연한 한국 지식 사회의 현주소다. 정작 백낙청의 분단체제론을 비판하지 않고 지엽적인 문제로 흠집을 낸다는 주장은 이런 맥락에서 전혀 설득력이 없는 셈이다. 왜냐하면 진정한 좌파 담론은 이런 이론이 어떤 현실적 모순을 해결하기 위한 상징 행위인가를 밝히는 것이고, 이런 이데올로기가 미학적으로 은폐하는 리얼리티를 해체해서 폭로하는 것이기 때문이다.

물론 강준만이 이데올로기의 재현적 속성에 대해 더욱 깊은 천착을 행함으로써 훨씬 파괴력 있는 주장을 펼칠 수는 있을 것이다. 결국 이데올로기란 철학적 문제와 맞닿는 문제이기도 하기 때문에 이 같은 접근을 통해 총체적 사고를 행할 가능성은 충분하다. 이런 종류의 사고를 위해서 지금 우리에게 필요한 것은 문화 속에 은폐된 계급과 노동을 다시 불러들이는 일일지도 모른다.

25. 어느 분석철학자의 형이상학

김영민의 철학적 논거들은 지금까지 우리가 모색해온 인문학적 문화비평에 일정한 기준점을 제공하기도 한다. 그의 말을 되풀이할 것도 없이, 문화는 '분석'의 대상이 아니라 '참여'의 장소다. 그러나 분석을 주된 이해의 도구로 삼는 논자들은 항상 '정당성'의 문제를 사안의 중심으로 놓고 논의를 전개한다.

　김영건 같은 분석철학자가 '정당성'을 들고 나와 김영민의 자생성 담론을 그야말로 논리적으로 비판하고 있지만, 자신이 말하는 그 정당성이란 것이 도대체 무엇인지 정작 본인은 함구한다. 그가 말하는 그 정당성이 그저 형식 내적 논리를 지칭하는 것이 아니라면 그의 주장이 전제하는 정당성은 리얼리티를 통해 검증받을 수밖에 없다. 그러나 이 리얼리티를 통한 그 정당성의 검증은 논리적으로 봐도 불가능한데, 왜냐하면 리얼리티는 결코 논리적이지 않으며 오히려 그 논리를 넘어서 추측될 수 있을 뿐이기 때문이다. 결국 그렇다면 그의 정당성 역시 전혀 정당성이 없는 꼴이 된다. 백 번 양보해서 이해해봐도 그가 말하는 정당성이란 서구적 기준에서 말하는 그 수학적 정합整合을 말하는 것인데, 그 정합이란 결국 또 다른 신화에 불과할 뿐이다. 결국 수학이란 것도 에드문트 후설이 말해주듯 한낱 '관념의 의상'에 지나지 않기

때문이다.5

김영건이 그토록 강조하는 논리 역시 그의 스승 비트겐슈타인의 말처럼 '사다리'인 것으로, 자기 증명을 위한 도구라기보다는 오히려 대화를 위한 텍스트로 기능한다고 보는 것이 더 적절할 것이다. 말하자면 분석철학자들의 주장을 그대로 수용해서 논리를 대화의 도구나 오류 제거를 위한 사고 작용으로 본다 해도, 결국 이들이 말하는 논리는 언어를 매개로 한 것임을 부정할 수 없기에 일종의 텍스트로 보아야 타당한 것이다.

내 눈에 비친 이들 분석철학자들은 지금 노도처럼 밀어닥치는 리얼리티의 압박에도 아랑곳없이, 오직 열심히 텍스트의 정합성만을 따지고 있는 것처럼 보일 따름이다. 예를 들어 만약 김영건이 김영민을 향해 잡된 글쓰기로 식민성을 극복할 수 없다는 말을 했다면 그 자신의 비판이 설정해놓은 정당성을 그는 논리적으로 보여줘야 할 것이다. 그런데 이런 본질적 사안에 대해 함구하면서 김영건은 "논문중심주의에 대한 그의 비판 속에 자리 잡은 배제적 특성" 때문에 김영민의 주장은 "'논문'이라는 형식 자체마저도 결국 거부할 수밖에 없게 만든다."는 주장만을 펼친다.6 도대체 김영민의 비판은 무엇을 '배제'하는 성격을 가진 것일까? 김

---

5 Edmund Husserl, *The Crisis of European Science and Transcendental Phenomenology*, (trans. David Carr) Evanston: Northwestern University Press, 1970, p.51. 후설은 이 책에서 유럽 학문의 위기가 갈릴레오에게서 이어지는 근대의 수학적 방법에서 기인한다고 주장한다. 철학에서 수학적 방법을 전면적으로 도입한 사람은 데카르트였다. 후설의 말에 따르면 마침내 철학도 '생활세계'에서 눈을 감고 '내면'을 '객관'으로 착각함으로써 본연의 인문학적 임무를 저버린 셈이다. 후설의 논의를 뒷받침하는 글을 보고자 한다면 다음을 참조하라. Stillman Drake, "Galileo's Language: Mathematics and Poetry in a New Science", *Yale French Studies*, no. 49, 1973; Karsten Harries, "Decartes, Perspective, and the Angelic Eye", *Yale French Studies*, no. 49, 1973.

6 김영건, 『철학과 문학비평, 그 비판적 대화』, 책세상, 2000, 130쪽.

영건에 따르면 김영민의 비판이 배제하는 것은 "문제를 감성적이며 직관적으로 접근하기보다는, 차분하게 이성적이며 논리적으로 접근하면서 그 의미와 한계를 지적하는 엄정한 지적 노력"이다. 상당히 흥미롭게도 이런 배제의 오류를 범하고 있는 당사자에 김영건 자신도 해당된다는 사실을 본인은 모르는 것 같다.

김영민의 주장은 리얼리티와 텍스트 사이에서 조성되는 그 불일치에 대한 천착을 통해 실천적 범주에서 제기되는 것인데도, 김영건은 부당하게 이 주장을 논리적 정당성이란 말을 통해 텍스트 내적 문제로 범주를 전환한다. 그러면서 그는 그냥 김영민의 주장이 정당성을 가져야 한다는 것을 당위적으로 주장하면서 김영민을 비판하는 것이다. 그러므로 그의 비판을 다시 돌려서 역지사지하면 그가 말한 정당성은 고스란히 덫이 되어 그의 텍스트를 물고 늘어질 것이다.

물론 나는 이런 문제가 단순히 김영건이라는 개인의 태만에서 빚어진 것이라고 보지 않는다. 오히려 이 문제는 비판이라는 것이 '곱의 사고'로 전환되지 못할 때 일종의 논리적 동어반복에 휘말릴 수밖에 없음을 보여주는 예증이기도 하기 때문이다. 한마디로 김영건의 문제는 그가 그토록 신봉하는 비판이라는 것에 내재한 본성적 한계에서 기인하는 셈이다. 앞서 지적했듯이 김영건 자신은 이런 논리적 자기 기만에 자기 스스로가 빠져 있다는 사실을 전혀 깨닫지 못하고 있다. 다음의 진술은 김영건의 논리적 자기 기만을 확연하게 드러내는 문장들을 포함한다.

여러 사람들이 지적한 것처럼, 우리의 서양 철학은 일본을 통해 수입된 것이다. 그 수입품의 목록에는 바로 독일 관념론이라는 찬란한 전통이 있다. 그들은 독일 관념론의 텍스트를 하나하나 번역해 읽으면서 그것을 마치 성경처럼 간주한다. 아니 이 전통은 공자에게서 비롯된 술이부작述而不作의 그것인지도 모른다. 오직 주어진 임무는 주어진 텍스트를 철저하게 이해하는 일이며, 논문도 그것에서 한치도 벗어나지 않는다. 도대체 자기 목소리가 없다. 오히려 자기 목소리는 저 엄청난 진리 앞에서 한없이 작아지다가 나중에는 사라져야 하는 것인지도 모른다. 다행인지도 모르겠다. 언제부터 영미 철학이 독일 관념론에 대항하여 소개됐고, 영미 철학이 지니고 있는 논리적이며 전투적 학문의 방법이 불편한 기피의 대상이 됐지만, 그러나 분명한 것은 이 철학 안에는 일본이 그리 크게 자리잡고 있지 않다는 것이다. 아마 세대 간의 차이가 있었을지도 모르겠다. 또는 다행스럽게 일본에서 분석 철학 대신에 현상학이나 하이데거의 철학이 주된 흐름으로 자리잡았기 때문인지도 모르겠다. 적어도 영미 철학의 맥락 속에서 더 이상 일본인들의 철학적 목소리는 크게 들리지 않는다.[7]

김영건의 말을 요약하자면 이렇다. 우리의 '서양 철학'은 대부분 일본을 통해 들어와서 '성경처럼' 떠받들어졌다. 그래서 우리는 오직 그 경전에 주석만 달기에 급급했을 뿐, 우리 스스로의 목소리를 낼 수 없었다. '다행히' 영미 철학이 이런 관념론에 '대항하여' 한국에 소개됐다. "논리적이며 전투적 학문의 방법"인 영미 철학을 한국은 홀대했지만, '다행히' 일본에서 영미 철학은 인기가 없다. 따라서 영미 철학은 최소한 일본인의 목소리에 감염되

7 김영건, 『철학과 문학비평』, 91~92쪽.

지 않은 순수한 학문 방법이다.

한마디로 김영건은 한국과 일본의 지식인들이 영미 철학에 별 관심이 없다는 말을 이렇게 표현한다. 이런 표현에서 우리는 한국과 일본을 의도적으로 구분해서 '정당성'을 획득하려는 김영건의 심중을 읽을 수 있는데, 김영건의 이런 문장은 해체 같은 고난도의 곡예가 필요 없을 만큼 노골적으로 모순을 드러낸다. 이런 것이 분석철학의 묘미일까? 놀랍게도 그는 전혀 분석철학적이지 않은 태도로, 분석철학을 가장 믿을 만한 방법으로 인식해야 할 까닭에 대해 "일본인들의 철학적 목소리가 크게 들리지 않는다."는 '정당성'을 들이댄다.

어떻게 보면 김영건 역시 내가 언급하는 한국 지식인의 일본 금기 의식에서 자유롭지 못하다. 또한 김영건은 자신의 방법론적 정당성을 주장하기 위해 자신이 그토록 비판하는 "감성적이고 직관적인 접근"이라는 적과 동침할 수밖에 없는 셈이다.[8]

물론 김영건의 논리에서 나타나는 이런 문제점은 분석철학 자체의 문제가 아니다. 오히려 분석철학은 진리에 대한 도착적 상황이라고 할 수 있는 형이상학적 관념철학에 대한 반발로 등장한 '방법'이다. 그러나 분석철학의 전투성은 진리를 말하지 않고 방

---

8 이런 감성적이고 직관적인 김영건의 태도는 그의 책에서 비판 대상과 옹호 대상을 구분하는 근거를 모호하게 만든다. 예를 들어 「더 읽어야 할 자료들」에 소개된 책에 대한 평가에서 그는 김상환의 「해체론 시대의 철학」을 일러 "철학적 사유의 해설은 투명하지만, 정작 저자 자신의 목소리가 별로 들리지 않는다."는 말로 비판한다. 그런데 이런 비판적 태도는 김욱동의 「포스트모더니즘과 포스트구조주의」에 대한 평가에 이르면 시침을 뚝 따고 "포스트모더니즘에 대한 소개 논문들을 편집한 책"이기에 "복잡한 포스트모더니즘에 대해 어느 정도 이해할 수 있는 책"이라는 평범한 진술로 비판을 피해 간다. 이 책을 관통해서 흐르는 김욱동에 대한 김영건의 '감성적' 옹호는 여기에서도 되풀이되고 있는 것이다.

법을 가르쳐주는 분석적 비판의 본성에서 기인하는 것이지, 김영건이 말하듯 이 방법 자체가 본래부터 논리적이거나 전투적이기에 그런 것은 아니다. 왜냐하면 근본적인 철학적 사고의 문제는 언어를 매개로 한다는 딜레마에서 발생하는 것이지 특정한 방법적 오류에서 빚어지는 것이 아니기 때문이다.

만약 김영건이 여기에 동의하지 않는다면 그는 분명하게 분석철학의 본성적 논리성과 전투성에 대한 해명을 준비해야 할 것이다. 물론 이런 전제를 설정하는 것 자체가 분석철학을 배반하는 것이라는 사실을 염두에 두면서 말이다. 분석적 비판은 실제로 분석철학만이 하는 것이 아니라 인문적 사고를 위한 기본적인 구성 요소이기도 하다.

게다가 김영건이 그토록 적대시하는 그 형이상학적 관념철학은 우파적 냉전 이데올로기가 아직도 판을 치는 한국의 경우만이 아니라 일찌감치 서구에서도 종말을 고한 지 오래다. 역사적으로 형이상학의 종언을 재촉한 원인은 김영건이 생각하듯이 분석철학의 전투성이라기보다는 오히려 자본주의적 리얼리티 자체다. 이런 역사적 맥락을 무시한 채 진행되는 김영건의 사고는 개별적 방법을 보편적 진리로 착각하는 형이상학적 태도와 별반 다를 것이 없는 것으로, 앞서 비판했던 이문열의 경우처럼 개인적 문제를 사회적 차원의 공적 문제로 범주 전환하는 대표적인 요구의 상태로 볼 수 있는 것이다.

이런 김영건식의 동어반복적이고 자기기만적인 비판이 합리라는 명목으로 되풀이되는 것은 참으로 역설적인 상황이라고 할 수밖에 없다. 이렇게 합리를 빙자한 비합리적 분석과 비판의 박람회가 바로 김용옥이라는 희대의 기린아를 중심으로 개최됐다

는 것도 자못 흥미롭다. 이제부터 김용옥에 대한 비판이 어떤 문
화적 함의로서 이해될 수 있는지 살펴보도록 하겠다.

26. 김용옥이 텔레비전으로 간 까닭은?

그동안 우리에게 현대 일본 지식인은 감춰진 기원이었다. 이 기원은 일종의 금기여서 접근 자체가 불가능했다. 이런 금기의 설정은 일본 문화에 대한 일방적 비난 아니면 일방적 찬사라는 이분법에 우리의 사고를 가두어놓는 역할을 했다. 일본 문화에 대한 대중적 관심은 이런 일본 지식인의 영향을 상징적 금기로 묶어놓을 수 없도록 만들었다. 한국 지식계에 명백한 영향을 끼쳤음에도 이런 금기 때문에 그에 대한 언급을 삼가야 했던 일본 지식인으로 우리는 가라타니 고진을 꼽을 수 있겠다.

내가 가라타니 고진의 『일본 근대 문학의 기원』을 읽고 놀랐던 까닭은, 그가 일본 문학을 통해 구성해놓은 일본의 근대성이 거의 푸코의 『말과 사물』에 비금간다는 사실 때문이었다. 이 근대의 경험이 제국주의의 역사와 일맥상통한다는 점은 별로 충격적인 일이 아니다. 다만 이 유사성 속에 내재한 계몽적 윤리의 혐의가 일본에 없다는 사실이 더 충격적인 일이었다.

이 역시 가라타니 고진이 지적하는 그 '자유민권 운동의 패배'와 관련이 적잖이 있을 것이다. 가라타니 고진의 미덕은 이 정치적 패배가 어떻게 '풍경의 발견'이라는 미적 경험을 통해 고착화되는가를 보여준 진술에서 발견된다.

  그러나 여러 비판과 달리 가라타니 고진이 일방적으로 서구의
방법을 일본 근대성 분석을 위한 도구로 사용하고 있는지는 앞으
로 더 두고 봐야 할 일인 것 같다. 왜냐하면 가라타니 고진이 설정
해놓은 문제는 원칙적으로 방법론 그 자체에 대한 반성도 내포하
기 때문이다. 가령 가라타니 고진이 프로이트의 심리학을 논하면
서 '심리학적으로 보는 것이 가능한 대상'이 일본 문학에서 메이
지 시대의 문인들 정도에 해당한다는 사실을 통해 정신분석학 이
론 자체가 '심리적 인간'을 발생시킨 원인임을 지적하는 부분은
우리에게 많은 시사점을 던져준다고 하겠다.9

  가라타니 고진의 독특한 은유이자 개념이기도 한 '풍경'은 일
정한 인식틀에 따라 발생하는 인식 현상 그 자체를 의미하는 것
으로, 이는 근대성 자체를 설명하는 효과적인 개념이 될 수 있다.
물론 가라타니 고진의 '풍경'은 '내면'과 일치하는 것으로서 객관
에 대한 주관의 소외 그 자체를 의미한다. 그러나 가라타니 고진
은 이 풍경을 개념적으로 더 이상 발전시키지 않는데, 그 이유는
그가 말하는 풍경이란 결국 서구의 풍경화에서 말하는 그것과 같
이 '수학적 원근법'의 등장 그 자체를 의미하는 것이기 때문이다.
그러나 가라타니 고진의 풍경은 이론적으로 더욱 발전될 계제를
충분히 내포한다. 그 이유는 이 풍경이 '생각하는 나'가 '존재하는
나'를 압도하는 데카르트적 도착 증세를 보여주는 일종의 인식틀
임과 동시에 스스로도 언급하고 있듯이 이런 풍경이 없다면 우리
는 근대적 세계 자체를 인식할 수 없기 때문이다. 이 사실은 마치

9 Karatani Kojin, *Origins of Modern Japanese Literature*, (trans. Brett De Bary) Durham:
  Duke University Press, 1993, p.39.

이론이 없다면 우리가 세계에 대해 최소한의 논의도 할 수 없는 것과 마찬가지로, 풍경이 없다면 아예 외부에 대한 관점 자체를 상실함을 뜻한다. 따라서 풍경에 대한 논의는 풍경 자체에 내재된 이중성을 통해 더욱 풍부해질 수 있다.

가라타니 고진의 말대로 이 풍경이 결국 밖을 그린 것이 아니라 안을 그린 것이라면, 다시 말해 이것이 리얼리티의 복잡성을 외면한 상징적 '글쓰기'라면 이 풍경의 주체는 풍경의 밖에 위치한다. 왜냐하면 이 풍경 자체가 내면의 관념을 그렸다 할지라도 이 풍경은 이미 재현된 것이기에 풍경 자신은 그 관념에서 겹으로 소외되어 있기 때문이다. 물론 가라타니 고진이 말하는 풍경은 '타자의 배제'를 전제로 한 폭력적 질서다. 그러나 이 타자 속에 궁극적으로 그 풍경을 그려낸 작가 자신도 포함된다는 점을 가라타니 고진은 놓치고 있다.

오히려 풍경 자체는 이중으로 소외된 알레고리다. 이런 까닭에 풍경은 단순히 루카치가 말하는 자연주의적 묘사와 구분된다. 가라타니 고진이 말하는 '내면'은 그가 빌려온 프로이트의 정의처럼 '추상적 사고 언어'가 만든 결과물로 우리의 삶 자체를 이루게 된다. 따라서 내부 없는 외부가 존재할 수는 없는 것으로, 우리는 풍경의 내부인 동시에 풍경의 외부이기도 하다. 말하자면 우리는 인식이라는 내부와 경험이라는 외부가 결합된 존재인 것이다. 이 내부와 외부를 하나로 엮어놓은 것이 우리의 삶이라고 볼 수 있는데, 이렇게 보자면 우리는 풍경 속에서 풍경을 말하고 있을 뿐이다. 따라서 그가 예로 든 〈모나리자〉의 풍경은 모나리자라는 인물의 뒤에 있는 것이 아니라 그 인물의 바깥에 있다. 그의 지적과 달리 이 그림은 모나리자의 초상화와 그 배경을 이루는 풍경화로 분리될 수 있는 것이 아니라 그 자체가 하나의 풍경화로 존재하는 것이다. 그렇다면 이 풍경화의 밖에, 다시 말해 이 풍경화를 출현시킨 그 풍경 속에 무엇이 있는가? 바로 레오나르도 다빈치와 그의 시대가 있을 뿐이다.

이 글에서 언급할 김용옥의 딜레마가 여기에서 출발한다. 물론 가라타니 고진과 김용옥을 비교함으로써 이런 딜레마가 제 모습을 드러내는 것은 아니다. 나는 가라타니 고진의 풍경을 넘어선 그곳에 서 있고자 하는 김용옥의 역설을 말하고 싶을 뿐이다.

김용옥의 기획은 무엇인가? 두말할 것도 없이 그의 기획은 서양의 근대성을 넘어서는 것에 있다. 여기에서 넘어선다는 것은 일찍이 그가 『여자란 무엇인가?』와 『동양학, 어떻게 할 것인가?』에서 펼쳐 보였던 '잊힌 동양'에 대한 재발견에 지나지 않는다. 사실 그 재발견에 환호한 잠재적 군중이 오늘날의 김용옥을 스타로 만들었던 것이다.

김용옥은 대중문화의 핵심 매체라고 할 텔레비전을 통해 자신의 책을 능가하는 효과를 거두었다. 그는 텔레비전 강의를 위해 책을 집필하는 한국 최초의 학자가 됐던 것이다. 김성기는 이런 김용옥 현상에 대한 지식인들의 비판을 에둘러 분석하는데, 그의 말은 한마디로 김용옥 같은 인물을 걸러낼 학적 제도의 부재가 '나도 뜨고 싶다.'는 욕망을 부채질한다는 것으로 요약될 수 있다. 물론 김성기는 근본적으로 김용옥을 대중 스타로 만든 이 문화적 허약성에 대한 지적을 빠뜨리지 않는다. 김성기의 말을 단순한 환원주의적 입장을 벗어나서 이해하자면 김용옥을 객관적으로 평가할 학적 제도의 미비는 곧 부실한 한국적 근대 학문 체계로 이어지며, 이런 기준의 부재가 결국 김용옥 신드롬이라는 문화적 허약성을 배태한다는 것으로 이해할 수 있겠다.

이런 김성기의 논의를 한 축으로 해서, 우리는 일단 김용옥 신드롬을 통해 발현되는 김용옥의 딜레마는 다름 아닌 김용옥 자신이 원했던 것임을 인식해야 할 것 같다.

김용옥은 왜 텔레비전으로 갔는가? 김용옥이 대중적인 사람인가 하는 관점에서 보자면 그의 행위에 대한 답은 없다. 그는 전혀 대중적이지 않으며 오히려 정반대로 아주 권위적인 사람이다. 좀 더 말하자면 그는 한국의 텔레비전에 적합하지 않은 인물이다. 어떤 신문기자는 김용옥이 '뛰는 인물'이라는 사실을 거론하면서 김용옥이라는 인물이 '재미'와 '교양'을 동시에 추구하는 텔레비전의 기획에 적절했다고 했지만, 내가 볼 때 김용옥은 텔레비전의 기준으로 봤을 때 '재미있는 사람'도 아니며, 더욱이 '교양을 주는 사람'과도 관계가 멀다. 그가 오히려 교양의 근거 자체를 의문시하고 허무는 방법론을 구사하는 학자라는 점에서 그렇다.

일부에서 제기된 '철학을 가지고 쇼를 한다.'는 극단적 비판 역시 김용옥에게 해당 사항이 아니다. 궁극적으로 영상의 시대에 철학은 쇼이기도 하며, 또한 쇼가 되는 순간 철학은 붕괴할 수밖에 없기에 그렇다. 따라서 철학과 쇼가 서로 만날 수 없다는 발상에서 나온 이런 비난은 결국 김용옥에게 적절한 비판이 될 수 없으며, 반대로 그런 비난을 가한 사람이 가진 철학에 대한 이상주의를 확인하게 될 뿐이다.

김용옥의 부실함을 비판하는 수많은 논리가 지닌 부실함은 한국의 부실한 인문학 풍토에 대한 비판으로 자연스럽게 연결된다. 그러나 한국 인문학 풍토의 부실함은 결국 부실한 논리로 부실함을 비판하는 그 '분석적' 사고 자체에서 연유하는 측면도 있음을 무시할 수 없다. 이런 종류의 비판이 문제되는 까닭은 단순히 논리적으로 틀렸기 때문이 아니라 애초부터 문제 설정을 잘못 했기 때문이다. 다시 말해 이 같은 비판은 김용옥의 목소리를 더욱 높여줄 뿐인데, 원근법의 신화를 깨고 이미 풍경 속으로 들어가 걷고 있는 사람에게 다시 풍경 밖으로 나오라는 주장은 전혀 설득력이 없는 것이다. 처음부터 서구적 원근법의 부정을 과제로 삼았던 김용옥의 입장에서 보자면 어차피 학적 제도 내에서 자신의 주장이 수용되지 못하는 현실에 직면해서, 그나마 대중을 직접 만나 상대하는 것보다 더 강력한 자기 실현 수단이 없다고 생각했을지도 모를 일이다. 김성기의 지적처럼 이런 자기 실현 수단에 대한 목마름은 한국의 모든 학자가 꿈꾸는 것일지도 모른다.

그러나 김용옥의 자기 실현을 위한 선택은 오히려 구태의연한 일본 표절 시비로 되돌아온다. 물론 그가 일본 유학을 했으니 일본 책이 거론되는 것은 당연하지만, 이를 통해 김용옥은 우리 학계에 감춰진 일본 콤플렉스를 다시 한번 증명해 보였다. 나는 김용옥이 일본을 표절했다는 식의 주장이 이런 콤플렉스를 현실적으로 드러낸 것이라고 본다. 사실 식민지 시대부터 많은 지식인이 일본을 통해 서구 사상과 이론을 배웠다는 점은 접어두더라도 1980년대에 번역된 수많은 사회과학 서적이 일본어 중역이라는 것은 익히 알려진 사실이다. 게다가 1990년대 들어 수입된 포스트모더니즘에 대한 독창적 해석의 상당 부분도 일본 지식인들이 1970~1980년대에 이뤄놓은 성과를 참조해 이뤄졌다.

이런 현실을 외면하고 일본을 오직 참조의 대상 또는 감추어진 기원으로 취급하는 우리의 풍토가 김용옥의 일본 표절 시비를 불러일으키는 것이다. 나는 이런 시비 자체가 민족이라는 신화의 강박증 또는 그 강박적 신화의 문화적 변이를 통해 드러나고 있음을 말하고 싶을 뿐이다.[10] 물론 이런 강박증을 좌절된 민족주의적 기획의 징후라고 볼 수도 있겠다.

기본적으로 김용옥 신드롬은 김용옥이 처한 딜레마에서 연유한다. 그 딜레마는 지금까지 언급해왔던 것처럼 서구적 형이상학에 근거했던 서사의 위기와 지구적 자본주의 문화의 팽창과 관련이 있다. 물론 이 배경에서 '숨은 손'의 역할을 하는 것은 테크놀로지다. 한마디로 테크놀로지는 데카르트적 도착에 기반했던 서구적 주체성을 뒤엎고 이를 새롭게 표현할 방식을 우리에게 강요하는 것이다.

지금 한국에서 펄럭이는 "산업화는 뒤졌어도 정보화는 앞서 가자."라는 구호는 테크놀로지가 강요한 이런 현실은 물론 그 자체에 대한 우상화를 단적으로 보여주는 실례다. 정보기술화가 몰고 올 현실은 위기이자 곧 기회이기도 하기 때문에 이런 성급한 주장

---

10 흥미롭게도 앞서 언급한 김영건의 논의에서도 이런 강박증을 확인할 수 있다. 김영건은 이렇게 말한다. "왜 우리의 문학을 이해하고 해명하고 정리하는 데 일본 문학평론가의 입김이 또다시 신선한 목소리로 들려오는지 모르겠다. 길을 나가면 도로부터 시작해서 표지판, 우체국, 풋내기들의 옷 속에서, 그들이 즐겨듣는 노래에서 그리고 만화에서조차 일본 것 일색인데, 우리의 정신과 삶의 의미를 추구하는 문학에서조차 또 우리는 국제화된 일본인의 목소리를 듣는다." 김영건, 『철학과 문학비평, 그 비판적 대화』, 책세상, 2000, 92~93쪽.

이 진술 뒤에 곧바로 김영건은 "분명히 말하지만, 나는 민족주의자는 아니다. 오히려 '민족'을 내세우면서 강변하는 목소리에 촌스럽고 지겨운 콤플렉스를 더 느끼는 사람이다. 그런데도 나는 개인적, 문화적 주체성에서 우리의 진정성이 나타난다고 믿는다." 이 말을 통해 김영건은 스스로 자신의 '콤플렉스'를 자인하고 있는 셈인데, 비단 김영건의 경우만이 아니라 특히 비판을 주된 방법으로 삼는 몇몇 지식인의 글쓰기에서 우리는 이와 같은 혼란스러운 자기 부정을 비교적 쉽게 읽을 수 있다. 물론 도덕적 판단의 문제로 이런 현상을 치부하는 것은 옳지 않다. 오히려 우리는 이런 딜레마 위에 한국 지식인들이 공통적으로 서 있다는 사실을 자각할 필요가 있는 것이다. 어떻게 보면 이런 곤혹스러움은 궁극적으로 자기 분석의 거울 속에서 흉측한 괴물의 모습을 발견한 캘리번의 공포에 다름 아니기 때문이다.

이 대세를 이루고 있는 것이지만, 결국에는 단순히 일반적 차원이 아닌 경제적 이해관계라는 현실적 역학이 실제적으로 이 같은 대세론을 유포하는 것임을 명심해야 할 것이다. 정보기술화에 대한 이런 종류의 조갈燥渴은 모든 근대적 정보화의 기본이라고 할 정부의 도서관 대책에서도 극명히 드러난다. 부실한 근대성의 상징이라고 할 수 있는 한국의 도서관 현실을 테크놀로지를 통해 해결하겠다는 발상이 이런 우상화의 현주소를 말해준다.

도서관이란 가장 간편하게, 특별한 정보 접근 기술이나 설비 조작 방법에 대한 숙달이 없이도 누구나 책을 통해 정보를 얻을 수 있는 곳이기도 하다. 이런 도서관을 정보화한다는 것은 이 정보화 설비에 대한 사전 지식이나 조작 능력에 대한 숙달이 앞서 진행되어야 한다는 전제를 설정하는 것이다. 결국 도서관 정보화는 이런 지식이나 능력을 갖추지 못한 사람은 처음부터 정보 접근이 불가능해진다는 또 다른 문제를 낳을 수 있다. 오히려 이런 도서관 정보화에 쏟아부을 돈으로 기준치를 훨씬 밑도는 도서관 장서 확보율을 높이는 것이 당연한 순리가 아니겠는가?

이처럼 대책 없는 한국적 상황에서 김용옥의 딜레마를 전지구적 차원에서 빚어지는 재현의 위기라는 보편성으로 확대해 과장할 필요는 전혀 없어 보인다. 다만 강조하고 싶은 것은 김용옥의 딜레마는 서사의 위기라는 보편적 차원의 문제가 한국적으로 어떻게 발현되는지를 보여주는 실례라는 사실이다.

그렇다면 과연 우리 한국의 상황에서 서사의 위기란 무엇일까? 김용옥은 이 서사의 위기를 분열로 표현하는데, 그는 이 분열을 고전과 대화함으로써 해소하자고 주장한다. 이 분열은 김영민이 말하는 '절맥'과 관련이 있으며, 김용옥의 맥락 역시 김영민처

럼 과거를 통해 오늘을 재발견하자는 법고창신에 잇닿아 있다고
볼 수 있다. 차원을 바꿔 말하자면 서사의 위기는 우리 자신을 설
명할 혹은 우리 자신을 표현할 재현 체계가 바뀌어야 할 국면에
도달했음을 의미한다.

　오늘날 이 재현 체계의 변화는 재현 매체의 전환이라는 국면
으로 나타나는데, 이 국면은 간단히 '문자에서 영상으로'라는 말
로 정리될 수 있다. 그러나 이 말이 이제 문자는 필요 없으니 영상
만 취하면 된다는 뜻이 아님을 새겨둔다면 이를 통해 작금에 벌
어지고 있는 영상에 대한 지나친 찬사를 두둔할 까닭은 전혀 없
는 셈이다. 나는 기본적으로 영상 문화는 문자 문화를 기반으로
한다고 보기 때문에 이 같은 기반이 없는 영상 문화란 성립이 불
가능하다고 생각한다. 그런 까닭에 이런 상황은 다만 이전처럼
서사를 문자로 표현하던 시대가 저물고 이제 서사를 영상을 통해
표현하는 시대가 도래했음을 의미할 뿐이다.

　여기에서도 여전히 중요한 것은 서사다. 1990년대 들어 많은
문학평론가가 신경숙이나 윤대녕 같은 작가들의 작품을 일컬어
'내면 소설'이라고 했는데, 이 역시 가라타니 고진의 영향을 읽어
낼 수 있는 징후다. 이 평론가들의 공식은 이렇다. 1980년대에 폭
발했던 정치적 운동의 좌절이 가라타니 고진의 표현처럼 1990년
대의 '내면화'로 이어졌고, 결국 바깥 세계에 눈감은 내면만 그리
는 경향이 나타났다는 것이다.

　가라타니 고진의 정식이 그만의 발명품이라기보다는 소설과
역사가 서로 조응하는 양상에 대한 일반적 분석틀이라는 측면에
서 보자면 이 평론가들이 '내면 소설'이라는 용어를 사용한 것에
대해 굳이 그렇게 까다롭게 굴 필요는 없을 것이다. 정작 내가 말

하고 싶은 점은 1990년대의 문화적 변이는 소설의 내면화라는 양상을 통해 이해될 수 없다는 사실이다.

오히려 1990년대는 1980년대와 달리 '전선' 없는 전쟁이 더욱 촉발된 시대이기도 하기 때문이다. 사정이 이러함에도 1990년대의 소설을 일컬어 내면 소설 운운하던 한국 문단의 상황은 그 자체로 문학의 죽음을 예비한 것이었다. 이 재현의 위기라는 현실적 상황을 제대로 읽지 못하고 자족적 위안으로 전락했던 '문학의 위기 논쟁'은 아무런 현실적 인식을 우리에게 제공하지 못한채, 원론적 문학론만을 주워섬기면서 막을 내렸다. 그리고 그 틈을 비집고 이른바 제도권 문단에서 문학으로 분류하기 민망해했던 수많은 아마추어의 에세이와 대중소설은 이와 거의 동시에 시장을 평정하기 시작했다.

김용옥은 여기에 누구보다 발빠르게 순응한 사람이었다. 그를 이렇게 주저 없이 평가할 수 있는 까닭은, 김용옥 스스로가 기존의 기준을 벗어난 자신의 처지가 빚어내는 '새로움'의 가능성을 항상 시도해왔기 때문이다. 사실 많은 사람이 그의 이런 시도를 놓고 그 성과가 '거품'이라는 식으로 말을 하면서 본질을 흐려놓았지만, 이런 판단을 떠나서 김용옥 신드롬 자체를 서사적 위기의 징후로 읽는 것이 더욱 중요한 일이다.

흥미롭게도 김용옥은 스스로를 상징화함으로써 자기 표현의 분열을 극복하고 싶은 대중들에게 보상적 역할을 담당한다. 그 결과야 어떻든 김용옥이 말하는 고전 읽기는 '우리의 정체성'이나 '우리의 주체성'이라는 집단적 판타지의 회복을 위한 수단으로 제시되는 것이라고 볼 수 있다는 말이다. 이런 맥락에서 김용옥은 스스로 좌절된 이상주의 또는 오지 않을 유토피아에 대한 절망을 치유하는 판타지적 진통제이기도 하다. 그 이상주의 또는 유토피아는 무엇일까?

나는 한국인에게 그것은 민족이라는 말로 표현되는 과거의 공동체라고 본다. 사실 자본주의라는 리얼리티는 끊임없이 민족의 부당성과 무용성을 증명하고 강요하지만, 한번도 그 '민족'을 가져본 적이 없는 한국인들의 입장에서 자본주의의 리얼리티는 너무나도 폭력적인 것이다. 특히 세계화라는 명목으로 강요된 전지구적 자본주의의 팽창은 기존의 냉전 논리로 민족을 재현하던 그 전일성에 금이 가도록 유도했다. 적이 곧 동지로, 동지가 곧 적으로 둔갑하는 급변의 시대에 미국을 큰형으로 모시며 패권주의의 그늘에서 자족하던 한국인들의 보수적 민족주의는 일대 혼란을 맞이했던 것이다. 이런 외상을 무마하기 위해 한국인들은 여전히 건재한 민족을 확인시켜 줄 대체물을 성급히 찾았고, 그것이 1990년대를 풍미했던 『무궁화 꽃이 피었습니다』 같은 일련의 수구적 민족주의 소설이었다. 그렇기 때문에 김용옥이 둘러대는 중국 고전은 그의 의사와 무관하게 한국인들의 눈에 '민족의 고전'으로 자연스럽게 인식될 수 있었다. 그러나 엄연히 그것은 중국 고전이고, 정확히 말하자면 지금 현재 우리에게 쓸모 있는 그런 고전은 아니다.

앞서 내가 언급한 김용옥의 딜레마가 바로 이것이다. 헤겔과 하이데거에서 발견되지 않는 것이 중국 고전에 있을 리가 만무한 것처럼, 결국 김용옥의 기획은 현실적 차원이 아닌 유토피아적 전망으로 전환되어야 할 소지가 있는 것이다. 의식했든 의식하지 않았든 김용옥이 텔레비전으로 간 행위는 결국 문자적 서사의 위기를 영상적 서사의 생성을 통해 극복하고자 하는 노력으로 읽힐

수 있지만, 그의 인기는 오히려 그의 딜레마를 확대 재생산하는
역설을 보여준다. 김용옥이 텔레비전에서 펼쳐 보인 것은 이런
의미에서 쇼이자 곧 텍스트인 것이다.

27. 김지하를 위한 변명

김지하가 변했다는 사실에 근거해 김지하를 비판하는 것은 얼마나 설득력을 가질 수 있을까? 이런 현상은 흔히 발견되는데, 초기 김지하와 후기 김지하를 구분해서 초기 김지하의 손을 들어주는 것이 어제오늘의 일은 아니다. 그러나 이런 고찰은 지극히 정태적이다. 간단히 말해 어떻게 김지하를 초기와 후기로 구분할 수 있는가? 하나의 인물을 초기와 후기로 나눠서 일정한 특징만을 부각하는 것은 어딘가 억지스러운 일이다. 초기 김지하가 없었다면 후기 김지하는 불가능하기 때문이다.

물론 김규항이 김지하의 '생명 사상'이나 '율려 운동'을 현실적 맥락에 근거해 비판하는 것은 타당한 근거가 있다. 그러나 김지하의 이런 행보를 초기 김지하와 분리해서 비판의 정당성을 확보하려는 태도는 아무래도 적절하지 않은 것 같다. 김규항이 김지하에 적용하는 것은 '일관성'인데, 일관성이란 것은 실제로 주체에게서 획득되는 것이 아니라 외부에서 주어지는 것이다. 김규항은 사회주의를 '신념'의 문제로 보지만 실제로 사회주의는 주체의 신념에 의해 달성되는 것이 아니라 외부적 조건의 변화와 맞물려 있는 것이다. 한마디로 사회주의는 주체의 성숙이 아니라 시간의 성숙과 연관된 것이다.

물론 김지하의 생명 사상이나 율려 운동이 현실 변혁에 적절한 실천력을 가진 것은 아닐 터이다. 지식인 운동으로서 김지하의 활동이 갖는 입지는 제한적이고, 구체적인 장을 확보하기가 어렵다. 게다가 그가 자주 발언하는 민족적 상상력이 자칫 국수주의적 해석을 거쳐 민족적 파시즘으로 전락할 위험도 다분하다. 따라서 지금 김지하를 두고 용서 운운하는 목소리 또한 그렇게 경청할 가치가 없어 보인다. 실제로 김지하의 문제를 용서와 관용의 문제로 보는 것 자체가 일종의 범주 전환이다. 용서할 수 있는 주체나 용서 받을 객체의 관계가 선명하게 설정되지 않는 마당에, 일종의 원한 문제로 김지하를 몰고 가는 것은 전혀 생산적이지 않다.

한편 이에 대립하면서 나름의 논리를 구축하는 주장은 김지하의 역사적 가치나 문학적 가치를 강조한다. 김지하를 축출한다면 그만큼 민족 문학의 자산이 없어진다는 따위의 주장이 바로 이런 것인데, 이 주장은 서정주를 미학적 차원과 사회적 차원으로 나눠서 고찰하는 형식주의와 별반 다를 것이 없다. 더군다나 이런 주장은 김지하라는 상징 자체를 권력화하려는 모종의 음모를 깔고 있지 않은가 의구심을 불러일으킨다. 김지하를 비판하거나 옹호하는 주장 모두가 1970년대에 고정된 김지하의 상징성을 자신의 논리적 준거로 삼고 있다는 사실은 아주 흥미롭다. 이런 주장들에서 멀찍이 떨어져 성찰해본다면 무엇보다 중요한 것은 김지하의 행적 자체가 그토록 순조롭게 하나의 선형성을 형성하는 것이 아니라는 사실일 것이다. 김지하의 사상은 민족주의와 세계주의 사이를 왕복하면서 다양한 스펙트럼을 분광시킨다. 어떻게 보면 상당히 분열적이기까지 한 김지하의 사상은 모호하기 그지없다. 그러나 이와 같은 사상의 전환을 통해 김지하는 나름대로 세상의 변화에 대응하고자 했던 것이다. 물론 이 변화는 실천의 장을 제대로 마련할 수 없는 한국 지식인의 곤혹을 그대로 굴절시키고 있는 것이기도 하다.

1980년대 이후부터 김지하가 염두에 둔 것은 세계사적 흐름을 관통하는 사상적 입지를 확보하는 것이었다. 김지하의 관심은 언제나 보편성과 특수성의 접점에 있었다. 물론 이런 김지하의 노력이 항상 성공적이었다고 말할 수는 없다. 김지하는 빈번히 실천의 장을 상실한 지식인의 성마른 조급성을 여지없이 드러내기도 했는데, 1991년 당시 『조선일보』에 게재됐던 「죽음의 굿판을 걷어치워라」 같은 글에서 이런 신경질적 반응의 일단을 볼 수 있다.

자신의 입장에 따라 정치적으로 판단했던 세상이 자신의 뜻과 무관하게 돌아갈 때, 지식인은 존재론적 상실감과 무기력증에 휩싸이게 된다. 간단히 말해 김지하도 이문열이나 이인화와 마찬가지로 자신의 판타지가 깨어지는 순간 참을 수 없는 상실감과 무기력증을 느꼈을 것이고, 이런 상태에서 벗어나고자 눈앞에 닥쳐온 리얼리티에 참여할 방법을 신경질적으로 모색했을 것이다.

그러나 일부의 주장과 달리 이 외상을 해결하기 위해 김지하가 아주 손쉽게 이데올로기 자체를 생산했다는 생각은 들지 않는다. 이 사실이 바로 우리가 김지하를 버리지 말아야 할 가장 중요한 이유다. 김지하가 위기의 순간에 이문열이나 이인화처럼 이데올로그로 변신하지 않았던 까닭을 우리는 어디에서 찾을 수 있을까? 나는 이런 김지하의 반反이데올로기적 속성을 그의 사상 내적 논리에서 충분히 찾을 수 있다고 생각한다.

우연하게도 가라타니 고진과 김지하는 같은 해에 태어난 동갑
내기다. 이들이 동일한 시기에 태어나 밀접하게 연계되어 있었지
만, 서로 다른 공간에서 겪었던 변별적 역사 상황을 생각해본다
면 이 사실이 자못 단순한 것은 아닐 터이다. 김지하가 곧잘 가라
타니 고진을 언급했으니, 김지하가 김윤식처럼 심정적으로 가라
타니 고진을 하나의 기준으로 삼았다는 것은 아마 사실인 것 같
다. 이런 차원에서 김지하가 '그늘'을, 그것도 '흰 그늘'을 말할 때
우리는 가라타니 고진의 '풍경'을 떠올리지 않을 수가 없다. 제대
로 말하자면 가라타니 고진의 풍경은 독창적이긴 하지만 그가 지
어낸 개념이라기보다는 서구의 것이다. 우리가 풍경화라고 할 때
의 풍경 또는 우리나라에 조경造景 사업으로 알려져 있는 그 풍경
을 모두 포함한 것이 가라타니 고진의 풍경이다. 가라타니 고진
의 독창성은 이 서구 근대 주체의 개념인 풍경을 나름대로 다른
차원에서 해석했다는 사실에 있다. 가라타니 고진은 이 풍경이
사실은 자연의 경치가 아니라 특정 시대 인간의 내면, 다시 말해
니체가 수학적 원근법의 도착이라고 비판했던 그 이성주의에 대
한 신념을 그려낸 것이라는 사실을 푸코와 거의 동시대적으로 통
찰해냈던 것이다.

가라타니 고진의 풍경론이 가진 미덕은 근대와 근대 주체의
형성을 풍경의 출현을 통해 그려 보인 점이다. 그러나 이 풍경의
발견은 서구적 근대 주체의 탄생과 동일한 것이다. 그렇다면 도
대체 서구적 근대 주체가 아닌 그 나머지 비서구적 주체들―이들
을 굳이 주체라고 부르지 않는 편리함을 계몽주의는 우리에게 부
여했다.―은 어디에 있을까? 사실 가라타니 고진이 이 질문을 하
기 위해 「풍경의 발견」을 쓴 것이라고 짐작할 만하다. 가라타니

고진이 단수가 높은 까닭은 스스로 이 질문을 숨겨놓음으로써 굳이 자신이 대답할 의무를 질 필요가 없도록 했기 때문이다. 아마 이런 회피가 그의 책을 서구에서 성공하게 한 비법이었을 것이다. 가라타니 고진은 그냥 거울을 만들어 세워놓았을 뿐인데, 서구 지식인들이 그 거울 속을 들여다보자 그 속에 자신들이 있었던 것이다.

김지하의 그늘론도 바로 가라타니 고진의 이런 타협점에서 출발한다고 이해할 수 있다. 어떻게 생각하면 김지하는 가라타니 고진이 애써 감춰놓은 말을 살풀이하듯이 내뱉고 있다. 가라타니 고진에게, 아니 일본 지식인에게 존재하지 않았던 그 '민중'을 김지하는 말하고 있는 것이다.[11] 김지하에게 민중은 추상이 아니라 그 풍경에서 배제된, 가라타니 고진이 간략하게 홋카이도의 풍경을 언급하면서 말했던 학살된 원주민의 원혼, 역사적 담론으로 언어화되지 못한 채 구천을 떠도는 그 중음신의 음산한 기운을 품고 있는 그늘의 세력(사르트르는 노동자 계급을 어둠의 세력이라 부른 바 있다.), 다른 말로 하자면 비언어적 측면까지 모두 포함한 '삶의 총체'이다.

이런 맥락에서 김지하는 가라타니 고진과 다른 언어로 과학적 이성중심주의를 부정한다. 가라타니 고진이나 김지하나 근대의 문제를 이성중심주의에서 찾는 것은 동일하나, 그렇다고 김지하가 이성을 폐기해야 할 그 무엇으로 생각하는 것 같지는 않다. 김지하의 그늘은 '이성의 빛'이 없다면 존재할 수 없다. 이런 면에서

---

11 일본의 적군파 같은 급진 세력이 민중을 단선적으로 파악하고 볼셰비키적 선도
   투쟁만을 고집하다 자멸했던 역사적 사실은 좌우파를 막론하고 '민중'이 그들에게
   중요한 범주가 아니었음을 암시한다.

김지하는 가라타니 고진보다 덜 사변적이면서 훨씬 리얼리즘적
이다. 가라타니 고진이 러시아 형식주의를 또 다른 리얼리즘이라
고 말할 때 그는 명백히 묘사가 가진 리얼리즘적 효과만을 고찰
하고 있을 뿐이다.

묘사는 서술되지 않는 부분에 대한, 다시 말해 서사의 위기를
극복하기 위한 수단일 뿐이다. 롤랑 바르트 역시 이 점을 언급하
지만,12 묘사가 궁극적으로 가라타니 고진이 말하는 풍경의 다른
이름임을 감안한다면 이 묘사를 서사에 대한 향수를 내포한 징후
로 보지 않는 한 우리는 이것을 '진리 표준'에 집착하는 실증주의
적 시도로 치부해버릴 가능성도 있다.

물론 서사 자체를 일종의 상징적 행위로 본다면 이 말은 결국
우리 각자가 저마다의 풍경을 만드는 존재임을 암시한다. 사실
이 지점이 가라타니 고진의 한계이기도 한데, 왜냐하면 그는 인
식의 근본적 요소로 '개인'만을 설정하고 있기 때문이다. 그러나
이 지점은 가라타니 고진만 겪는 한계가 아니다. 지식인이라면
마침내 이 절벽가에서 끊어진 길을 발견할 수밖에 없기 때문이
다. 그러나 김지하의 기획은 마치 레비나스가 존재 너머의 어둠
을 묵상하듯이 이 지점을 넘어서, 그 절벽을 지나서 계속 이어진
그 보이지 않는 '흰 그늘의 길'을 걸어가는 것이다.

물론 이런 김지하의 말이 아주 형이상학적으로 들릴 수 있다.
김규항의 비판처럼 '그늘'이나 '흰 그늘'이라는 말이 무슨 선문답
같은 말로 이해될 소지도 충분하다. 이런 한계를 인정한다고 해

---

12 바르트는 이 짧은 에세이를 통해 묘사가 등장하는 지점에서 서사가 폐쇄됨을 정확히
　지적하고 있다. Roland Barthes, "The Reality Effect", *French Literary Theory Today*,
　(ed. Tzvetan Todorov) Cambridge: Cambridge University Press, 1982, p.12.

도 그늘에 대한 김지하의 통찰은 미학 사상으로 보았을 때 상당히 의미심장한 메시지를 담고 있다.

내가 김지하의 그늘론에 주목하는 까닭은 그의 흰 그늘이 빛이 삭는 그 시점에 비로소 나타난다는 사실 때문이다. 김지하는 흰색의 미적 감흥을 줄곧 주장해왔는데, 예를 들어 문득 고개를 들어 쳐다본 산기슭 솔숲에서 순간적으로 나타나는 나무꾼의 흰 옷 같은 식으로 이 감흥들을 설명하곤 했다. 그러나 이런 언술이 언어 너머의 그 무엇을 지칭하려는 탈근대적 시도로 이해된 적은 아직껏 없었다. 내 기억에 의하자면 이런 주장을 근거 삼아 김지하를 민족주의 미학자 또는 민중주의자, 더 심하게 말해 국수주의자라는 식으로 낙인 찍는 일이 더 자주 있었다.

김지하는 율려 운동을 설명하기 위해서 흰 그늘을 더 구체적으로 언급했는데, 이런 발언들을 통해 비로소 나는 그의 '흰색 집착'이 그 자신의 유년 체험과 관련이 있음을 알게 됐다. 이런 판단으로 보자면 오히려 김지하가 말하는 흰 색채가 '백의 민족' 운운하는 그 세속적 차원이 아닌 은밀한 '내적 체험'의 빛깔을 지칭한다는 것을 깨달을 수 있다. 그 흰색은 죽음과 삶의 경계이자 또한 이성과 비이성의 좁다란 길 그것이다. 이런 맥락에서 나는 그의 흰색을 유토피아적 희망을 간직한 '서사의 색채'로 현실화할 수 있다고 본다. 그의 흰색은 초월인 동시에 지상에 발붙인 존재적 상태, 니체적 의미로 그 '넘어가는 자'의 운명을 지칭한다.

물론 가라타니 고진의 언어로 김지하의 그늘을 설명할 도리는 없다. 즉 김지하의 그늘은 서구의 언어로 번역되지 않는다는 뜻이다. 서구의 고전주의자들은 풍경을 조형하는 원근법이 신의 진리를 드러내기에 가장 정확한 방법이라고 생각했다.

그러나 김지하에게 그 신은 '성숙한 인간'일 뿐이다. 김지하는 인간과 귀신이 조화된 극치를 '흰 그늘'이라고 부른다. 그 귀신과 더불어 역사적 상황 속의 민중이 있으며, 그 상황이 종료된 후 석화石化되는 민중의 관념(말하자면 이데올로기)이 있고 또한 이를 살풀이하는 샤먼(현대적 의미로 시인)이 존재한다. 그러나 김지하의 흰 그늘은 이 모두가 동시에 상황으로 존재하는 사태이다. 김지하는 이런 상황을 들뢰즈의 입을 빌려 '이다/아니다'의 이율배반으로 설명하고 있다. 그러나 김지하의 미학은 '분열'이 아니라 매 순간 그 분열들을 통합하는 그 '힘'에 초점을 맞춘다. 이런 점에서 김지하는 풍경의 문제점을 그늘에 대한 고찰을 통해 극복해보려는 시도를 한다고 생각할 수 있다.

이렇듯 김지하를 새롭게 해석하고자 하는 시도는 여러 가지 의미를 갖는다. 무엇보다도 이런 해석의 시도를 통해 김지하의 사상을 정태적으로 파악하지 않고 역동적으로 파악함으로써 새로운 문화정치학에 대한 전망을 논의해볼 수가 있을 터이다. 김지하라는 존재는 본인 스스로 의도했든 의도하지 않았든, 지식인은 현실과 승부를 거는 그 순간 치열성을 확보하게 된다는 사실을 우리에게 일깨워주는 셈이다.

28. 이진경, 진중권, 김규항

의심할 여지없이 이진경은 진중권이나 김규항과 함께 좌파적 문화 상품의 아이콘으로 부상했다. 조금 심하게 말해 이들은 시장에서 '좌파성'이라는 상표를 붙이고 지식을 파는 지식 상인이 된 것이다. 마치 데리다가 텍스트가 아닌 것은 아무것도 없다고 했듯이 마르크스는 자본주의에서 상품이 아닌 것은 아무것도 없다고 말한 바 있다. 그렇기 때문에 이들의 처지를 빌미 삼아 좌파적 순수성을 거론하는 것은 무의미한 일이다. 모든 형식은 내적 일관성을 자체의 논리로 유지하는 것이 아니라 형식 밖에서 강제되는 리얼리티를 통해 일관성을 얻는다. 따라서 이들의 변화는 '변절'이나 '전향'이 아니라 오히려 이런 변화된 리얼리티에 대한 적극적 반응으로 읽어야 할 필요가 있다.

솔직히 시장 자유주의에 대한 수세적 자세이긴 하지만, 나는 좌파 담론의 시장 진입을 환영하는 강준만의 입장을 지지하는 편이다. 1980년대의 종언은 사회과학 서점의 죽음으로 표면화됐던 것이 엄연한 현실이며, 이는 지금까지 좌파 담론을 먹여 살려온 '반半합법적' 유통망의 붕괴를 의미하는 것이었다. 그래서 1980년대 문화운동 세력이 추구했던 그 반자본주의적 문화 유통 체계의 건설은 결국 실패로 판명날 수밖에 없었다. '참교육'이나

'여럿이 함께' 같은 저항 유통망의 문화 상품이 보여준 초반의 시장 장악력은 1980년대의 종언과 함께 그 빛을 잃고 퇴색할 수밖에 없었기 때문이다. 이런 현실적 조건에서 좌파적 담론들이 선택할 수 있었던 유일한 소통의 체계는 스스로 부정했던 시장일 수밖에 없었던 것이다.

1980년대의 종언 이후 거의 룸펜 프롤레타리아로 자족하던 학생운동 활동가들이 선택할 수 있는 길은 크게 두 가지뿐이었다. 운동을 포기하고 생활 전선에 뛰어들거나 그동안 읽은 책을 기반으로 문화산업에 종사하는 길이 그것이었다. 주로 민족해방 계열의 학생 활동가들이 전자의 길을 걸었다면, 민중민주와 노동해방 계열의 학생 활동가들이 후자의 길을 걸었다. 물론 이 범주가 두부 자르듯이 정확히 잘리는 것은 아니며, 빈번하게 서로 겹치는 지점을 형성하게 마련이다. 게다가 이 두 범주를 벗어나서 기꺼이 노동운동이나 농민운동 또는 빈민운동 같은 '현장'을 선택한 부류도 명백히 존재했다.

이런 현실적 배경은 '이진경'이라는 문화적 아이콘을 단순히 개인이 아닌 일종의 시대적 징후로 읽어야 함을 강변하게 만든다. 마치 일본의 전공투 세대가 일본의 대중문화를 변화시켰듯 한국의 1980년대 세대 역시 이런 문화적 변동의 동력으로 작용했다는 기본적 인식이 이 같은 주장의 밑에 깔려 있다. 그러나 변화의 원인을 제공했다고 해서 항상 주도권을 장악할 수 있는 것은 아니다. 역사는 도리어 변화 그 자체의 운명과 함께 소멸해버리는 세력들을 보여주기 때문이다. 마찬가지로 1990년대 담론의 흐름을 1980년대 학생운동 세력이 선도했다손 치더라도 결코 현실적 문화의 주도권이 이들의 손으로 넘어온 것은 아니었다. 이런 딜레마는 단순히 이 세대에만 국한된 문제가 아니다. 변화된 시대가 요구하는 전문성과 1980년대적 감수성으로 단련된 구시대적 열정은 생각보다 쉽게 일치할 수가 없었던 것이다. 따라서 이들이 본격적인 문화 담론 생산의 주역으로 등장하게 되기까지 담론의 주도권은 소란스러운 유사 포스트모더니스트들에게 넘어갈 수밖에 없었다.

이진경은 학부 시절 이미 당시 운동권 사이에서 '사사방'으로 약칭되던 『사회구성체론과 사회과학방법론』이라는 저서를 발간할 정도로 대단한 이론가였다. 물론 이런 이론적 토대는 1980년대를 상징하는 '의식화 학습'의 결과물이기도 했으며, 그 자신이 이런 학습의 담당자로서 직접 운동권 후배들을 길러낸 선배이자 선생이기도 했던 것이다. 내 기억으로 그는 민중민주계열 조직 사건으로 구속되어서 옥고를 치렀으며, 그 이후 다소 이론적 모색기를 가졌던 것으로 알고 있다.

그러나 정작 중요한 문제는 그의 이력이 아니라 이런 그의 과거가 하나의 기호로 전환되어 소비되는 현실에 숨어 있을 것이다. 첫 번째 책에서 레닌주의적 원칙을 내세워 대중 노선과 조합주의를 실용주의로 매섭게 몰아치며 과학적 사회주의 노선을 천명했던 그가 '탈주한 자의 코뮌'을 주장하게 되는 과정은 한마디로 극적이다. 이런 변화의 물꼬는 이론적 모색기 동안 그가 살폈던 서구 철학의 계보에 대한 인식과 더불어 들뢰즈적 패러다임을 마르크스주의에 결합함으로써 터지기 시작했다. 여기에서 그는 '포스트마르크스주의'의 '접합'을 들뢰즈의 '배치'로 대체하면서 구조를 대신하는 '기계'라는 들뢰즈의 독특한 개념을 도입한다. 그러나 이런 그의 노력은 여러 이질적 이론의 매개를 통해 궁극적으로 마르크스주의를 재해석하는 것에 목적이 있었다.

이런 점에서 그가 『알튀세르: 이론의 우회』라는 책을 번역한 사실은 단순히 우연만은 아닐 것이다. 마찬가지로 이런 그의 이론적 궤적이 1960년대 이후 서구 마르크스주의의 운명을 그대로 닮은 것 역시 별로 놀라운 일이 아니다. 그러므로 윤건차가 이진경을 '신좌파'로 분류할 타당성은 충분히 존재한다고 하겠다.

그러나 이런 이론적 급진성에도 아랑곳없이 오늘날 이진경은 확실한 스테디셀러 작가로 각인되었다. 진중권과 더불어 이진경이 가진 상업적 매력은 '이국적 취미'와 '문화적 갈증'을 충족해 줄 아이템을 누구보다 많이 개발해온 능력에 있다. 진중권이 『미학 오디세이』와 『춤추는 죽음』을 통해 익히 명성을 굳혔듯이 이진경 역시 『상식 속의 철학, 상식 밖의 철학』과 『철학과 굴뚝 청소부』를 통해 상업 작가로서의 가치를 인정 받았다. 물론 이들의 책이 초기에 시장에서 성공할 수 있었던 배경에는 과거 『철학 에세이』 같은 교양 서적을 소비하며 성장한 1980년대 세대의 지적 욕구가 드리워져 있음을 부정할 수 없을 것이다.

그러나 여기에서 중요한 것은 이진경이나 진중권이 갖게 된 명성이 스스로를 규정하는 그 좌파성에서 유래됐다기보다는, 어느 정도 수정을 거친 상업적 타협을 통해 형성됐다는 사실에 있다. 이미 진중권은 『네 무덤에 침을 뱉으마』가 좌파적 관점이 아니라 '상식적 수준'에 맞춰 쓰인 것임을 『한겨레』의 인문학 데이트 코너에서 분명히 밝힌 적이 있다.

이진경을 진중권이나 김규항과 구분할 수 있는 이유는 후자의 두 명이 여전히 현실에 대한 참여를 강조하는 반면, 그는 이론과 실천의 분리라는 서구 마르크스주의적 딜레마를 그대로 수용한다는 사실 때문이다. 1980년대에도 이진경은 강단 좌파라는 비판에서 자유로울 수 없었지만, 그렇다고 해서 그를 비판했던 논리들이 전적으로 옳았던 것도 아니다. 이런 맥락에서 이진경은 안티조선 같은 현실 참여 방식에 일정한 거리를 두는 것처럼 보인다. 진중권과 김규항이 자유주의와 연대함으로써 자신의 정체성을 일관되게 정의할 담론을 생산하지 못하는 것과 달리 실질적으로 연구소를 운용하면서 공적 영역의 확보를 도모하려는 이진경의 태도는 많은 시사점을 제공한다.

그러나 이런 그의 비타협성이 1980년대부터 지속되어온 그의 엘리트적 풍모에서 크게 벗어나지 못하고 있다는 사실 역시 부정할 수 없을 것이다. 또한 지금까지의 작업이 '수입 담론'의 재배치에 불과했다는 비판에서도 그는 완전히 자유로울 수 없는 처지다. 이미 진중권이 이런 이진경의 한계를 적절히 꼬집은 적이 있지만, 사실 그가 제시하는 '탈주한 자의 코뮌'이라는 이상향도 실천력 없는 선언이나 제안의 차원에 그칠 가능성이 크다.

물론 이진경의 한계는 곧 1980년대 학생운동권의 한계이기도 할 것이다. 그에 찬성했던 사람이든 그에 반대했던 사람이든, 결국 이진경의 딜레마를 벗어날 수가 없었음을 부인할 수 없기 때문이다. 이런 현실은 한국에서 좌파와 우파의 구분이 현실적으로 실천적 구속력이 전혀 없음을 의미하는 것이기도 하다. 오직 담론의 영역에서만 이런 구분이 유효하다는 한국적 좌파의 현실은 이진경에게 행운이자 불행이기도 할 것이다. 이 딜레마를 통해 이진경은 자신의 정체성을 확보했지만, 이 모순적 존재 기반 때문에 그는 끊임없이 분열되어야 하기 때문이다.

이진경과 비교했을 때 진중권과 김규항은 상대적으로 실천적이다. 진중권의 경우 예외도 있긴 하지만, 이들이 '전작全作'을 통해 발언하는 경우는 드물다. 이 둘은 인터넷 공간과 신문을 비롯한 다양한 출판 매체를 활용해 '전투적 글쓰기'를 감행한다.

『시칠리아의 암소』에 진중권이 붙인 부제는 '한줌의 부도덕'이었는데, 이는 아도르노의 『한줌의 도덕』을 연상시키고도 남음이 있다. 그렇다면 흥미로운 궁금증이 하나 일어난다.

잘 알려져 있다시피 『한줌의 도덕』에서 아도르노가 니체적 아포리즘을 사용한 이유는 기존의 아카데미즘이 강제하는 논문 쓰기에 저항하는 것을 목표로 했기 때문이다. 에세이에 대한 찬양에서도 확인할 수 있듯이 아도르노는 원칙적으로 논문에 내재한 규율과 권력을 일찌감치 파악하기도 했지만 무엇보다도 이런 글쓰기를 통해 '시적 진실'에 육박하는 것을 지향했다. 아도르노에게 변증법적 사유란 결국 변증법적 문장의 탁마에 지나지 않았다. 이런 맥락에서 아도르노는 사적인 글쓰기를 물화에 대항하는 글쓰기로 규정할 수 있었던 셈이다. 진중권의 목표가 아도르노의 에세이를 닮는 것이 아니었던 만큼 이런 비교는 무의미할 수 있다. 그러나 겉으로 무의미해 보이는 이런 비교를 통해 우리는 아주 흥미로운 결론을 얻어낼 수 있지 않을까 한다.

김규항 역시 『B급 좌파』라는 칼럼 모음을 펴냈다. 이 책에 실린 삽화를 곁들인 짤막짤막한 글들은 시간 순서대로 배열되어 있지만, 실제로 아무 데나 펼쳐 읽어도 무방하다. 눈을 조금만 옆으로 돌려보면 김영민이 낸 『자색이 붉은색을 빼앗다』라는 책 또한 단편적인 글들로 채워져 있다. 이렇게 이곳저곳 신문에 기고한 글들을 모아 책으로 묶어 내는 것을 필자의 게으름이라고 탓할 이유는 하등 없다. 내가 지적하고 싶은 것은 이런 책들의 형식이 현실적으로 글 쓰는 이들의 의지와 무관한 차원에서 강제적으로 결정됐다는 사실이다.

특별한 경우를 제외하고 이들은 대개 원고를 기고하면서 원고료를 받는다. 진중권과 김규항은 생계의 상당 부분을 이렇게 원고료로 충당하고 있을 터이다. 한마디로 여기에서도 우리는 경제가 형식을 결정하는 사례를 다시 한번 확인할 수 있는 셈이다. 프레드릭 제임슨은 경제와 문화 형식의 이런 관계를 '기계적 효과성'으로 언급하며 이렇게 지적한다.

> 당구공과 같은 인과성이 특수하고 산산이 부서진 사회적 리얼리티의 (비공시적) 법칙으로 존속하는 문화 분석에서, 나는 그나마 기계적 효과성의 범주가 유지되기를 바란다. 달리 말하자면 이런 범주가 계속해서 우리가 사유하려고 하는 객관적 리얼리티에 대한 통찰을 제공하고 있음에도, '비본질적' 범주라는 명목으로 이것을 우리의 사유에서 제거하는 것이 그렇게 옳다고 할 수가 없기 때문이다……. 예를 들어 19세기에 발생했던 출판 위기에 따라 도서관 대출용으로 만들어지던 3부작 장편 소설이 가격이 저렴한 단행본으로 발간되기 시작했고, 이것이 소설 그 자체의 '내적 형식'을 변화시켰던 사례를 상기해볼 수 있다.[13]

1990년대의 경제적 호황이 글쓰기 형식을 직접적으로 변화시켰다는 말은 이런 맥락에서 타당성을 획득할 수 있다. 1990년대는

---

13 Fredric Jameson, *The Political Unconscious: Narrative as a Socially Symbolic Act*, Ithaca: Cornell University Press, 1981, p.25.

글품을 팔아서 먹고살았던 전업 작가와 프리랜서의 시대였다고
보는 것이 타당하다는 것이다. 글을 써서 최소한의 생계를 유지
할 수 있다는 것은 글쓰는 모든 이의 선망이었다. 1990년대 후반
의 경제적 변동을 무릅쓰고 그나마 약진했던 여러 문예지와 학술
지의 창간만으로 이런 작가들의 희망이 달성될 수는 없었다. 아
무래도 가장 안정적이고 자금 회전이 빠른 곳은 바로 신문이었던
것이다. 이런 신문 기고의 활성화는 당연히 묵직한 호흡을 가진
전작의 집필을 기피하고 짧은 호흡에 촌철살인의 수사학을 구사
하는 새로운 글쓰기 방식을 유도했다고 볼 수 있다.

초창기 잘나가던 시절에 쓴 두 편의 논문을 제외하고 전작으
로 기획된 저서를 한 권도 내지 못한 벤야민의 경우를 여기에서
상기해볼 만하다. 벤야민 역시 프리랜서로 평생을 전전하면서 수
많은 토막 글을 남겼기 때문이다. 역설적으로 이런 벤야민의 글
쓰기 경향이 일정 정도 아도르노에게 영향을 미친 것을 감안한다
면 아도르노가 말하는 분절적 글쓰기와 벤야민의 토막 글은 그
형태의 유사성을 무색케 하는 냉혹한 현실적 차이로 구분된다.
내가 말하고자 하는 것도 바로 이점이다. 진중권과 김규항의 전
투적 글쓰기는 기본적으로 이들의 글쓰기가 얼마나 이런 현실적
물화의 강제성을 넘어갈 수 있는가 하는 데 성패 여부가 달려 있
다는 것이다. 만연한 물화의 상태는 글 쓰는 이로 하여금 특정한
형식을 원래부터 그랬던 정적인 개체로 인식하게 만든다. 그러
나 형식은 고정적이지 않으며 끊임없이 변화한다. 그럼에도 대중
은 이 형식을 일종의 스타일로 받아들이면서 진중권과 김규항을
강제하게 될 것이다. 결국 스타일의 신성화는 매너리즘의 복수로
돌아오게 마련이다.

이런 점에서 진중권과 김규항이 참여의 문제에서 이진경을 극복하고 있지만 장기적 차원에서 이들의 글쓰기가 이진경의 딜레마를 근본적으로 극복할 수 있을지는 불투명하다. 이런 딜레마는 궁극적으로 뚜렷한 실천의 장이 지식인에게 제공되지 않는 한국 사회 자체의 비극적 상황에서 유래하는 것이기 때문이다. 이들이 세상을 바꾸기 전에 세상이 이들을 먼저 바꿔버릴 가능성도 무시할 수 없다. 물론 이런 변화 가능성마저 신념의 차원에서 제기되는 것이 아니다. 자본주의는 자신의 적조차도 포장을 해 팔 수 있는 위력을 가진 괴물이기 때문이다. 이 괴물의 정체를 아는 많은 사람이 이를 혐오하지만, 가장 중요한 문제는 현재까지 이 괴물과 싸우다 살아남은 사람이 극히 소수라는 사실이다.

이렇듯 현실은 비관적이지만, 우리는 치밀하게 우리를 틈입해오는 자본의 논리를 피해 우리의 서사를 구성해나가야 한다. 이런 서사의 구성을 위해 필요한 것이 느슨하나마 연대할 수 있는 현실적 토대를 마련하는 것일 터이다. 이런 연대의 토대를 위해서라도 나는 좌우의 이분법을 넘어선 새로운 차원의 문화적 지형도가 부족하나마 완성되어야 한다고 본다.

에필로그

보수주의에 맞선 지도 그리기

지금까지 숨가쁘게 달려온 논의들은 한국 문화의 지형도를 거칠게나마 그려보고, 그 지세를 한번 드러내보자는 목적을 가지고 있었다. 물론 이런 '지도 그리기'는 문화의 최종 국면을 분석하기 위한 것이다. 겉으로 다채롭게 보이는 한국 문화의 색채는 사실 단일한 색조의 변종들에 불과한 듯싶다. 그 색조는 대체로 '음란'하다. 한국 문화의 음란성은 실재를 은폐하는 그 판타지에서 독버섯처럼 기생한다. 겉과 속이 다른 한국 문화의 이중성을 언급하는 목소리는 종종 들려왔지만, 이 문제를 본격적으로 다룬 담론을 접하기란 희귀한 일이었다. 여러 가지 이유가 있겠지만 무엇보다도 나는 이 문제를 본격적으로 다뤄야 할 문화비평 자체가 부재했다는 생각이 든다. '문화'를 말해야 할 담론들이 '문화 상품'을 선전하는 또 다른 '문화 상품'으로 전락하는 모습을 우리는 어렵지 않게 목격해왔던 것이다. 앞서 언급했지만 나에게 문화비평은 날로 복잡해지고 넓어져가는 자본주의의 리얼리티를 총체적으로 담아낼 수 있는 '지도 그리기'다. 물론 내가 꿈꾸는 지도는 명확한 실측의 지도가 아니라 다채로운 선과 좌표들의 무늬로 이루어진 지도이다.

문화비평은 원칙적으로 모든 보수주의에 대항하는 방법이다.

보수주의는 문화비평과 공존할 수 없는 적이다. 왜냐하면 문화비평은 굳은 체계를 조금씩 허물어트려서 그 폐쇄된 기원을 개방하고, 굳건하게 기득권을 지키는 이데올로기 자체를 탈신비화해 버리기 때문이다.

내가 볼 때 보수주의는 정신적 강박증의 징후적 표현이다. 인간을 둘러싼 물질 세계는 끊임없이 변화한다. 이런 변화무쌍한 가치 변화의 순간 순간을 견디기 위해 인간은 주체의 일관성을 고집하게 된다. 당연히 이런 보수주의적 태도는 바깥의 리얼리티를 지리멸렬함으로 규정하고, 자신의 내면성을 이상화해서 극대화한다. 이 순간에 바로 이데올로기가 탄생하는 것이다.

고정관념과는 달리 이데올로기의 탄생은 이처럼 정치적이 아니라 지극히 미학적이다. 그러므로 가령 이인화가 자신의 작품을 정치 팸플릿이 아니라 '예술'이라고 주장하는 것은 전혀 틀린 말이 아니다. 히틀러나 무솔리니 역시 전문가 뺨치는 미술 애호가였다는 것은 익히 알려진 사실이다. 이런 까닭에 미학을 핑계로 이인화가 자신의 나르시시즘을 집단적 보수성으로 포장하려고 하는 행위는 기만적일 뿐이다.

모든 보수성은 자기애自己愛의 산물이기에 개인의 차원으로 본다면 이런 정서가 가치 있는 것일 수도 있다. 그러나 이런 보수성이 집단적으로 발현된다면 이는 희대의 질병으로 수많은 사람의 생명을 앗아갈 수 있다. '건강한 보수성'과 '병적 수구성'의 구별은 독과 약의 관계처럼 허약한 차이 위에서 유지될 뿐이다. 사실상 이런 집단적 보수성의 실체는 문화를 계급 투쟁의 우회적 표현으로 이해했을 때 더욱 선명하게 드러날 수 있다.

그럴듯한 담론도 그 최종 단계로 해석을 확장해가다 보면 결국 남는 것은 '밥그릇'이다. 한국에서 논쟁이 되지 않는 까닭도 정작 이 '밥그릇' 문제를 꽁꽁 숨겨놓은 채 고담준론만을 논하는 척하는 지식인들의 기만성 때문이다. 이인화의 보수성이 극단적으로 강화된 것과 그의 '밥그릇'이 '철 밥통'으로 바뀐 것이 무관하다고 할 수 있을까? 내 입장에서 보자면 한국의 보수 논객들이 항상 발현시키는 '좌파 피해의식'은 결국 자신의 '철 밥통'에 대한 자괴감에 지나지 않는다.

이문열의 '홍위병론' 역시 이제 더 이상 시대와 불화不和할 수 없게 되어버린 기득권 소설가가 내뱉는 일종의 신세 한탄일 뿐이다. 불화라는 그의 소설적 토대가 무너지는 것을 누구보다 잘 알고 있을 이문열 자신은 이런 위기를 상상적으로 해결하기 위해 '홍위병론'을 제기함으로써 불화의 정당성을 확보하려고 하는 셈이다.

이런 교묘한 위장술은 담론의 분석에만 치중하는 형식주의적 접근을 통해 해체되지 않는다. 궁극적인 해석의 차원은 이런 위장술을 현실의 모순을 해결하기 위한 일종의 상징 행위로 인정하고, 그 현실적 모순 자체를 파고 들어감으로써 획득될 수 있는 것이다. 이 모순이란 도대체 무엇인가? 바로 이것이 내가 말하는 계급 또는 계급 투쟁이다. 물론 나는 계급이라는 개념의 비평적 복권을 주장하면서 이문열이나 이인화의 작품 같은 문화 형식이 단순하게 이런 모순의 '반영'에 불과하다는 것을 정식화하려는 것이 아니다.

실제로 계급반영론 같은 '복사 이론'은 이미 마르크스주의 문화 이론에서조차 폐기되고 있는 실정이다. 따라서, '문화는 계급'이라는 말의 진의는 '문화=계급'이라는 등가적 차원에서 파악되면

안 된다. 오히려 이 말은 문화는 계급과 매개되어 있다는 차원에서 이해되어야 한다. 매개란 궁극적으로 모순의 변증법적 관계에 다름 아니다. 이런 매개적 관계는 매끄러운 형식적 관계이거나 동종성의 백색 공간을 의미하는 것이 아니다. 이 매개는 차이 자체이며 또한 차이의 총체 자체이다. 지금까지 내가 전제하고 실행했던 문화비평은 이런 총체 자체에 대한 접근을 시도했던 셈이다.

여기까지 맹렬하게 달려온 나는 과연 어떤 무늬를 꽁무니에 만들어 놓은 것일까? 숨을 가다듬으면서 이제 조용히 뒤를 돌아보아야 할 것 같다.

한국 문화의 음란한 판타지

문화는 어떻게 현실에서 도망가는가?

개정 2판 1쇄 발행 | 2024년 1월 22일

지은이 | 이택광

편집 | 김유정, 조나리
디자인 | 박준기
표지그림 | 박찬국

펴낸이 | 김유정
펴낸곳 | yeondoo
등록 | 2017년 5월 22일 제300-2017-69호
주소 | 서울시 종로구 부암동 208-13
팩스 | 02-6338-7580
메일 | 11lily@daum.net

ISBN | 979−11−91840−42−1(03300)

이 책의 초판은 2002년 2월 8일 도서출판 이후에서,
개정 1판은 2012년 4월 4일 자음과모음에서 발행되었습니다.